하루하루 기록하고 독서하는 습관은
기적의 삶을 선물합니다
허 대중 드림

미라클 스토리

2

• 성장과 행복을 불러오는 기적의 히스토리 북 •

미라클 스토리

❷

하나, 마법처럼 성장과 행복을 불러오는 사색과 성찰의 책
둘, 기록하기만 하면 세상에 단 하나뿐인 책이 되는 개인의 역사책
셋, 가정과 사회에서 소통을 돕는 커뮤니케이션의 도구가 되는 책

신아출판사

| 책 소개 |

기록은 기적이 된다

비전 (Vision)

오늘의 작은 비전들이 쌓이고 쌓여
미래의 크고 멋진 비전이 완성된다.

사랑 (Love)

배려와 섬김, 선행과 용서 등의 사랑을 베풀어
세상을 아름답게 한다.
가족, 지인, 이웃, 사회, 국가, 인류를 사랑함은
사람이 추구할 고귀한 가치다.

반성 (Reflection)

완벽한 사람은 없고, 완벽한 삶도 없다.
반성은 잘못된 것을 되풀이하지 않게 한다.
반성은 부족함을 채우고 성장의 밑거름이 된다.

감사 (Thanks)

행복은 감사의 문으로 들어온다.
감사가 습관이 되면 여기저기 감사의 소재가 넘친다.
고난에도 감사하면 눈물도 기쁨이다.
감사하면 삶이 사랑스럽다.

프롤로그
Prologue

『미라클 스토리』는
하루하루를 계획하고 뒤돌아보면서
그날의 성장과 행복을 이끄는
마법 같은 성장의 길잡이 역할을 할 뿐만 아니라,
개인의 역사를 정성스럽게 기록해 나감으로써
스스로 쓰고, 스스로 만들어 가는
세상에 단 하나뿐인 자신만의 책을 집필하는
뜻깊은 여정이기도 합니다.

또한 『미라클 스토리』는
꼼꼼하게 기록된 삶의 발자취를 통해
가정에서, 학교에서, 회사에서, 공동체에서
매일, 매주, 혹은 매월
정해진 시간에 구성원들과
'소통과 교제의 도구'로 활용할 수 있는
멋진 커뮤니케이션의 교재입니다.

기록이 만드는 **기적**, 하나

"쉬지 말고 기록하라.
기억은 흐려지고 생각은 사라진다.
머리를 믿지 말고 손을 믿어라."

― 다산 정약용 ―

기록이 만드는 **기적**, 둘

하루는 아들 피터가
손에 종이 한 장을 든 채
매우 당황해하며 내게 다가왔다.
"엄마, 방 청소를 하다가 이걸 찾았어요.
2년 전에 썼던 거예요.
그런데 지금 보니 신기하게도
이 목록에 적혀 있는 일들이 다 이루어졌네요.
썼다는 사실조차 잊어버리고 있었는데…."

- 헨리에트 앤 클라우저,
『종이 위의 기적, 쓰면 이루어진다』 중에서 -

기록이 만드는 **기적**, 셋

"기록은

행동을 지배합니다.

글을 쓰는 것은

시신경과 운동 근육까지 동원되는 일이기에

뇌리에 더 강하게 각인됩니다.

결국, 우리 삶을 움직이는 것은

우리의 손인 것입니다."

— 호아킴 데 포사다 『마시멜로 이야기』의 저자 —

기록이 만드는 **기적**, 넷

"감사 일기를 쓰면서부터
내 인생은 완전히 달라졌어요.
저는 비로소 인생에서
소중한 것이 무엇인지,
삶의 초점을 어디에 맞춰야 하는지
알게 되었죠."

"'나는 감사할 게 전혀 없어'라고
항상 생각해 온 저도
감사 일기를 쓰고 하루 만에
많은 게 변화되는 걸 느꼈고,
그 작은 변화가 제 모든 걸 바꾸는 데는
그리 긴 시간이 걸리지 않았습니다.
감사 일기를 알게 된 것에
감사할 따름입니다."

― 오프라 윈프리 ―

사용설명서
Instructions

『미라클 스토리』 구성

왼쪽 페이지 상단 : 저자가 쓴 365개의 '오늘의 격언'
왼쪽 페이지 중앙 : 하루의 비전, 사랑, 반성, 감사
왼쪽 페이지 하단 : 기록한 날짜
오른쪽 페이지 본문 : 읽고 사색하기

『미라클 스토리』 기록하는 방법

비전은
전날 밤이나 당일 아침에 계획하여 기록합니다.
사랑, 반성, 감사는 일과 중에 기록하거나,
하루를 돌아보며 저녁 또는 밤에 기록합니다.

『미라클 스토리』 읽고 사색하기

부담 없이 짧은 글을 읽음으로써
하루의 출발을 독서로 시작하게 하고
깊이 사색하는 습관을 기르도록 하였습니다.

응원의 말씀

여러분이 읽고 써 내려간
『미라클 스토리』를 통해
하루하루의 '성장과 행복의 기적'을
뿌듯하게 경험하시길 응원합니다.

또한 『미라클 스토리』의 기록을 통해
세상에 하나뿐인 자신만의 귀한 책도 만들고
다양한 시간과 공간에서 소통과 교제의 도구로도 활용하는
특별하고 뜻깊은 기록과 사색의 여정이 되길 기원합니다.

Chapter 7

까다로운 사람은 몸에 가시를 달고 사는 사람이다_18 / 가식적인 칭찬은 꾸짖는 것보다 못하다_20 / 힘들수록 더 많은 사람을 만나야 한다_22 / 살아 있는 사람에게는 매일이 생일이다_24 / 복잡한 상황에서는 단순함이 길이다_26 / 스스로 배우는 사람은 스스로 가르치는 사람이다_28 / TV 채널처럼 마음에도 채널이 있다_30 / 배려하고 양보하면 마음이 배부르다_32 / 아침이 설레면 하루가 사랑스럽다_34 / 꿈이 있으면 노력이 즐겁다_36 / 때를 놓치면 음식도 맛이 없고 인생도 맛이 없다_38 / 간절히 원한다면 열심히 일궈야 한다_40 / 실행이 없는 깨달음은 쓸모가 없다_42 / 선입견은 옳은 판단을 방해하는 가시다_44 / 좋은 사람에게도 가끔은 못난 마음이 있다_46 / 불의를 버리고 선택한 가난은 큰 명예다_48 / 양심은 질서가 되고 질서는 법을 만든다_50 / 돈을 영원히 소유하는 방법은 나눔이다_52 / 사람은 계획하고 하늘은 이끈다_54 / 앞자리를 좋아하면 높은 자리가 가깝다_56 / 배움을 즐기는 사람은 훌륭한 학자다_58 / 하루의 평가는 선을 행함과 감사에 달렸다_60 / 가장 많이 배우는 때는 가르침을 준비할 때이다_62 / 목소리를 가꾸면 매력의 꽃이 핀다_64 / 화를 다스리면 품격의 권위자가 된다_66 / 긍정은 다가오던 화를 복으로 바꾼다_68 / 표현하지 않는 마음은 밀봉된 향수와 같다_70 / 방향이 없는 삶은 전진하기 어렵다_72 / 비판은 자기 자신을 향해 쏘는 화살이다_74 / 인간관계는 맺고, 유지하고, 끊는 능력이다_76 / 절제는 부와 명예와 건강의 인증서다_78

Chapter 8

충고를 자주 하는 사람은 충고 듣기는 싫어한다_80 / 내면이 강한 사람은 표정이 부드럽다_82 / 욕심은 채우기 바쁘고, 자선은 나누기 바쁘다_84 / 좋은 생각은 좋은 말을 공급하는 샘이다_86 / 위대한 발견은 작은 관심에서 시작된다_88 / 시소처럼 내가 상대를 높이면 상대도 나를 높인다_90 / 과거에 머물러 있으면 미래에 가기 어렵다_92 /식탐은 육체를 기쁘게 하고, 정신은 슬프게 한다_94 / 평범한 일상은 홀대받는 기적이다_96 / 정직해서 본 손해는 자랑스러운 포상이다_98 / 사람들이 찾는 답은 대개 가까이에 있다_100 / 겸손으로 낮추면 존경으로 높아진다_102 / 부는 재산에 있는 것이 아니라 마음에 있다_104 / 역사는 의인도 기억하고 악인도 기억한다_106 / 속박의 경험자는 자유의 가치를 잘 안다_108 / 자유의 전제 조건은 절제다_110 / 자율과 타율은 성과로 증명된다_112 / 걸음걸이는 사람의 정신세계를 보여준다_114 / 사상이 균형을 잃으면 독선에 빠진다_116 / 부모의 말과 행동은 자녀의 스승이다_118 / 누군가를 아프게 하는 말은 정신을 멍들게 하는 폭력이다_120 / 좋은 친구를 사귀는 것만큼 좋은 친구가 되는 것도 중요하다_122 / 잘사는 사람은 돈 많은 사람이 아니라 가치 있게 사는 사람이다_124 / 실패 없는 성공은 추락하기 쉽다_126 / 씨앗은 작지만 열매는 크다_128 / 첫사랑은 끝나지 않는 설렘이다_130 / 신체에 더 중요하거나 덜 중요한 것은 없다_132 / 어렵다는 것은 가치가 있다는 뜻이다_134 / 가족 사랑의 출발은 존중이다_136 / 경청은 남는 장사다_138 / 힘이 없을 때 싸우는 것은 어리석은 용기이다_140

Chapter 9

진정한 신앙인은 세상을 향해 기도한다_142 / 재물이 많아지면 유혹도 많아진다_144 / 분노를 통제할 수 없는 것은 미성숙의 증거다_146 / 새는 거친 바람을 통해 강한 날개를 얻는다_148 / 사과는 따뜻한 용기다_150 / 현명한 사람은 선택한 것에 집중한다_152 / 인생길은 고생길이다_154 / 많은 생각이 좋은 판단을 보장하지는 않는다_156 / 한 사람을 도와주면 열 사람이 웃는다_158 / 협상은 화술이 아니라 마음의 기술이다_160 / 불편한 구두보다 편한 고무신이 낫다_162 / 좋은 첫인상은 신이 주신 추천서이다_164 / 존경받는 사람이라도 완벽할 수는 없다_166 / 지혜로운 사람은 잃기 전에 소중함을 안다_168 / 솔선수범은 말보다 영향력이 크다_170 / 미래를 낙관적으로 준비하면 하루하루가 즐겁다_172 / 도움은 크기보다 타이밍이다_174 / 기도는 마음의 갈증을 해결하는 마중물이다_176 / 훌륭한 리더는 네 덕 내 탓이라고 말한다_178 / 263. 음식이 짠지 싱거운지는 먹어봐야 안다_180 / 새로운 사람은 새로운 기회의 문을 열어준다_182 / 나쁜 말은 화를 부르고, 좋은 말은 복을 부른다_184 / 권력은 유용하지만 남용하면 폭력이 된다_186 / 관심을 주면 고물도 보물이 된다_188 / 우연한 만남에도 필연적 인연이 있다_190 / 독서는 내면의 성장을 위한 필수 비타민이다_192 / 사색이 없는 여행은 이동일 뿐이다_194 / 가까이 사는 자녀가 효도한다_196 / 아기는 하늘이 인간에게 주는 최고의 선물이다_198 / 과거에 집착하면 남은 인생이 허무하게 사라진다_200 / 차별은 자연의 섭리에 대항하는 오만이다_202 / 지금 이 시대는 노인들이 이룬 업적이다_204

Chapter 10

땀 흘리는 사람에게 행운이 찾아온다_206 / 신문물을 배우면 노인도 신세대다 _208 / 인생의 전성기는 바로 오늘이다_210 / 실력과 인성을 겸비하면 국보급 인재가 된다_212 / 작은 바람이 큰 바람을 만든다_214 / 술에 취하면 정신도 비틀거린다_216 / 국가의 글자는 국민의 정신이다_218 / 제2의 운명은 스스로 만들 수 있다_220 / 오르막은 느리고 내리막은 빠르다_222 / 말을 아끼면 귀가 열심히 일한다_224 / 반성의 결과는 개선이어야 한다_226 / 나쁜 지식인보다 착한 바보가 낫다_228 / 체육은 몸으로 배우는 즐거운 공부다 _230 / 물처럼 사는 사람은 누구나 산타클로스가 된다_232 / 내일을 안다면 오늘에 충실하기 어렵다_234 / 지혜로운 비교가 성장과 행복을 이끈다_236 / 유혹은 이성을 잃게 할 만큼 탐스럽고 달콤하다_238 / 좋은 습관은 2세를 위한 훌륭한 유전자다_240 / 잡초가 화초의 가치를 높여준다_242 / '아니오' 라고 말할 수 있는 사람은 대단한 용기를 가진 사람이다_244 / 시냇물은 시끄럽게 흐르고, 강물은 조용히 흐른다_246 / 부지런한 개미는 환경을 탓하지 않는다_248 / 독도는 대한민국의 영토다_250 / 낭비보다는 보관하는 게 좋고, 보관보다는 사용하는 게 좋다_252 / 약속을 지키지 않는 사람은 시간 도둑이다_254 / 못생긴 원숭이가 거울 탓을 한다_256 / 꿈이 있는 사람은 스스로 움직인다_258 / 애정이 식으면 단점만 보인다_260 / 가을의 낙엽은 봄의 새잎을 준비한다_262

Chapter 11

시도하지 않으면 성취도 없다_264 / 철저히 계획된 거짓말도 허술하게 들통난다_266 / 존경은 쇠락이 없는 권력이다_268 / 교만은 사과의 마음을 가로막는다_270 / 지나친 자존심은 교만이다_272 / 좋은 목적이 멋진 목표를 만든다_274 / 경험은 인생의 미로에서 만나는 반가운 이정표이다_276 / 나를 변화시키면, 세상도 변화시킬 수 있다_278 / 험담은 내 영혼을 먼저 더럽힌다_280 / 전쟁 중에도 꽃이 피고 아기가 태어난다_282 / 농부의 땀방울은 국민 건강의 원천이다_284 / 좋은 선생님은 눈높이에 맞춰 가르친다_286 / 성공한 사람처럼 살면 성공한 사람이 된다_288 / 새벽에 일어나면 반나절을 더 산다_290 / 약점이 강점으로 변할 수 있다_292 / 커튼 뒤의 행동이 그의 진짜 모습이다_294 / 자기 사랑은 이웃 사랑의 연습이 된다_296 / 영원한 동지도 없고, 영원한 적도 없다_298 / 유년기의 학대는 성인이 되어도 아프다_300 / 현명한 선택들이 성공한 인생을 만든다_302 / 사랑으로 꾸짖는 것은 약이다_304 / 뿌리는 꽃과 열매의 숨은 공로자다_306 / 젊음은 현재에 존재한다_308 / 걱정은 더 큰 걱정을 낳는다_310 / 실패를 두려워하는 사람이 가장 못난 겁쟁이다_312 / 노력 없이 쌓은 부는 도둑질과 다름없다_314 / 집념이 있는 사람은 무엇이든 해낼 수 있다_316 / 돈보다 말로 망하는 사람이 더 많다_318 / 때로는 엄살이 큰 병을 막는다_320 / 기다림은 멈추는 시간이 아니라, 나아가는 시간이다_322

Chapter 12

책은 저자보다 독자에게 더 큰 수혜를 준다_324 / 숨은 인재는 때가 되면 무대에 오른다_326 / 동기부여는 평범한 사람도 뛰어난 사람으로 만든다 _328 / 천천히 가더라도 꾸준히 가야 한다_330 / 진정한 봉사는 요란하지 않다_332 / 습관적으로 의지하면 홀로서기 어렵다_334 / 좋은 친구는 함께 울고 함께 기뻐한다_336 / 말이 많은 사람은 경청하기 어렵다_338 / 미소는 닫힌 마음을 연다_340 / 게으름은 치료하기 힘든 질병이다_342 / 자랑을 많이 하면 사람들이 떠난다_344 / 비겁한 승리는 부끄러운 역사가 된다_346 / 속이는 사람은 밝은 얼굴과 어두운 마음을 가지고 있다_348 / 미래는 현재가 낳는다_350 / 포기하고 싶을 때, 결실은 가까이에 있다_352 / 위기는 기회의 친구다_354 / 해야 할 일을 즐기지 못하면 그것의 노예가 된다_356 / 운이 좋다고 생각해야 운이 온다_358 / 변명은 자신의 잘못을 감추려는 비겁한 언어 기술이다_360 / 결혼은 인생에서 가장 가치 있는 여행이다_362 / 자존감은 성장의 전제 조건이다_364 / 밤이 깊을수록 별은 빛난다_366 / 유머는 인생을 살맛 나게 하는 양념이다_368 / 고수는 여유롭고, 하수는 분주하다_370 / 큰사람은 안팎으로 향기가 난다_372 / 눈송이는 약하나 눈덩이는 강하다_374 / 질문은 강한 열정의 증거다_376 / 생명의 가치는 호흡이 아니라 활동에 있다_378 / 꽃이 피는 겨울은 봄이다_380 / 먼저 걸어간 발자국은 누군가의 길이 된다_382 / 끝은 새로운 시작이다_384

Miracle
182

까다로운 사람은 몸에 가시를 달고 사는 사람이다.
Tricky people are people who live with thorns on their bodies.

이루고 싶은 오늘의 **비전** (Vision)

오늘을 살면서 누군가 또는 세상에 베푼 **사랑** (Love)

오늘을 돌아보며 부족했던 점에 대한 **반성** (Reflection)

오늘 나에게 행복이 되어 준 **감사** (Thanks)

년   월   일

God is Love

까다로운 사람은 몸에 가시를 달고 사는 사람입니다. 성격적으로 까칠한 사람은 뾰족한 가시로 온몸을 감싸고 있는 고슴도치 같아서 웬만해서는 가까이 다가가기 어렵습니다. 학교나 사회생활 속에서 인간관계를 맺을 때 모나고 예민한 사람은 살짝 건드리기만 해도 가시를 쏘아대는 선인장 같아서 다가서기가 쉽지 않습니다.

까다로운 사람 앞에서는 말과 행동이 조심스럽고 부자연스럽기에 한마디 한마디의 말과 행동 하나하나가 불편하고 부담스럽습니다. 반대로 그들의 말과 태도 그리고 행동은 주변 사람에게 불편함이나 불쾌감을 주는 경우가 많습니다. 다듬어지지 않은 자신들의 불편한 말과 행동에는 관대하고, 타인의 말과 행동들에는 꼬치꼬치 따지고 꼬투리를 잡습니다.

까다로운 성격의 소유자도 자신의 까다로움을 좋아할 리 없습니다. 까다로운 성격에서 벗어나려면 먼저 긍정의 사고를 습관 들이려는 노력이 필요합니다. 맞닥뜨리는 상황을 긍정의 눈으로 바라보려고 조금씩 천천히라도 노력해야 합니다.

또한, 만남과 대화 속에서 자신의 감정은 조절하고 상대의 감정을 존중하면 까다로움을 줄일 수 있습니다. 못마땅한 상황에서 불편한 감정을 제어하고 조절하려고 애를 쓴다면 상대방에게 상처를 주는 까다로움은 상당히 줄어듭니다. 말과 행동에 앞서 상대방의 감정을 먼저 이해한다면 가시 같은 까다로움은 줄어들 수밖에 없습니다.

세상 사람과 상황들이 내 맘에 들지 않을 수도 있다는 긍정적인 생각은 원만한 성격에 가까워지게 합니다. 상대를 배려하고 상대를 이해하는 마음은 온화한 성품의 씨앗이 됩니다. 만남과 대화 속에서 격한 감정을 차분히 가라앉힐 수 있다면 성격의 가시는 사라집니다.

God is Love

Miracle
183

가식적인 칭찬은 꾸짖는 것보다 못하다.
Fake praise is worse than scolding.

이루고 싶은 오늘의 **비전** *(Vision)*

오늘을 살면서 누군가 또는 세상에 베푼 **사랑** *(Love)*

오늘을 돌아보며 부족했던 점에 대한 **반성** *(Reflection)*

오늘 나에게 행복이 되어 준 **감사** *(Thanks)*

년   월   일

God is Love

가식적인 칭찬은 꾸짖는 것보다 못합니다. 가식적인 칭찬은 진실을 가리고 가짜를 보게 합니다. 가식적인 칭찬은 깨달음으로 가는 길을 돌아가게 하는 방해물이 됩니다. 가식적인 칭찬은 칭찬받는 사람의 판단을 흐리게 하고 헷갈리게 하여 자신의 부족함이나 잘못을 알기 어렵게 만듭니다. 가식적인 칭찬은 단점마저도 장점으로 둔갑시켜 개선의 기회와 성장의 기회를 박탈합니다.

칭찬은 좋은 것이지만 가식적인 칭찬은 예외입니다. 칭찬은 고래도 춤추게 한다지만 가식적인 칭찬은 멋진 고래를 부끄럽게 만듭니다. 칭찬은 살아 있는 모든 생명체에게 힘을 주는 유용한 동기부여의 도구지만, 칭찬이 진실이 아닌 가짜였다는 걸 알게 된다면 칭찬은 핀잔보다 못한 상실감을 주고 배신감마저 느끼게 합니다.

가식적으로 칭찬하는 사람은 좋은 사람이 아닙니다. 자신과 남을 모두 속이는 진실하지 못한 사람입니다. 가식적으로 칭찬하는 자는 앞을 볼 수 없는 상황 속에 처해 있는 사람을 위험한 곳으로 끌고 가는 음흉하고 악한 사람입니다. 진심이 아닌 가식적으로 칭찬하는 사람의 마음은 거짓과 위선이 가득하기 때문에 믿을 만한 사람이 못 됩니다. 함께 하지 않는 것이 좋습니다.

가식적으로 칭찬하려거든 차라리 꾸짖는 것이 낫습니다. 꾸짖음을 좋아할 사람은 없겠지만 그렇다고 해서 꾸짖음이 꼭 나쁜 것만은 아닙니다. 잘못된 점이 있다면 때로는 질책도 해야 하고, 회초리도 들어야 합니다. 입에 쓴 것이 약이 되듯, 꾸지람이 당장은 아파도 나중에는 좋은 약이 되기도 합니다.

칭찬은 진심을 담은 칭찬일 때 의미가 있습니다. 가식적인 칭찬이 유혹할 때, 잠시 멈추고 진심을 담는 시간을 가져야 합니다.

God is Love

Miracle
184

힘들수록 더 많은 사람을 만나야 한다.
The harder it is, the more people you have to meet.

이루고 싶은 오늘의 **비전** *(Vision)*

오늘을 살면서 누군가 또는 세상에 베푼 **사랑** *(Love)*

오늘을 돌아보며 부족했던 점에 대한 **반성** *(Reflection)*

오늘 나에게 행복이 되어 준 **감사** *(Thanks)*

년   월   일

God is Love

힘들수록 더 많은 사람을 만나야 합니다. 힘든 시기일수록 사람을 만나려고 노력해야 합니다. 심적인 고통으로 너무 힘이 들 때, 집에 있는 시간을 줄이고 밖으로 나가야 합니다. 나가서 사람을 만나야 합니다. 사람을 만나면 뭔가의 실마리를 찾을 수 있습니다. 물론, 힘이 들면 사람을 만나는 게 싫어지고, 가능한 만남을 피하고 싶은 마음은 충분히 이해가 갑니다. 하지만 움츠러들고 사람을 피하는 건 힘든 상황을 좋아지게 하는 방법이 되기 어렵습니다.

움츠릴수록 상황은 더 나빠집니다. 안으로 숨을수록 답을 찾기가 어려워집니다. 마음이 어두울 때는 밝은 빛을 봐야 합니다. 어깨가 처질 때는 의식적으로 어깨를 꼿꼿이 펴야 합니다. 뭔가 안 풀리고 자신감이 떨어질수록 사람을 만날 이유를 만들어야 합니다. 사람을 만나서 다시 일어설 기운을 얻고, 새로운 돌파구를 찾아내려는 강한 의욕도 충전해야 합니다. 다른 사람들과의 교류를 통해 진심 어린 공감과 지지로 정서적인 안정감도 느껴봐야 합니다. 스스로 느끼지 못했던 조언도 들어보고, 발전적인 개선점도 찾아봐야 합니다. 힘든 시기일수록 혼자만의 시간보다는 다른 사람들과의 교류를 통해서 긍정적인 변화를 모색하는 것이 좋습니다.

힘이 들 때는 밝은 표정을 지으려고 더욱더 노력해야 합니다. 밝은 표정만 지어도 마음에 환한 기운이 전해집니다. 힘이 들수록 씩씩한 걸음걸이로 걸어야 합니다. 씩씩한 걸음걸이는 몸과 마음에 활력의 에너지를 충전해 줍니다.

힘든 시기는 누구에게나 있습니다. 고난이 없는 사람은 없습니다. 고난의 때에 움츠러들고 사람과의 만남을 피한다면 고난의 시간이 길어질 수 있습니다. 힘이 들수록 외부 활동을 찾아야 합니다. 힘이 들 때 소중한 사람들을 만나면 놀랄만한 새 힘을 얻게 됩니다.

God is Love

Miracle
185

살아 있는 사람에게는 매일이 생일이다.
Every day is a birthday for a living person.

이루고 싶은 오늘의 **비전** *(Vision)*

오늘을 살면서 누군가 또는 세상에 베푼 **사랑** *(Love)*

오늘을 돌아보며 부족했던 점에 대한 **반성** *(Reflection)*

오늘 나에게 행복이 되어 준 **감사** *(Thanks)*

년   월   일

God is Love

살아 있는 사람에게는 매일이 생일입니다. 아침에 눈을 뜨고 숨을 쉬면서 오늘을 살고 있다면, 내일에는 없을지도 모를 오늘이야말로 소중한 생일이 아닐 수 없습니다. 오늘 살아 있다 하더라도 내일을 장담할 수 있는 사람은 아무도 없습니다. 어제 같은 오늘을 내일도 맞이할 수 있을 거라고 확신할 수 있는 사람도 없습니다. 매일 아침 맞이했던 그날그날의 생일은 내일에는 없을 수도 있습니다.

오늘까지 살다가 눈을 감는 사람에게는 오늘이 이생에서 누릴 수 있는 마지막 생일이 됩니다. 노환이나 중병을 앓다가 생을 마감하는 날을 미리 예상할 수 있었다면 허탈함이 덜하겠지만, 예상치 못한 사고로 인해 생을 마감했다면 오늘 맞이했던 귀한 생일의 기쁨을 제대로 누리지 못한 것에 대한 후회가 클 것입니다. 오늘의 생일에 기쁨을 제대로 누리며 살아야 합니다. 오늘 맞이한 생일의 감격을 만끽하며 오늘을 살아가야 합니다.

누구에게나 자신이 태어났던 해와 날은 특별한 의미가 있습니다. 세상의 눈부신 빛을 경험한 첫날이면서, 세상 밖으로 자기의 존재를 알린 포효의 날이기 때문입니다. 탄생을 지켜본 부모님과 가족들은 감격의 눈물을 흘리고, 자기 자신도 세상과의 첫 만남을 자축하며 눈물을 흘렸을 겁니다. 그런 눈물의 감격이 매일 아침의 생일에도 있어야 합니다. 그런 감격을 오늘이라는 생일에도 느껴야만 합니다.

생일을 맞이하는 사람들은 기분이 좋습니다. 어린이들에게는 더욱 그렇습니다. 생일 전날은 기대가 되는 것이 당연합니다. 잠을 설칠 수도 있습니다. 생일이 될 내일에 기대가 없다면 이상한 것입니다. 생일을 맞는 오늘, 기분이 좋지 않다면 그것 또한 이상한 일입니다. 생일이 될 내일을 기대하면서 살아야 합니다. 생일이 되는 오늘을! 오늘로 끝일지도 모를 감격의 오늘을! 기쁨으로 살아가야 합니다.

God is Love

Miracle
186

복잡한 상황에서는 단순함이 길이다.
In complex situations, simplicity is the way.

이루고 싶은 오늘의 **비젼** *(Vision)*

오늘을 살면서 누군가 또는 세상에 베푼 **사랑** *(Love)*

오늘을 돌아보며 부족했던 점에 대한 **반성** *(Reflection)*

오늘 나에게 행복이 되어 준 **감사** *(Thanks)*

년   월   일

God is Love

복잡한 세상을 헤쳐나갈 때는 단순한 길을 선택하는 게 좋습니다. 복잡한 상황에서는 단순함이 길입니다. 처한 상황들이 복잡할수록 단순한 길을 택하는 것이 유리합니다. 복잡한 상황일수록 단순하게 생각해야 합니다. 복잡한 상황일수록 더 많은 생각을 하지 말아야 합니다. 하나하나 생각의 가지치기를 해야 합니다. 생각을 덧붙이지 말고 생각을 줄여가야 합니다. 복잡한 상황일수록 간결함을 찾고, 복잡한 상황일수록 간단명료한 판단을 내려야 합니다.

이미 넘치도록 복잡한 세상에서 복잡한 생각으로 살아가는 것은 삶을 더 복잡하게 만들 뿐입니다. 세상은 여러 가지로 복잡합니다. 사람들의 생각이 참으로 다양하고 복잡하여 가늠하기가 어렵습니다. 지역과 국가들이 추구하는 계획과 목표들도 복잡하고, 그 안에 들어있는 셈법들도 복잡합니다. 세상의 법과 질서도 복잡하고, 각자가 처한 환경과 여건들도 복잡합니다.

이런 복잡한 세상에서 복잡한 생각은 오히려 독이 될 수 있습니다. 단순하게 생각하지 않으면 그렇지 않아도 복잡한 길들이 엉킬 수 있습니다. 여러 가지 갈림길에서 '이 길로 갈까? 저 길로 갈까?'를 너무 오래 고민하다 보면 목적지에서 오히려 멀어질 수 있습니다. 심지어 길을 잃을 수 있습니다. 생각이 많을 때는 조금이라도 많은 표를 얻은 한 두 가지 생각으로 압축해야 합니다. 고민이 많을 때는 가장 선명하게 떠오른 해결책을 선택하는 것이 좋습니다.

복잡한 상황을 단순하게 축소해서 살아가는 사람이 있는가 하면, 단순한 상황도 복잡하게 확대해서 살아가는 사람도 있습니다. 누가 더 현명한 사람일까요? 직면한 문제를 복잡하게 생각하면 상황은 더 복잡해지고, 단순하게 줄일 수 있다고 생각하면 상황은 훨씬 더 간결해집니다. 복잡한 상황일 때는 단순함이 좋습니다.

God is Love

Miracle
187

스스로 배우는 사람은 스스로 가르치는 사람이다.
A person who learns on his own is a person who teaches on his own.

이루고 싶은 오늘의 **비전** *(Vision)*

오늘을 살면서 누군가 또는 세상에 베푼 **사랑** *(Love)*

오늘을 돌아보며 부족했던 점에 대한 **반성** *(Reflection)*

오늘 나에게 행복이 되어 준 **감사** *(Thanks)*

년   월   일

God is Love

스스로 배우는 사람은 스스로 가르치는 사람입니다. 누군가 가르쳐주지 않아도 스스로 배울 수 있는 사람은 더할 나위 없이 훌륭한 학생이면서, 동시에 자기 자신을 스스로 가르치는 셀프 교사입니다.

배움이라는 단어는 가르침이라는 단어와 짝을 이룹니다. 무언가를 배운다는 것은 누군가의 가르침이 있다는 것을 의미하기도 합니다. 배움과 가르침은 그렇게 떨어지면 안 될 관계처럼 보입니다. 하지만 어떤 사람은 스스로 배우기도 합니다. 가르쳐주는 사람이 존재하지 않아도 홀로 배우는 사람이 있습니다. 자기 자신이 배워야 할 것을 스스로 찾아내고, 배움의 목표를 세우며, 배움의 한 계단 한 계단을 홀로 올라가는 사람이 있습니다. 그런 사람들은 배우기를 즐기며, 배움을 통해 의미 있는 발견과 주목할 만한 업적을 만들어 냅니다.

누군가의 가르침을 통해서 배우는 사람도 칭찬할 만하지만, 스스로 배우는 사람은 훨씬 칭찬할 만합니다. 가르침을 통해 배우는 것도 가치가 있지만, 스스로 배우는 것은 더 큰 가치가 있습니다. 어릴 때는 가르침을 통해 배울 수밖에 없지만, 성인으로 성장해 가면서 스스로 배우는 것을 몸에 익혀야 합니다. 가르침을 통해서 배우는 걸 '배움을 연습하고 훈련하는 과정'이라고 한다면, 스스로 배우는 건 '배움을 익히고 응용하는 과정'이라고 할 수 있습니다. 가르침을 통해 배우는 것을 아마추어의 단계라고 한다면, 스스로 배우는 것은 프로의 단계라고 할 수 있습니다.

사람들은 보통 시켜서 하는 일을 별로 좋아하지 않습니다. 스스로 하는 것을 선호하고, 스스로 해낼 때 보람도 크게 느껴집니다. 배움도 스스로 해낼 때 보람이 큽니다. 스스로 배울 때 더 많이 성장하고 더 깊이 익어갑니다. 배움의 가치를 알면 스스로 배웁니다. 스스로 배우는 자는 훌륭한 학생이자, 자신을 가르치는 훌륭한 스승입니다.

God is Love

Miracle
188

TV 채널처럼 마음에도 채널이 있다.
There's a channel in your heart like a TV channel.

이루고 싶은 오늘의 **비전** *(Vision)*

오늘을 살면서 누군가 또는 세상에 베푼 **사랑** *(Love)*

오늘을 돌아보며 부족했던 점에 대한 **반성** *(Reflection)*

오늘 나에게 행복이 되어 준 **감사** *(Thanks)*

년   월   일

God is Love

TV 채널처럼 마음에도 채널이 있습니다. TV에 프로그램을 선택할 수 있는 다양한 채널이 있듯이, 우리의 마음속에도 선택할 수 있는 다양한 채널들이 존재합니다. TV를 볼 때, 보고 싶은 채널을 볼 수 있는 것처럼 마음속에서도 떠올리고 싶은 기억의 채널과 상상하고 싶은 미래의 채널을 언제든지 선택해서 볼 수 있습니다.

하지만 TV 채널처럼 마음의 채널을 유용하게 활용하는 사람들은 많지 않습니다. 프로야구를 시청하다 응원하는 팀이 크게 지고 있을 때, 기분전환이 될 채널로 돌리면 조금 전까지 쌓였던 스트레스는 사라지곤 합니다. 씩씩거리며 TV를 보던 조금 전의 마음과 모습은 온데간데없습니다. 지고 있던 프로야구 스트레스는 어느새 사라지고 현재의 즐거운 프로그램에 이미 몰입된 자신을 발견하게 됩니다.

채널효과가 있습니다. '시청하던 채널이 기분을 down 시킬 경우, 기분을 up 시키는 채널로 돌리게 되면 기분이 전환되고 자연스럽게 기분이 좋아지는 효과'입니다. 기분을 다운시키는 TV 프로그램은 채널을 돌리게 합니다. 채널을 돌리다가 눈과 마음을 잡는 채널에 마음을 고정하고 시청합니다. 배꼽을 잡고 웃기도 합니다. 감동의 눈물을 흘리기도 합니다. 5분 전, 10분 전까지 다운되었던 기분은 사라지고 없습니다. 금방 감정이입이 되어 울고 웃습니다.

생각만 해도 기분이 좋아지는 마음의 채널들을 저장하고 기억해 두면 좋습니다. 좋아하는 TV 채널들을 기억하듯이 마음의 채널들도 번호를 붙여서 기억하면 좋습니다. 예를 들어 1번 채널은 행복했던 추억, 2번 채널은 사랑하는 사람, 3번 채널은 미래의 설레는 꿈... 등 행복의 채널을 정해놓고 우울하거나 스트레스를 받을 때 마음의 채널을 돌리면 됩니다. 마음의 채널을 꺼내 보면 됩니다. 신선함을 위해 때때로 채널 프로그램을 개편하고 업데이트하면 더 좋습니다.

God is Love

Miracle
189

배려하고 양보하면 마음이 배부르다.
If you are considerate and give way, your heart is full.

이루고 싶은 오늘의 **비전** *(Vision)*

오늘을 살면서 누군가 또는 세상에 베푼 **사랑** *(Love)*

오늘을 돌아보며 부족했던 점에 대한 **반성** *(Reflection)*

오늘 나에게 행복이 되어 준 **감사** *(Thanks)*

년   월   일

God is Love

배려하고 양보하면 마음이 배부릅니다. 빵을 양보하면 뱃속에서는 육체적인 배고픔을 느끼겠지만, 빵을 양보받은 상대가 맛있게 먹는 모습을 상상해보면 정신적인 배부름을 느낄 수가 있습니다. 버스나 지하철에서 좌석을 양보하거나 긴 줄에서 순서를 양보하면 다리도 아프고 피곤합니다. 하지만 자리와 순서를 양보받은 분들의 고마운 모습을 지켜보면서 보람의 포만감을 느낄 수 있습니다.

포만감은 음식을 통해서만 느낄 수 있는 느낌과 감정이 아닙니다. 배부름의 포만감은 오히려 먹는 음식보다 정신적인 포만감으로 더 큰 영향을 받기 때문입니다. 부모들이 흔히 말씀하시는 '자식 입에 먹는 게 들어가는 것만 봐도 배가 부르다.'라는 표현은 그냥 하는 형식적인 표현이 아닙니다. 실제로 부모님은 자식들이 맛있게 먹는 모습을 보기만 해도 포만감을 느낄 수 있습니다. 음식을 전혀 먹지 않았음에도 신기하게 배부름의 포만감을 느낄 수 있습니다.

굶주린 배를 채우려고 애쓰는 것은 살아 있는 동물의 본능이라 할 수 있는 1차원적인 몸부림입니다. 남의 배고픔을 걱정하고 해결하기 위해 힘쓰는 행위는 아름다운 사람만이 표현할 수 있는 고차원적인 몸짓입니다. 남의 배고픔을 해결해 주기 위해서는 내가 먹을 몫을 줄여야 합니다. 남의 허기진 배를 채우기 위해서는 나만의 포만감을 일정 부분 희생해야만 합니다. 고차원적인 배려와 희생으로 음식을 통한 포만감은 작아져도 정신의 포만감은 커집니다.

배려하면 손해를 보게 되는데 기분은 좋습니다. 배려하면 물질적, 정신적으로 손해를 볼 수 있는데 보람으로 배가 부릅니다. 양보하면 바보가 되는 느낌이 들기도 하지만 뿌듯함이 큽니다. 양보로 인해서 기회도, 시간도 잃을 수 있지만 흐뭇한 포만감을 느낄 수 있습니다. 육체의 포만감보다 정신의 포만감이 훨씬 더 가치가 큽니다.

God is Love

Miracle
190

아침이 설레면 하루가 사랑스럽다.
When the morning is exciting, the day is lovely.

이루고 싶은 오늘의 **비전** *(Vision)*

오늘을 살면서 누군가 또는 세상에 베푼 **사랑** *(Love)*

오늘을 돌아보며 부족했던 점에 대한 **반성** *(Reflection)*

오늘 나에게 행복이 되어 준 **감사** *(Thanks)*

년   월   일

God is Love

아침이 설레면 하루가 사랑스럽습니다. 콩 심은 데서 콩 나고 팥 심은 데서 팥이 나듯 아침에 설렘을 심어야 저녁에 설렘의 열매를 가득 수확할 수 있습니다.

지혜로운 사람은 아침을 연인의 대상으로 봅니다. 연인은 보기만 해도 기분이 좋아집니다. 아침을 연인으로 여기는 사람에게는 삶이, 하루가, 1분 1초가 사랑스러울 수밖에 없습니다. 반면에 지혜롭지 못한 사람은 아침을 원수로 봅니다. 아침을 만나자마자 화가 나고 짜증이 납니다. 그런 사람은 하루를 마무리하고 결산할 때 온전하고 보람된 결실을 얻기가 쉽지 않습니다.

아침은 하루의 첫인상과 같습니다. 첫인상이 좋은 사람에게 호감이 가듯 아침을 설렘으로 채운 사람은 눈빛과 얼굴빛이 밝을 수밖에 없습니다. 만나는 사람 모두에게 매력과 호감의 에너지를 전합니다.

셔츠의 첫 단추를 잘못 채우게 되면 처음부터 다시 채워야 합니다. 단추야 다시 채우면 되지만 꼬여버린 아침의 첫 단추는 되돌리기 어렵습니다. 아침에 콧노래를 불러야 합니다. 일부러라도 휘파람을 불어야 합니다. 그러면 우리의 신체도 긍정적으로 반응합니다.

아침이 설레면 하루가 사랑스러울 확률이 높습니다. 아침을 불만과 짜증으로 시작하면 하루가 사랑스러울 확률은 줄어듭니다. 때로는 아침을 설렘으로 시작하더라도 그 설렘이 종일 이어지지 않을 때가 있습니다. 인생이 내 계획대로 되지만은 않기 때문입니다. 그럼에도 불구하고 아침을 설렘으로 시작해야 하는 이유는 아침은 출발이기 때문입니다. 출발에는 설렘만 있어야 합니다. 출발은 설렘으로 가득해야 합니다. 출발의 시점에서 가득 충전된 설렘의 연료는 하루라는 삶에서 힘든 일을 견뎌내고 승리하게 하는 에너지가 됩니다.

God is Love

Miracle
191

꿈이 있으면 노력이 즐겁다.
If you have a dream, your efforts are pleasant.

이루고 싶은 오늘의 **비전** *(Vision)*

오늘을 살면서 누군가 또는 세상에 베푼 **사랑** *(Love)*

오늘을 돌아보며 부족했던 점에 대한 **반성** *(Reflection)*

오늘 나에게 행복이 되어 준 **감사** *(Thanks)*

년   월   일

God is Love

꿈이 있으면 노력이 즐겁습니다. 꿈은 보물섬과 같은 가슴 설레는 존재이기 때문에 생각만 해도 기분이 좋아집니다. 보물섬으로 노를 저어 다가가는 사람은 가는 동안의 노력이 아무리 힘들어도 부푼 희망으로 행복합니다. 그래서 가슴에 꿈을 품고 살아가는 사람들은 하루하루가 즐겁습니다. 가슴속에 꿈이 꿈틀거리면 고통과 인내로 힘들더라도 살아가는 순간순간이 기쁨으로 느껴집니다.

그래서 꿈이 있는 사람은 불만과 불평도 적습니다. 부족해도 만족할 줄 알고, 불만족스러울 때도 불평을 자제합니다. 고난과 어려움은 꿈을 향한 과정이라 여기기 때문입니다. 그런 이유로 꿈이 있으면 감사가 넘칩니다. 심지어 좋지 않은 일에도 감사하게 됩니다.

꿈이 없는 노력은 사막을 걷는 느낌입니다. 어디를 향해 가는지? 누굴 위해 걸어가는 것인지? 자꾸 의문이 생깁니다. 자신의 노력이 한심해 보이기도 하며 부질없어 보이기도 합니다. 가끔 오아시스를 만나도 즐거운 시간은 길지 않습니다. 무언가를 달성했을 때조차도 성취의 쾌감을 크게 느끼기 어렵습니다.

노력이라는 단어는 '무언가 목표를 이루기 위해 힘을 다한다.'라는 의미를 품고 있기에 힘이 들 수밖에 없습니다. 그럴 때 꿈은 노력에 동기부여를 줍니다. 꿈은 노력에 큰 힘을 공급합니다. 꿈은 꿈으로 향하는 길에서 만나는 고난을 이겨낼 힘을 계속해서 채워줍니다.

꿈이 있는 사람은 지쳐도 금방 회복됩니다. 꿈이 있는 사람은 힘이 들어도 웬만해서 포기하지 않습니다. 매일 꿈을 선명하게 상상하기 때문에 그 꿈이 가져다줄 영광을 생생히 그려냅니다. 생생한 영광의 장면은 현재를 즐겁게 하는 원동력이 됩니다. 꿈을 달성한 환호의 장면은 현재의 맡은 일에 충실한 노력을 더하게 합니다.

God is Love

Miracle 192

때를 놓치면 음식도 맛이 없고 인생도 맛이 없다.
If you miss the right time, the food is tasteless and life is tasteless.

이루고 싶은 오늘의 **비전** *(Vision)*

오늘을 살면서 누군가 또는 세상에 베푼 **사랑** *(Love)*

오늘을 돌아보며 부족했던 점에 대한 **반성** *(Reflection)*

오늘 나에게 행복이 되어 준 **감사** *(Thanks)*

년   월   일

God is Love

때를 놓치면 음식도 맛이 없고 인생도 맛이 없습니다. 아무리 맛이 있는 음식이라도 때를 놓쳐 식어버린 음식은 제대로 맛을 느낄 수 없습니다. 인생도 마찬가지입니다. 젊은 시절에는 젊은 날에 맞는 즐거움이 있고, 나이 들면 나이 들어가는 대로 그에 맞는 즐거움이 있습니다. 시절 시절의 즐거움을 놓치지 않아야 합니다. 시절마다, 그때마다 인생의 맛을 맛보며 살아갈 수 있습니다.

10대에는 학업 중에도 놀이의 맛을 즐길 줄 알아야 하고 20대에는 취업을 준비하면서도 청춘 여행의 맛을 느껴봐야 합니다. 30대에는 일을 하면서도 아기를 낳고 키우는 즐거움을 맛봐야 하고 40대에는 경제적 부를 쌓으면서도 사회적 관계의 만남도 즐겨야 합니다.

50대에는 자녀의 결혼을 준비하면서도 인생 2막의 공부를 즐길 줄 알아야 하고 60대에는 새로운 도전을 시작하면서도 덕 쌓는 보람도 맛봐야 합니다. 70대에는 부부의 건강을 챙기고 보살피면서도 황혼 여행을 즐길 줄 알아야 하고 80대에는 병원에 다니는 아픔 속에도 자손의 번성과 효를 통해 행복할 수 있어야 합니다.

90대에는 죽음을 준비하면서도 지난 인생의 추억들을 흐뭇함으로 돌아보는 즐거움을 맛볼 수 있어야 하고 100세를 넘도록 살게 되면 이루고 가졌던 것들을 세상에 나누면서 세상에 남겨질 자그만 이름 하나만으로도 즐거울 수 있어야 합니다.

인생의 맛은 순간순간에 있습니다. 미래의 어느 시점이 되어야만 행복한 인생을 맛볼 수 있다고 믿는 것은 미래만 바라보다 현재의 즐거움을 희생시키는 어리석은 삶이 됩니다. 미래도 중요하겠지만 더 중요한 것은 바로 지금의 인생입니다. 지금 해야 할 일에 최선을 다하면서도 순간순간을 즐기면 평생 즐거운 삶을 살게 됩니다.

God is Love

Miracle
193

간절히 원한다면 열심히 일궈야 한다.
If you want it badly, you have to work hard.

이루고 싶은 오늘의 **비전** *(Vision)*

오늘을 살면서 누군가 또는 세상에 베푼 **사랑** *(Love)*

오늘을 돌아보며 부족했던 점에 대한 **반성** *(Reflection)*

오늘 나에게 행복이 되어 준 **감사** *(Thanks)*

년   월   일

God is Love

간절히 원한다면 열심히 일궈야 합니다. 간절히 원한다면 땀 흘려 일해야 합니다. 간절하게 원하는 만큼 정성스럽고도 절실한 노력이 뒤따라야 합니다. 간절히 원하고 있다는 말 속에는 '그에 상응하는 노력을 이미 각오하고 있다.'는 의미를 포함하고 있기 때문입니다.

높은 산의 정상에 올라선 짜릿한 쾌감을 맛보고자 한다면 힘겨운 등산의 고통은 감수하고 이겨내야 합니다. 가을에 풍성한 곡식들을 얻으려면 봄과 여름에 땀과 정성으로 밭을 일구고 가꿔야 합니다. 학교나 사회에서 빼어난 성적을 얻고자 하면 남들보다 더한 열심의 노력이 동반되어야만 합니다.

간절히 원하는 사람은 헛된 욕망을 품지 않습니다. 간절히 원하는 사람은 요행을 바라지 않습니다. 그래서 무언가를 간절하게 원하는 사람은 스스로가 할 수 있는 모든 열정과 노력을 쏟아붓는 만반의 준비를 하게 됩니다. 간절하게 원하는 것을 쉽게 얻을 수 없다는 걸 사람들은 잘 알기 때문입니다.

간절함이 없는 꿈은 헛된 꿈이 되기 쉽습니다. 헛된 꿈이라고 여긴 순간 언제 그랬느냐는 듯 이내 다른 꿈을 꿉니다. 꿈을 자주 바꾸는 사람은 자기가 설계한 꿈에 대한 간절함이 부족한 사람입니다. 아니 간절함이라는 유전자 자체가 없는 사람일 수도 있습니다.

무언가를 원하거나 꿈꿀 때 먼저 간절함이 있는지 확인해야 합니다. 간절함이 없다면 그 꿈은 아예 시작부터 하지 않는 것이 좋습니다. 오히려 인생의 시간을 낭비하는 일이 될 수 있기 때문입니다.

간절히 원함은 간절한 땀방울을 낳습니다. 간절한 소망들은 삶을 대하는 태도마저 달라지게 합니다. 간절함은 꿈을 향한 열망입니다.

God is Love

Miracle
194

실행이 없는 깨달음은 쓸모가 없다.
Realization without practice is useless.

이루고 싶은 오늘의 **비전** *(Vision)*

오늘을 살면서 누군가 또는 세상에 베푼 **사랑** *(Love)*

오늘을 돌아보며 부족했던 점에 대한 **반성** *(Reflection)*

오늘 나에게 행복이 되어 준 **감사** *(Thanks)*

년   월   일

God is Love

실행이 없는 깨달음은 쓸모가 없습니다. 깨달음이 실행의 단계로 이어지지 못하고 머리와 가슴에만 머물면 고상한 깨달음의 예술은 완성된 작품으로 인정받기 어렵습니다. 머리와 가슴속의 깨달음은 손과 발의 실행을 통해 완성으로 가는 문을 하나하나 통과해야만 하기 때문입니다.

깨달음이라는 귀한 씨앗은 실행이라는 씨 뿌림의 과정을 거쳐야만 풍성한 열매로 수확할 수 있습니다. 깨달음이 꽃봉오리 상황이라면 실행은 꽃을 활짝 피우게 하는 벌과 나비의 날갯짓입니다. 깨달음은 100미터 달리기의 출발선에 불과합니다. 열심히 달려가는 실행이 있어야 환희의 결승선에 도착할 수 있습니다.

실행이 없는 깨달음은 그저 말뿐이기에 영향력도 크지 않습니다. 실행이 없는 깨달음은 고독하며 실행이 없는 깨달음은 공허합니다. 실행이 없는 깨달음은 미완성이기에 인정받기도 어렵습니다. 실행이 없는 우아한 깨달음보다 촌스럽고 투박한 실행이 훨씬 더 훌륭하고 아름답습니다.

어떤 사람은 깨달음이 많을 수 있고, 또 어떤 사람은 실행력이 좋을 수 있습니다. 세상에는 두 부류의 사람이 다 필요합니다. 하지만 두 사람을 비교하자면 깨달음이 많은 사람과 실행을 잘하는 사람 중에 더 많은 성과와 성취를 얻는 사람은 실행을 잘하는 사람입니다.

깨달음을 실행으로 옮기는 일은 쉽지가 않습니다. 하지만 가능한 일이기도 합니다. 깨달음에 만족하여 거기에 머물면 절반의 성공일 뿐입니다. 깨달았으면 즉시 실행으로 시선을 옮겨야 합니다. 이제 마음과 머리에 담은 씨앗들을 발과 손으로 뿌려야 합니다. 오늘의 깨달음을 오늘의 실행으로 옮기는 사람은 날마다 성장합니다.

God is Love

Miracle
195

선입견은 옳은 판단을 방해하는 가시다.
Prejudice is a thorn that hinders right judgment.

이루고 싶은 오늘의 **비전** *(Vision)*

오늘을 살면서 누군가 또는 세상에 베푼 **사랑** *(Love)*

오늘을 돌아보며 부족했던 점에 대한 **반성** *(Reflection)*

오늘 나에게 행복이 되어 준 **감사** *(Thanks)*

년   월   일

God is Love

선입견은 옳은 판단을 방해하는 가시입니다. 선입견(先入見)은 '내 눈과 마음에 먼저 들어온 작은 정보'일 뿐입니다. 선입견의 부족한 정보가 사람, 사물, 의견 등에 대한 모든 정보를 대표하면 안 되기 때문에 작은 정보로 모든 것을 판단하는 일은 현명하지 못합니다.

'하나를 보면 열을 안다.'는 말이 있지만 하나의 선입견으로 열을 판단하는 것은 교만입니다. 하나를 보고 하나를 판단하기에도 틀릴 때가 많습니다. 내게 보이는 것이 전부가 아니고 내게 들리는 것이 전부가 아닐 때가 많습니다.

하나를 보고 열을 판단하려 하는 것은 성급함입니다. 하나를 보고 하나를 판단하기에도 상당한 시간이 걸립니다. 먼저 들어온 정보는 먼저 들어온 정보일 뿐 모든 정보가 될 수 없습니다. 하나를 보고 열을 판단하는 경우를 줄이면 실수와 오해를 줄일 수 있습니다.

색안경은 주로 세상을 아름다운 색으로 표현하지만, '색안경을 쓰고 본다.'는 표현은 대부분 나쁜 의미로 쓰입니다. 색안경은 경험하는 무언가를 실제의 모습과는 다른 시선과 마음으로 판단하게 합니다. 선입견이라는 나쁜 색안경은 옳은 판단을 방해하는 장애물입니다.

좋은 사람 따로 없고 나쁜 사람 따로 없습니다. 좋은 사람도 나쁠 때가 있으며 나쁜 사람이라도 좋을 때가 있습니다. 때로는 선했다가 때로는 악했다가 합니다. 선입견으로 좋은 사람을 잃는 일이 없어야 합니다. 선입견으로 좋은 사람을 잘못 판단하면 인생의 손실입니다.

선입견의 오류에 빠지지 않기 위해서 성급한 판단을 버리고 조금 더 지켜보는 여유를 가져야 합니다. 선입견의 실수에 빠지지 않기 위해서는 수용의 마음으로 다양한 상황을 경험해봐야 합니다.

God is Love

Miracle
196

좋은 사람에게도 가끔은 못난 마음이 있다.
Good people sometimes have an ugly heart.

이루고 싶은 오늘의 **비전** *(Vision)*

오늘을 살면서 누군가 또는 세상에 베푼 **사랑** *(Love)*

오늘을 돌아보며 부족했던 점에 대한 **반성** *(Reflection)*

오늘 나에게 행복이 되어 준 **감사** *(Thanks)*

년   월   일

God is Love

좋은 사람에게도 가끔은 못난 마음이 있습니다. 한 사람도 완벽한 존재로 태어날 수 없고, 어떤 사람도 완벽하게 성장할 수 없습니다. 완벽한 사람이 되기를 추구하기보다는 사람이 부족할 수밖에 없는 존재라는 것을 인정하면서 못난 마음을 최소화하려 노력하는 것이 훨씬 더 지혜로운 삶의 자세입니다.

좋은 사람도 때로는 못난 시기와 질투를 합니다. 좋은 사람이라도 한 번씩은 미워하는 마음도 갖고 무시하는 마음도 갖습니다. 좋은 사람이라고 할지라도 가끔은 이기심과 자만심에 빠지기도 합니다. 그렇다고 해서 그 사람을 나쁜 사람으로 치부하는 건 좋은 판단이 아닙니다. 예쁜 꽃이 어쩌다가 흙탕물에 더럽혀진 모습을 보인다고 해서 영영 못난 꽃이 되는 건 아닌 것처럼 말입니다.

좋은 사람은 못난 마음이 들 때 가슴과 머리로 괴로워하는 고뇌의 과정을 거칩니다. 못난 마음을 바로 행동으로 옮기지 않고 고뇌를 통해서 나쁜 행동으로 주행하는 생각의 자동차에 브레이크 페달을 밟아보기도 합니다. 하지만 나쁜 사람은 보통 고민하지 않습니다. 자기의 욕망대로, 마음이 내키는 대로 그냥 실행에 옮깁니다.

좋은 사람이라고 할지라도 오염된 마음 때문에 흔들리는 상황을 칭찬할 수는 없습니다. 하지만 분명한 사실 한 가지는 좋은 사람이 나쁜 마음 때문에 괴로워하는 과정은 나쁜 행동으로 이어지는 것을 억제할 수 있는 유용한 브레이크가 된다는 것입니다.

나쁜 마음은 우리에게 시시때때로 침입합니다. 그럴 때 좋은 사람은 그 위험한 침입을 결사적으로 밀어내려고 애씁니다. 하지만 때로는 힘에 부칠 때도 있습니다. 그럴 때는 실망하고 자책하기보다 이겨 내려 애쓴 마음을 토닥토닥 위로하며 다시 마음을 다잡으면 됩니다.

God is Love

Miracle
197

불의를 버리고 선택한 가난은 큰 명예다.
Abandoning injustice, choosing poverty is a great honor.

이루고 싶은 오늘의 **비전** *(Vision)*

오늘을 살면서 누군가 또는 세상에 베푼 **사랑** *(Love)*

오늘을 돌아보며 부족했던 점에 대한 **반성** *(Reflection)*

오늘 나에게 행복이 되어 준 **감사** *(Thanks)*

년   월   일

God is Love

불의를 버리고 선택한 가난은 큰 명예입니다. 정의와 질서를 굳게 지키며 살기 위해 가난한 인생길에 들어선 사람은 시대의 진정한 의인이요 영웅입니다. 그들은 부끄러운 부자라면 상상도 할 수 없는 국민 명예의 전당에서 당당히 살아갑니다. 그분들의 삶은 사후에도 칭송을 받게 되며, 남은 후손에게도 큰 가치를 선물로 남깁니다.

어떤 사람은 불의를 저지르면서 부(富)를 쌓아 올립니다. 그렇게 얻은 부는 수치요 불명예입니다. 그런 사람들은 살아가는 내내 뭇 사람들에게 손가락질을 받습니다. 사람들이 그 부자에게 겉으로는 잘 보이려고 할 수도 있지만 속으로는 비난합니다. 사후에도 비난은 이어지며, 남은 후손들에게도 심각한 상처와 불명예를 남깁니다.

물질만능주의는 물질의 소유욕을 사람의 마음속에 심어놓았습니다. 깨끗한 물욕을 넘어선 부끄럽고 천박한 물욕은 사람의 맑은 정신을 더럽혔습니다. 황금만능주의가 욕망을 채우는 사치와 쾌락을 주는 대가로 우리에게서 정의와 질서의 고귀한 정신을 빼앗아 갔습니다.

풍요롭지 않던 그 옛날에 오히려 더 진실하게 살았던 것 같습니다. 풍요롭지 않은 세상에서 오히려 우리는 더 나누고 산 것 같습니다. 물질의 풍요가 우리들로 하여금 선(善)과 참을 버리게 했고, 정신의 빈곤이 우리에게서 따뜻한 사랑과 인정을 빼앗아 갔습니다.

가난을 좋아할 사람도, 고난을 기뻐할 사람도 세상에는 없습니다. 다만, 그 가난과 고난이 의를 위한 가난이요, 선을 위한 고난이라면 우리는 기꺼이 감당해야 합니다. 내가 선택한 가난이 부정한 부를 멀리하기 위함이라면 그 길을 선택해야 합니다. 견리사의(見利思義) 교훈처럼 이로움을 보았을 때 의로운가를 반드시 생각해야만 하고, 부를 위해 불의를 감행하지 않았는지 돌아봐야 합니다.

God is Love

Miracle
198

양심은 질서가 되고 질서는 법을 만든다.
Conscience makes order and order makes law.

이루고 싶은 오늘의 **비전** *(Vision)*

오늘을 살면서 누군가 또는 세상에 베푼 **사랑** *(Love)*

오늘을 돌아보며 부족했던 점에 대한 **반성** *(Reflection)*

오늘 나에게 행복이 되어 준 **감사** *(Thanks)*

년   월   일

God is Love

양심은 질서가 되고 질서는 법을 만듭니다. 눈에 안 보이는 양심을 지키는 선함은 누구라도 보고 느낄 수 있는 질서를 지키는 행위로 이어집니다. 또한, 일상 속에서 한 사람 한 사람이 작은 질서들을 지켜나가는 도덕은 거창하게만 느껴지는 법을 자연스럽고도 쉽게 준수하는 과정이자 방법이 됩니다.

준법을 위해서 양심을 지키는 것은 좋은 건물을 짓기 위해 좋은 자재를 준비해야 하는 건축의 기본 원칙과 비슷합니다. 준법을 위해 질서를 지키는 것은 튼튼한 건물을 짓기 위해 공정에 맞춰 뼈대를 세우는 과정과 닮았습니다. 좋은 자재라는 양심과 튼튼한 뼈대라는 질서를 통해서 멋지고 튼튼한 건물이라는 공정한 법들이 세워지고 지켜지는 것입니다.

법은 처음부터 거창한 존재가 아닙니다. 작은 시냇물과 옹달샘이 흘러 바다를 이루듯 여린 양심과 사소한 질서가 모여 법이라는 큰 바다를 만들어 냅니다. 법은 원래 무서운 존재가 아닙니다. 우리가 바다를 사랑하고 지키면 바다는 우리에게 풍요와 이로움을 주듯이, 우리가 법을 지키고 보호하면 법은 우리들의 권리와 재산 그리고 생명을 지키고 보호해 주는 든든한 존재가 됩니다.

그래서 법에 대한 확신이 필요합니다. 국민이 법을 지킨다면 법도 국민을 지킨다는 확신을 국민에게 심어줘야 합니다. 법이 권력과 힘을 위해 존재하면 안 되며, 보이지 않는 손에 흔들려서도 안 됩니다. 법은 어떤 것도 추구하면 안 되며, 오직 정의만 추구해야 합니다.

법은 모두에게 공평해 누구도 억울하지 않아야 합니다. 법은 상식을 벗어나지 않아서 다수가 공감할 수 있어야 합니다. 법은 국민 위에 군림하는 군주가 아닌 국민을 지켜주는 보호자가 되어야 합니다.

God is Love

Miracle
199

돈을 영원히 소유하는 방법은 나눔이다.
The way to keep money forever is by sharing.

<u>이루고 싶은 오늘의 **비전** *(Vision)*</u>

<u>오늘을 살면서 누군가 또는 세상에 베푼 **사랑** *(Love)*</u>

<u>오늘을 돌아보며 부족했던 점에 대한 **반성** *(Reflection)*</u>

<u>오늘 나에게 행복이 되어 준 **감사** *(Thanks)*</u>

년   월   일

God is Love

돈을 영원히 소유하는 방법은 나눔입니다. 나눔은 내 소유에서는 사라지지만 나눔을 받은 사람의 마음에는 오래 기억됩니다. 심지어 나눔의 소식을 듣기만 한 사람의 마음에도 감동으로 기억됩니다.

아무리 신뢰할 만한 은행이라도 돈을 영원히 보관할 수 없습니다. 하지만 나눔을 통해 전해지는 마음의 금고에는 영원히 보관할 수 있습니다. 돈을 소유하고 있으면 불안하기도 하고, 위험에 빠지기도 하지만 나누게 되면 마음도 평안해지고 세상도 따뜻하게 합니다.

나눔은 소비의 개념이 아니고 투자의 개념입니다. 나눔은 더 많은 나눔을 낳는 사랑의 씨앗입니다. 한 알의 씨를 뿌리면 훨씬 더 많은 곡식이 열리듯이 나눔의 수확은 풍성합니다. 나눔은 허탈한 손해가 아니며, 그 무엇보다도 수익이 좋은 투자의 행위입니다.

나 혼자만 사는 무인도에서는 돈을 벌 수가 없습니다. 내가 생산한 물건을 사줄 사람이 없기 때문입니다. 돈을 벌었다는 것은 누군가가 존재했기 때문입니다. 그 존재 덕에 돈을 번 것이기에 번 돈은 다시 그들을 위해 쓰거나 나누어야만 합니다. 다시 나누는 것은 아름다운 선행이 아니라 당연한 일입니다. 그것은 자연의 순리입니다.

인색한 부자는 나눔을 생각할 여유가 없습니다. 더 채우려는 생각을 하기에도 바쁘기 때문입니다. 진정한 부자는 베풀면서 행복을 느낄 줄 압니다. 풍요 속의 욕심은 빈자의 마음입니다. 빈근 속의 나눔은 부자의 마음입니다. 나눔은 그렇게 진정한 부자의 몸짓입니다.

나눔은 행복의 도구입니다. 나누는 사람은 보람으로, 받는 사람은 고마움으로 두 사람의 입가에 미소를 전합니다. 나눔은 마술입니다. 하나가 둘이 되고 둘은 셋 되는 나눔은 그대로 마술입니다

God is Love

Miracle
200

사람은 계획하고 하늘은 이끈다.
Man plans and heaven leads.

이루고 싶은 오늘의 **비전** *(Vision)*

오늘을 살면서 누군가 또는 세상에 베푼 **사랑** *(Love)*

오늘을 돌아보며 부족했던 점에 대한 **반성** *(Reflection)*

오늘 나에게 행복이 되어 준 **감사** *(Thanks)*

년   월   일

God is Love

사람은 계획하고 하늘은 이끕니다. 무슨 일이든 사람의 계획대로 착착 진행되면 좋겠지만 그런 일은 흔하지 않습니다. 사람의 계획을 전체적으로 이끌고 이루어 가는 역할은 하늘에 있습니다.

만일, 사람이 계획한 대로 다 이룬다면 사람은 엄청난 교만에 빠질 수 있습니다. 심지어 서슴없이 악행을 저지를 수도 있으며, 질서와 규칙이 무너져 세상이 혼란에 빠질 수도 있습니다. 그래서 하늘은 사람의 계획을 판단하기도 하며 적절하게 제어하기도 합니다. 또한, 그 계획을 응원하기도 하고 전폭적인 도움을 주기도 합니다.

공부할 때나 취업할 때, 사업할 때나 농사를 지을 때도 계획하고 노력하는 것은 사람의 몫이지만 그것을 이뤄가기 위해서는 하늘의 지지와 도움이 필요합니다. '진인사대천명'이라는 말처럼 내가 할 일을 다 하고 나서 하늘의 뜻을 기다려야 합니다.

계획한 대로 다 이루려 하는 것은 지나친 욕심입니다. 욕심이 크면 당연히 실망도 크게 됩니다. 실망이 크면 좌절하고 포기하는 확률이 높아집니다. 계획한 것을 다 이루려는 욕심을 시작의 단계에서부터 버리고 비워야 합니다. 어떤 계획을 세우더라도 나의 역할에 최선을 다하면서 결과는 하늘의 판단과 결정에 맡겨야 합니다.

하늘의 도움을 받는 방법은 이미 알려져 있습니다. '하늘은 스스로 돕는 자를 돕는다.'라는 말처럼 세워진 계획을 위해서 먼저 최선을 다해야 합니다. 그러면 하늘은 대부분 지지와 도움의 손길을 내밀어 줍니다. 물론 아닐 때도 있습니다. 노력에 반하는 결과가 나올 때가 있습니다. 노력했음에도 계획된 길로 이끌지 않을 때도 있습니다. 이런 상황에 접했을 때조차도 불평, 원망, 자책, 성냄보다 수용의 자세가 필요합니다. 돌아보고 성찰함이 더 지혜롭습니다.

God is Love

Miracle
201

앞자리를 좋아하면 높은 자리가 가깝다.
If you like the front seat, the high position is close.

<u>이루고 싶은 오늘의 **비전** *(Vision)*</u>

<u>오늘을 살면서 누군가 또는 세상에 베푼 **사랑** *(Love)*</u>

<u>오늘을 돌아보며 부족했던 점에 대한 **반성** *(Reflection)*</u>

<u>오늘 나에게 행복이 되어 준 **감사** *(Thanks)*</u>

년   월   일

God is Love

앞자리를 좋아하면 높은 자리가 가깝습니다. 앞자리에 앉는 사람은 지식과 정보를 더 빨리, 더 정확히 흡수합니다. 앞자리에 앉으려는 사람은 배움에 적극적이어서 의욕이 넘칩니다. 앞자리를 차지하려는 사람은 들음에 능동적이어서 판단과 이해와 수용이 빠릅니다.

리더나 가르치는 사람, 정보를 전달하는 사람이나 의견을 주장하는 사람들은 대체로 앞자리에 앉는 사람을 좋아합니다. 앞자리에 앉는 마음가짐을 '배우고 들으려는 강한 열정의 증거'라고 높이 평가하기 때문입니다. 그런 이후로 앞자리에 앉는 사람들은 가르치거나 평가하는 사람으로부터 호감의 매력을 공짜로 받을 때가 많습니다.

도전정신과 용기가 충만한 사람은 앞자리를 좋아합니다. 앞자리에 앉는 것 자체가 작은 도전이요, 용기의 표현이기 때문입니다. '도전정신이 충만한 자! 그리고 용기가 가득한 자!'로 사는 방법을 찾고 싶다면 앞자리에 앉는 습관만으로도 훌륭한 방법이 됩니다.

자신감과 자존감이 넘치는 사람도 보통 앞자리를 선호합니다. 어떤 상황에도 주눅 들지 않는 자신감과 언제 어디서든 자신을 당당하게 여기는 사람은 앞자리를 당연히 자신의 자리라고 생각합니다. 앞에 앉은 당당한 자신을 보며 자신감과 자존감을 더 키워갑니다.

앞자리는 집중력을 높여줍니다. 앞자리는 앞사람의 가림이나 행동 같은 시각적 방해물이 적어 집중력을 높입니다. 잡음 같은 청각적 장애물이 적어 집중을 도와줍니다. 뒷자리는 졸음을 방치하겠지만 앞자리 사람은 졸지 않으려고, 졸음을 물리치려고 안간힘을 씁니다.

앞자리 앉는 습관은 주도력을 키워줍니다. 앞자리는 성장과 성공을 향한 명당자리입니다. 앞자리는 높은 자리로 가는 지름길입니다.

God is Love

Miracle
202

배움을 즐기는 사람은 훌륭한 학자다.
A man who enjoys learning is a good scholar.

이루고 싶은 오늘의 **비전** *(Vision)*

오늘을 살면서 누군가 또는 세상에 베푼 **사랑** *(Love)*

오늘을 돌아보며 부족했던 점에 대한 **반성** *(Reflection)*

오늘 나에게 행복이 되어 준 **감사** *(Thanks)*

년   월   일

God is Love

배움을 즐기는 사람은 훌륭한 학자입니다. 배움을 좋아하는 사람은 전문적인 지식이나 연구 업적이 없어도 학자와 다를 바가 없습니다. 배움을 갈구하는 사람은 학문의 발전에 이바지하지 않더라도 이미 학자의 삶을 살아가고 있는 것과 같습니다.

배움을 좋아하는 사람은 시대에 뒤처지지 않습니다. 시대와 환경의 변화에 따라 필요한 것들을 앞서 배우고 익히기 때문입니다. 배우려 애쓰는 사람은 안주하지 않습니다. 배움은 하나의 계단이 되어 그 위의 계단을 바라보게 하기 때문입니다. 배움에 익숙해진 사람들은 교만하지 않습니다. 배울수록 부족하다는 것을 잘 알기에 더 배워야 함을 스스로 느끼기 때문입니다.

배움은 학교에서보다 삶에서 더 많이 있어야 합니다. 학교에서의 배움은 길어야 20년이지만 삶에서 배움은 평생입니다. 학교에서의 배움이 지식이라면 일상에서의 배움은 지혜입니다. 학교에서 배움이 10이라면 삶에서의 배움은 100일 수 있습니다. 누군가의 가르침을 통한 배움이 공부라면 스스로 배우는 배움은 깨달음입니다.

오늘 배웠다고 해서 내일 배움을 멈추면 안 됩니다. 오늘의 배움은 더 성장한 내일의 배움으로 건너가는 징검다리입니다. 배움은 호흡 같아서 매일 순간순간에 멈춤이 있으면 안 됩니다. 배움을 멈추는 순간부터 뇌는 퇴화하기 시작하고 활력을 잃게 됩니다. 배움의 삶을 살아가는 사람은 뇌가 늙지 않고 언제나 청춘입니다. 배움을 즐기는 사람은 웬만해서는 뇌와 관련된 질병에 걸리지 않습니다.

배움을 즐기는 사람은 끊임없이 꿈을 꿉니다. 배움이 선명한 꿈의 길을 보여주기 때문입니다. 배움을 좋아하는 사람들은 오늘도 꿈을 꿉니다. 오늘의 배움이 꿈의 문을 열어줄 걸 확신하기 때문입니다.

God is Love

Miracle
203

하루의 평가는 선을 행함과 감사에 달렸다.
A day's assessment depends on good deeds and appreciation.

이루고 싶은 오늘의 **비전** *(Vision)*

오늘을 살면서 누군가 또는 세상에 베푼 **사랑** *(Love)*

오늘을 돌아보며 부족했던 점에 대한 **반성** *(Reflection)*

오늘 나에게 행복이 되어 준 **감사** *(Thanks)*

년   월   일

God is Love

하루의 평가는 선을 행함과 감사에 달려있습니다. 하루를 아무리 충실하게 살았다 해도 선을 행하지 않으면 자기만을 위한 반쪽짜리 삶입니다. 하루라는 삶에서 아무리 많은 것을 얻었다고 해도 감사가 없으면 보람과 기쁨이 없는 결핍의 삶입니다.

선을 행함은 가족과 이웃 그리고 세상을 향해 베푸는 사랑입니다. 선을 행하면 이기적인 삶의 쓴맛이 줄어듭니다. 선을 행하면 이타적 삶의 단맛과 인생의 참맛을 맛보고 즐기며 살아가게 됩니다. 선을 행함은 하루라는 삶의 요리를 맛있게 하는 사랑의 조미료입니다.

감사는 웃음을 부르는 마법의 주문이며, 꺼낼수록 더 많은 감사가 나오게 하는 마음의 보물단지입니다. 감사는 부족함에서도 족함을 느끼게 하는 만족의 기술이며, 슬픔 속에서도 기쁨의 이유를 찾게 하는 치유의 기술입니다. 감사는 하루의 삶 속에서 행복이 주렁주렁 열리게 하는 마음 밭의 영양제입니다.

선을 행함이 남들로부터 좋은 평가를 받기 위한 목적이 되어서는 안 됩니다. 선을 행함은 사랑을 베풀고 덕을 쌓는 그 자체로 자기 자신에게 높은 점수를 줄 수 있으면 됩니다. 감사가 또 다른 감사를 불러오기 위한 욕심이 되어서는 안 됩니다. 그 어떤 만족의 조건이 갖추어지지 않더라도, 지금 이 순간 내가 숨 쉬고 살아가고 있다는 이유만으로도 감사할 이유는 충분합니다.

선을 행한 하루는 삭막한 세상 속에서도 사랑의 꽃들을 피웁니다. 선을 행하는 하루는 나의 세상만 바라보던 고정된 시선에서 타인의 세상에도 관심을 갖는 변화된 시선으로 살아가게 합니다. 감사함이 가득한 하루는 고단한 삶 속에서도 행복의 꽃밭에서 살게 합니다. 감사한 하루는 평범한 오늘을 기적 같은 매일로 만들어 줍니다.

God is Love

Miracle
204

가장 많이 배우는 때는 가르침을 준비할 때이다.
The time to learn the most is to prepare for teaching.

이루고 싶은 오늘의 **비전** *(Vision)*

오늘을 살면서 누군가 또는 세상에 베푼 **사랑** *(Love)*

오늘을 돌아보며 부족했던 점에 대한 **반성** *(Reflection)*

오늘 나에게 행복이 되어 준 **감사** *(Thanks)*

년   월   일

God is Love

가장 많이 배우는 때는 가르침을 준비할 때입니다. 내가 누군가를 가르치기 위해서는 많은 지식과 정보가 필요하기 때문입니다. 내가 아는 것이 적으면 가르칠 수 없고, 아는 것이 부족한 사람은 가르칠 자격도 없습니다. 아는 것이 적으면 가르치는 무대에 서는 것조차 두려우며, 자신감이 떨어져 제대로 가르칠 수 없습니다.

가르치는 사람은 배울 사람보다 훨씬 더 많은 공부가 필요합니다. 공부하지 않고 가르치려는 건 수영을 배우지 않고 바다에 들어가는 것과 같습니다. 공부하지 않고 가르치려 하는 것은 에베레스트 같은 높은 산에 오를 때 체력, 정보, 식량, 장비 같은 필수품을 준비하지 않는 것과 다르지 않습니다.

가르침은 전문가로 가는 배움의 과정입니다. 가르침을 위해 가르칠 내용 외에도 공부할 게 많습니다. 가르치는 방법도 연구해야 하고, 가르침을 받는 대상에 대해서도 연구해야 합니다. 가르침에 사용할 유용한 도구도 준비해야 하고 가르칠 환경도 파악해야 합니다.

가르치는 시기가 처음일 때는 더 많은 공부와 준비가 필요합니다. 교사 발령을 처음 받았을 때나 대학 강단에 처음 섰을 때, 그리고 회사의 교육훈련자로서 처음으로 교육을 시작할 때는 교육을 위해 정말 많은 공부와 준비가 필요합니다. 가르칠 내용이 1이라고 하면 공부하고 준비하는 것은 10이 되어야 잘 가르칠 수 있습니다.

효과적인 가르침을 위해 연관된 다양한 영역의 지식도 필요합니다. 그래서 가르치려는 내용보다 더 깊이, 더 넓게 공부하여 준비해야 합니다. 가르침을 위해서 예기치 않은 질문에도 대비해야 합니다. 가르치는 일은 끊임없이 배우는 일입니다. 끊임없이 배우지 않으면 가르침의 효과는 떨어지고, 가르침의 경쟁력도 잃게 됩니다.

God is Love

Miracle
205

목소리를 가꾸면 매력의 꽃이 핀다.
When you care your voice, the flower of charm blooms.

이루고 싶은 오늘의 **비전** *(Vision)*

오늘을 살면서 누군가 또는 세상에 베푼 **사랑** *(Love)*

오늘을 돌아보며 부족했던 점에 대한 **반성** *(Reflection)*

오늘 나에게 행복이 되어 준 **감사** *(Thanks)*

년   월   일

God is Love

목소리를 가꾸면 매력의 꽃이 핍니다. 매력적인 목소리로 말하는 사람은 듣는 사람에게 귀를 통해 뇌에 호감을 전하게 하여 사람의 마음을 끌어들입니다. 좋은 목소리는 사람과의 관계에서 편안함을 전하고 신뢰를 심어주는 훌륭한 도구가 됩니다.

사람의 외양이나 내면을 가꾸는 이미지 메이킹 만큼이나 보이스 메이킹도 중요합니다. 커뮤니케이션을 할 때 내용도 중요하겠지만 말을 전달하는 목소리도 중요한 역할을 합니다.

좋은 목소리는 밝고 선한 느낌입니다. 좋은 목소리는 쇳소리처럼 거칠지 않고 아가들을 부르는 엄마의 음성처럼 부드럽습니다. 좋은 목소리는 상황에 따라 슬픔과 기쁨을 담아 공감을 전합니다.

목소리는 얼마든지 예쁘고 멋지게 만들 수 있습니다. 잠자리에서 일어나지 않았을 때 연인이나 중요한 사람에게서 전화가 걸려오면 잠자던 목소리로 전화를 받는 사람은 없습니다. 목소리를 가다듬고 최대한 호감의 목소리로 전화를 받습니다. 우리들은 이미 목소리를 가꾸며 살아왔던 겁니다. 보이스 메이킹은 누구나 가능합니다.

목소리에 정성을 담는 일은 상대방에게 갖출 매너이면서 동시에 자신의 내면을 드러내는 품격입니다. 정성이 담긴 목소리는 훌륭한 예술작품이 됩니다. 목소리의 높낮이에 변화를 주는 억양, 강함과 부드러움을 조율하는 강약, 목소리의 속도를 조절하는 템포, 정확히 전달하는 발음 등은 목소리를 예술작품으로 탄생시킵니다.

마음을 가꾸듯 목소리를 가꿔야 합니다. 화단을 관리하듯 자신의 음성을 관리해야 합니다. 체중과 몸매에 신경 쓰듯 목소리도 신경 써야 합니다. 목소리를 가꾸는 만큼 자신의 가치도 높아집니다.

God is Love

Miracle
206

화를 다스리면 품격의 권위자가 된다.
Control anger makes you an authority of dignity.

이루고 싶은 오늘의 **비전** *(Vision)*

오늘을 살면서 누군가 또는 세상에 베푼 **사랑** *(Love)*

오늘을 돌아보며 부족했던 점에 대한 **반성** *(Reflection)*

오늘 나에게 행복이 되어 준 **감사** *(Thanks)*

년   월   일

God is Love

화를 다스리면 품격의 권위자가 됩니다. 화를 다스리면 인격적인 성장의 느낌을 스스로 느끼며 살아갈 수 있습니다. 화를 다스리면 내면적으로 성숙한 모습을 사람들에게 공감시키며 살 수 있습니다. 화를 스스로 다스릴 줄 아는 사람은 주위 사람들로부터 인정받는 경우가 많습니다. 화를 낼 만한 상황에서조차도 미소 지을 수 있는 사람이라면 많은 사람과 세상으로부터 박수와 존경을 받는 날들이 많아집니다.

화를 제어하면 자존감이 높아집니다. 화를 스스로 제어할 줄 아는 사람은 자신이 보유한 좋은 성품으로 인해 자부심이 큽니다. 화가 나는 상황이라고 할지라도 화를 내면 자존감은 떨어집니다. '화내지 않고 대처할 수는 없었을까?'라고 생각하며 자책하게 됩니다.

화를 제어하지 못하는 사람은 인정받기 어렵습니다. 아무리 뛰어난 능력을 갖추었으며, 아무리 훌륭한 업적을 남겼다고 할지라도 화를 제어하지 못하는 사람은 인정받기가 쉽지 않습니다. 화를 제어하지 못하는 사람은 원만한 대인관계를 맺고 유지하는 것이 어렵습니다. 화를 제어하지 못하고 분노로 폭발시켜 버리는 사람은 대화보다는 갈등을 부추기고, 상대의 상황보다는 자기의 입장만 생각합니다.

화를 다스리는 시간은 상황을 좀 더 객관적으로 바라볼 수 있게 해줍니다. 그럼으로써 합리적인 판단과 해결책들을 찾는 데 도움이 됩니다. 또한, 화를 참는 과정에서 나를 돌아보고 성찰하는 기회를 갖게 하여 자기 성장에도 도움을 줍니다.

살아가는 동안 화를 내야 할 상황은 차고 넘칩니다. 그때마다 화를 낸다면 인격은 땅에 떨어지고 자존감은 무너집니다. 화에 지배되는 사람이 아닌 화를 다스리는 사람으로 살면 품격은 높아집니다.

God is Love

Miracle
207

긍정은 다가오던 화를 복으로 바꾼다.
Positivity turns the approaching anger into luck.

이루고 싶은 오늘의 **비전** *(Vision)*

오늘을 살면서 누군가 또는 세상에 베푼 **사랑** *(Love)*

오늘을 돌아보며 부족했던 점에 대한 **반성** *(Reflection)*

오늘 나에게 행복이 되어 준 **감사** *(Thanks)*

년   월   일

God is Love

긍정은 다가오던 화를 복으로 바꿉니다. 긍정은 불운을 행운으로 바꿀 수 있으며, 불행한 삶을 행복한 삶으로 바꿀 수도 있습니다. 긍정적인 생각은 좌절의 마음에 재기의 용기와 의지를 불어넣으며, 어두운 절망에서 밝은 희망의 빛을 보도록 회복시켜 주기도 합니다. 긍정적인 생각은 불가능의 시선으로 바라보는 눈을 가리고, 가능의 시선으로 상황을 바라보게 합니다.

긍정의 필터를 거치면 긍정의 변화가 일어납니다. 칼슘, 마그네슘 같은 광물질을 함유한 센물을 부드러운 물로 바꿔주는 연수기처럼 긍정의 필터는 어두운 마음을 밝은 마음으로 바꿉니다. 마실 물을 깨끗하게 걸러 정화하는 정수기처럼 긍정의 필터는 혼탁한 마음을 맑고 깨끗한 마음으로 바꿔줍니다.

복이 없다고 생각하며 어깨를 늘어뜨리고 사는 사람은 복이 없던 경험만 기억하며 살아갑니다. 복을 받은 경우가 있음에도 불구하고 복을 받지 못한 기억만 떠올립니다. 스스로 운이 없는 사람이라고 말하는 사람은 운이 있었던 적이 있어도 운이 없었던 기억으로만 살아갑니다. 긍정의 사람은 자신이 경험한 복을 자주 떠올립니다. 긍정의 사람은 자신에게 찾아왔던 운을 자주 되새깁니다.

긍정은 마술사입니다. 긍정은 우울함을 치유하는 능력이 있습니다. 긍정은 결핍의 상황에서도 자족하게 하는 능력이 있습니다. 긍정은 불가능을 가능으로 접근시키는 신비한 능력이 있습니다.

자신은 운이 좋은 사람이라고 생각해야 새로운 운이 찾아옵니다. 자신은 복이 많은 사람이라고 자신해야 더 많은 복이 쏟아집니다. 자신의 운을 만드는 것도, 자신의 복을 만드는 것도 긍정의 생각과 마음이 큰 영향을 끼칩니다.

God is Love

Miracle 208

표현하지 않는 마음은 밀봉된 향수와 같다.
An unexpressed heart is like a sealed perfume.

이루고 싶은 오늘의 **비전** *(Vision)*

오늘을 살면서 누군가 또는 세상에 베푼 **사랑** *(Love)*

오늘을 돌아보며 부족했던 점에 대한 **반성** *(Reflection)*

오늘 나에게 행복이 되어 준 **감사** *(Thanks)*

년   월   일

God is Love

표현하지 않는 마음은 밀봉된 향수와 같습니다. 아무리 매혹적인 향수가 병 속에 가득하더라도 병뚜껑을 열지 않으면 향기를 전할 수 없습니다. 표현하지 않는 사랑은 무관심이나 다름이 없습니다. 아무리 아름답고 따뜻한 사랑을 마음속에 품었더라도 누군가에게 표현하지 않고, 전하지 않으면 그 사랑을 느끼기 어렵습니다.

 마음의 표현이 어색한 사람이 있습니다. 마음을 표현하는 횟수가 적으면 표현이 어색할 수밖에 없습니다. 마음의 표현이 서툰 사람이 있습니다. 표현이 서툰 사람은 '굳이 말로 표현하지 않아도 내 맘을 잘 알거야'라고 생각하며 표현을 생략하는 경우가 많습니다. 하지만 표현하지 않는 마음을 알 수 있는 사람은 없습니다. 마음의 표현을 일부러 아끼는 사람도 있습니다. 아낀 표현은 어떤 긍정의 효과도 기대하기 어렵습니다.

 누군가 사랑한다면 사랑한다고 표현해야 합니다. 표현하지 않으면 사랑을 몰라볼 수 있습니다. 그 사랑을 놓칠 수 있습니다. 마음에 그리움이 쌓여 있다면 그립다고, 보고 싶다고 표현을 해야 합니다. 표현하지 않는 그리움은 아픔으로 쌓이고 고독을 키울 수 있습니다. 고마움을 느꼈다면 고맙다고 표현해야 합니다. 고마움을 표현하지 않으면 서운함과 괘씸함의 감정이 싹틀 수가 있습니다. 미안하다면 미안하다고 표현해야 하고, 괜찮으면 괜찮다고 표현을 해야 합니다. 그렇지 않으면 괜한 오해를 불러일으킬 수 있습니다.

 눈짓과 몸짓으로 마음을 표현할 수도 있지만, 언어의 표현보다는 정확하지 않습니다. 마음과 마음으로 소통할 수도 있지만, 정성이 담긴 말과 행동의 표현만큼 효과적으로 소통할 수 없습니다. 마음의 표현을 아끼는 사람은 손해를 보게 됩니다. 마음속 감정을 시원하고 따뜻하게 표현하면 마음의 향기를 온전히 전할 수 있습니다.

God is Love

Miracle
209

방향이 없는 삶은 전진하기 어렵다.
Life without direction is difficult to move forward.

이루고 싶은 오늘의 **비전** *(Vision)*

오늘을 살면서 누군가 또는 세상에 베푼 **사랑** *(Love)*

오늘을 돌아보며 부족했던 점에 대한 **반성** *(Reflection)*

오늘 나에게 행복이 되어 준 **감사** *(Thanks)*

년   월   일

God is Love

방향이 없는 삶은 전진하기 어렵습니다. 방향이 없는 삶은 바다를 표류하는 배와 같아서, 동서남북 갈 곳을 헤매다가 이리저리 떠다닐 뿐입니다. 방향을 모르는 삶은 안전하지 않습니다. 방향을 모르는 삶은 항로를 이탈한 비행기 같아서, 예상하지 못한 곳으로 추락할 수도 있고, 불시착할 수도 있습니다. 방향을 잃은 삶은 성과를 내기 어렵습니다. 방향을 잃은 삶은 어두운 하늘을 맴도는 철새의 날갯짓 같아서, 애써 흘린 날갯짓의 땀방울이 헛된 수고가 될 수 있습니다.

가야 할 방향이 없으면 무의미하게 낭비되는 시간이 많아집니다. 가야 할 방향을 모르면 시행착오로 인해 소모되는 삶이 늘어납니다. 가야 할 방향을 잃으면 불안과 두려움으로 인하여 허비되는 인생이 쌓여갑니다.

방향은 고난을 이겨 낼 힘을 줍니다. 가야 할 방향을 아는 연어는 어떤 고난을 만나더라도 가야 할 곳을 향해 힘차게 히엄을 칩니다. 방향은 끈질긴 인내의 동기부여가 되어 줍니다. 달려야 할 방향과 도착해야 할 곳을 아는 마라토너는 극한의 상황에서도 인내의 힘을 발휘하고 끝까지 포기하지 않습니다.

살아갈 삶의 방향을 세운 사람은 미지의 인생길에서도 자신감을 잃지 않습니다. 세워놓은 삶의 방향으로 걸어가는 사람은 음침하고 어두운 길을 만나도 두려워하지 않습니다. 자신이 세운 삶의 방향을 확신하는 사람은 숱한 유혹에도 넘어가지 않습니다. 방향을 지켜낸 삶은 독한 유혹을 끝까지 이겨 내고 도착의 감격을 일궈냅니다.

방향이 없는 삶은 바람처럼 떠도는 삶입니다. 방향을 모르는 삶은 갈대처럼 흔들리는 삶입니다. 방향을 잃은 삶은 구름처럼 예측하기 어려운 삶입니다. 방향이 있는 삶은 날마다 전진하는 삶입니다.

God is Love

Miracle 210

비판은 자기 자신을 향해 쏘는 화살이다.
Criticism is an arrow that shoots at oneself.

이루고 싶은 오늘의 **비전** *(Vision)*

오늘을 살면서 누군가 또는 세상에 베푼 **사랑** *(Love)*

오늘을 돌아보며 부족했던 점에 대한 **반성** *(Reflection)*

오늘 나에게 행복이 되어 준 **감사** *(Thanks)*

년   월   일

God is Love

비판은 자기 자신을 향해 쏘는 화살입니다. 비판은 언젠가 자신을 향해 다시 돌아오는 무서운 자업자득의 화살입니다. 비판하는 씨앗 하나를 뿌리면 시간이 지나 비판의 맛없는 열매가 주렁주렁 열려 나 자신을 괴롭힙니다. 자신이 뿌린 비판의 씨앗보다 훨씬 더 많은 비판의 괴로운 열매로 고통을 받게 됩니다.

비판의 습관은 교만입니다. 자신을 낮추고 상대를 존중하는 겸손한 사람은 웬만해서 비판하지 않습니다. 남을 얕잡아보고 남의 성과를 무시하는 교만한 사람은 입에 비판을 달고 삽니다. 나만 옳고, 내가 제일이라는 교만한 마음이 비판을 자극합니다.

비판은 미성숙한 시선입니다. 내 안에 있는 단점과 부족함은 보지 못하면서 상대의 단점과 실수만 바라보는 미성숙한 시선이 비판을 부추깁니다. 비판의 시선은 아름다운 자연을 보고도 그 아름다움을 마음껏 즐기지 못하게 합니다. 비판의 시선은 훌륭한 사람의 매력을 보고도 그 사람의 멋을 오롯이 느끼지 못하게 합니다.

비판은 부족한 사랑의 증거입니다. 사랑이 부족한 사람은 비판하고 사랑이 많은 사람은 품어줍니다. 사랑의 가치를 잘 모르는 사람은 비판하고 사랑의 따뜻한 가치를 잘 알고 전하는 사람은 이해하며 포용합니다.

습관적으로 비판하는 사람이 있습니다. 비판하기를 주저하지 않는 사람이 있습니다. 그런 사람은 자신을 향한 비판과 비난이 얼마나 많은지 깨닫지 못합니다. 자기 자신이 더 많은 비판과 비난 속에서 살고 있다는 걸 눈치 채지 못합니다. 비판의 마음이 생길 때 겸손한 마음으로 나를 돌아봐야 합니다. 비판의 생각이 떠오를 때 세상을 향한 사랑이 부족하지 않은지 나 자신을 돌아봐야 합니다.

God is Love

Miracle
211

인간관계는 맺고, 유지하고, 끊는 능력이다.
Human relationships are the ability to make, maintain and cut off.

이루고 싶은 오늘의 **비전 (Vision)**

오늘을 살면서 누군가 또는 세상에 베푼 **사랑 (Love)**

오늘을 돌아보며 부족했던 점에 대한 **반성 (Reflection)**

오늘 나에게 행복이 되어 준 **감사 (Thanks)**

년   월   일

God is Love

인간관계는 맺고, 유지하고, 끊는 능력입니다. 사회의 구성원으로 살아가면서 사람은 만남과 교제 그리고 헤어짐의 과정을 거칩니다. 인간관계의 과정들 속에서 관계를 잘해나가는 사람이 있는가 하면 관계를 굉장히 어렵게 느끼는 사람도 있습니다. 인간관계가 중요한 이유는 세상에서의 성장과 행복이 자신이 보유한 능력 자체보다는 다양한 인간관계 속에서의 응원과 지지를 통해 영향을 받는 경우가 훨씬 더 많기 때문입니다. 인간관계가 어렵게 느껴진다고 하더라도 포기의 손을 들어서는 안 되는 이유입니다.

　인간관계의 출발은 만남입니다. 만남의 첫 단추를 잘 끼워야 좋은 관계를 맺어갈 수 있습니다. 새로운 만남에는 편함보다는 불편함이 있습니다. 새로운 만남은 설렘보다는 어색함이 많습니다. 그럼에도 불구하고 새로운 만남에서 편함과 설렘을 찾으려 노력해야 합니다. 설령 익숙하지 못하더라도 새로운 만남을 기다리기보다 다가서기를 좋아하고 즐겨야 합니다.

　인간관계의 두 번째 단계는 유지하는 능력입니다. 사실 만남보다 더 어려운 것이 교제하는 과정에서의 유지 능력입니다. 아무리 좋은 사람을 만났더라도 좋은 인연으로 이어가지 못하면 허탈한 실패가 되고 맙니다. 유지의 실패는 주로 실망에 있습니다. 나로 인해 좋은 관계가 무너지지 않도록 노력해야만 합니다. 평범한 만남을 소중한 인연으로 이어가기 위해 이성과 감성의 능력을 동원해야 합니다.

　인간관계의 마지막 단계는 끊는 능력입니다. 때로는 관계를 끊을 줄 아는 결단이 필요합니다. 한쪽이 썩기 시작한 과일은 아까워도 도려내야 합니다. 그렇지 않으면 과일 전체를 버릴 수도 있습니다. 관계의 유지를 위해 노력을 했음에도 개선과 변화의 여지가 없다면 과감히 끊어냄으로써 시간과 에너지의 손실을 줄여야 합니다.

God is Love

Miracle
212

절제는 부와 명예와 건강의 인증서다.
Moderation is a certificate of wealth, honor and health.

이루고 싶은 오늘의 **비전** *(Vision)*

오늘을 살면서 누군가 또는 세상에 베푼 **사랑** *(Love)*

오늘을 돌아보며 부족했던 점에 대한 **반성** *(Reflection)*

오늘 나에게 행복이 되어 준 **감사** *(Thanks)*

년   월   일

God is Love

절제는 부와 명예와 건강의 인증서입니다. 무분별한 소비의 절제는 작은 부자로 가는 지름길입니다. 명예욕의 절제는 남에게 보여주는 것보다 튼튼한 내면을 가꾸는데 더 많은 시간을 투자하게 합니다. 식욕의 절제는 육체의 건강과 정신의 건강을 모두 지켜줍니다.

지나침은 화를 부릅니다. 구매 욕구를 절제하지 못하면 자동문처럼 스스로 그리고 끊임없이 지갑을 열게 됩니다. 명예에 대한 지나친 욕심은 내면보다 겉모습에 치중할 확률을 높입니다. 속 빈 강정이 되기 쉽습니다. 과식은 육체적으로 많은 병을 만들며, 정신적으로는 포만감의 짧은 행복의 대가로 긴 시간 스트레스를 받습니다.

과소비는 양날의 칼입니다. 소비를 통해 짧은 쾌감은 누리겠지만 얼마 지나지 않아서 허탈함이 밀려옵니다. 반면에 과소비의 절제는 구매의 희열을 자주 못 느끼게 합니다. 하지만 자신에게 뿌듯함을 주고 작은 부를 쌓아가게 합니다.

명예욕은 내면의 명예를 갖추지 못한 사람의 욕심입니다. 내면이 부족한 사람이 겉으로라도 인정받으려는 욕구의 증거입니다. 자신의 삶과 가치관에 자신 있는 사람은 명예욕이 크지 않습니다. 자신의 삶과 가치관으로 이미 명예가 충분하다고 생각하기 때문입니다.

식탐은 좋지가 않습니다. 소식이 건강에 좋다는 것은 널리 알려진 사실입니다. 식탐은 먹을 때만 즐겁지만, 소식은 식후 긴 시간 동안 행복합니다. 먹는 것을 절제하면 성취감이 크고 건강은 덤입니다.

소비의 절제는 부를 쌓아가는 참 쉬운 방법입니다. 명예의 절제는 내면의 품격에 대한 자신감이자 자존감입니다. 식욕에 대한 절제는 육체의 건강과 정신의 건강을 지키는 비법입니다.

God is Love

Miracle
213

충고를 자주 하는 사람은 충고 듣기는 싫어한다.
People who give advice often don't like to listen to it.

이루고 싶은 오늘의 **비전** *(Vision)*

오늘을 살면서 누군가 또는 세상에 베푼 **사랑** *(Love)*

오늘을 돌아보며 부족했던 점에 대한 **반성** *(Reflection)*

오늘 나에게 행복이 되어 준 **감사** *(Thanks)*

년   월   일

God is Love

충고를 자주 하는 사람은 충고를 듣기는 싫어합니다. 충고를 자주 한다는 것은 상대방의 장점보다는 단점을 주로 본다는 의미입니다. 상대방의 단점을 개선하도록 자주 요구하면서 강조합니다. 충고를 자주 하는 사람은 자신의 단점에는 별로 관심이 없습니다. 그래서 개선의 필요를 별로 느끼지 못합니다. 그런 이유로 행여 누군가가 자신에게 충고하면 불쾌하게 생각합니다.

누군가에게 충고를 자주 한다는 사실은 그 사람의 부족함이 자꾸 눈에 거슬린다는 뜻입니다. 거슬림의 요소가 가능한 빨리 제거되길 원한다는 뜻입니다. 말로는 상대를 위해 충고한다고 하지만 실제는 본인이 못마땅하고 불편하기 때문에 충고하는 경우가 많습니다.

말을 많이 하는 사람은 경청에 약합니다. 상대방의 말을 듣기보다 말하는 데 집중하기 때문입니다. 경청보다는 자신의 의사전달에 더 많은 시간을 들이기 때문입니다. 충고를 많이 하는 사람은 충고를 받아들이는 면에서 상대적으로 약합니다. 상대방에게 충고하는게 더 많은 시간과 더 많은 에너지를 쏟기 때문에 정작 자신이 들어야 할 충고의 시간과 기회는 줄어들기 마련입니다.

충고보다는 격려를 많이 해주려는 사람도 있습니다. 그런 사람은 너그러운 마음으로 상대방의 단점보다 장점을 먼저 봅니다. 단점을 개선하도록 충고하기보다는 그의 장점을 부각시키고 격려하는데 더 많은 노력과 열정을 투자합니다.

충고보다 격려를 많이 하는 사람은 상대의 단점이 보일 때 자신의 단점을 돌아봅니다. 자신이 개선해야 할 점을 찾고 느끼게 됩니다. 자신의 부족함을 알기 때문에 누구의 충고든, 어느 때의 충고든지 수용할 수 있는 마음의 문을 활짝 열어 놓습니다.

God is Love

Miracle
214

내면이 강한 사람은 표정이 부드럽다.
A strong-minded person has a soft look.

이루고 싶은 오늘의 **비전** *(Vision)*

오늘을 살면서 누군가 또는 세상에 베푼 **사랑** *(Love)*

오늘을 돌아보며 부족했던 점에 대한 **반성** *(Reflection)*

오늘 나에게 행복이 되어 준 **감사** *(Thanks)*

년   월   일

God is Love

내면이 강한 사람은 표정이 부드럽습니다. 부드러운 표정이 마음의 메시지를 훨씬 잘 전달한다는 것을 알기 때문입니다. 내면이 강한 사람에게는 강한 언어가 필요 없습니다. 부드러운 말이 강한 말보다 의사전달에 더 효과적이라는 것을 경험했었기 때문입니다. 내면이 강한 사람은 과격한 행동을 좀처럼 하지 않습니다. 절제된 행동이 강한 액션보다 힘이 더 세다는 것을 확신하기 때문입니다.

내면이 부실한 사람은 겉을 요란하게 치장합니다. 그래서 내면이 약한 사람은 겉을 강화하려고 애를 씁니다. 사나운 표정은 빈곤한 내면의 발로입니다. 거친 언어는 약한 내면의 부끄러운 증거입니다. 과격한 행동은 다듬어지지 않은 내면의 못난 표현입니다.

부드러운 표정은 마음과 행동을 다스릴 줄 아는 정신수양의 멋진 결과입니다. 부드러운 언어는 어떤 상황에도 부정의 감정을 억제할 수 있는 마음의 여유와 자신감의 표현입니다. 부드러운 행동은 자기 자신의 품위를 드러내는 인격의 열매입니다.

찡그린 표정과 무서운 표정은 눈으로 보이는 시각의 폭력입니다. 거친 언어, 불쾌한 언어는 귀로 들리는 청각의 폭력입니다. 사나운 행동, 과격한 행동은 신체로 느껴지는 촉각의 폭력입니다.

내면이 강한 사람은 온화하고 너그러운 표정으로 사람들의 마음을 끌어당깁니다. 내면이 강한 사람은 상냥하고 절제된 언어로 만나는 사람들에게 호감을 줍니다. 내면이 강한 사람은 절제되고 격식 있는 행동으로 사람들에게 인정을 받습니다.

외유내강은 자랑스러운 자산입니다. 부드러운 내면을 통해 표정과 말과 행동에서 품격이 느껴지면 존경은 자연스럽게 따라옵니다.

God is Love

Miracle
215

욕심은 채우기 바쁘고, 자선은 나누기 바쁘다.
Greed is busy filling and charity is busy sharing.

이루고 싶은 오늘의 **비전** *(Vision)*

오늘을 살면서 누군가 또는 세상에 베푼 **사랑** *(Love)*

오늘을 돌아보며 부족했던 점에 대한 **반성** *(Reflection)*

오늘 나에게 행복이 되어 준 **감사** *(Thanks)*

년   월   일

God is Love

욕심은 채우기 바쁘고, 자선은 나누기 바쁩니다. 욕심은 나의 것을 채우고 뽐내기에도 늘 바쁜 몸이기에 남을 돌아볼 겨를이 없습니다. 자선은 남에게 베풀고 돕는 일만으로도 너무 바쁘고 즐겁기 때문에 자신의 욕심을 돌아보고 채울 시간이 많지 않습니다.

욕심이 자신의 행복을 충족시키는 채움의 행위라견 자선은 자신과 남의 행복을 동시에 충족시키는 나눔의 행위입니다. 욕심은 물질의 행복을 추구하기 때문에 물질의 노예로 살아갑니다. 자선은 정신의 행복을 추구하기 때문에 많은 사람의 정신적 지주로 살아갑니다.

욕심이 많은 사람은 나눔의 기쁨을 잘 모릅니다. 나눔을 통해 얻는 보람과 행복이 얼마나 크고 좋은지를 경험하지 못했기 때문입니다. 자선에 힘쓰는 사람은 다릅니다. 베풂과 나눔이 나에게 가져다주는 기쁨이 얼마나 큰지 많이 경험해봤기 때문에 자꾸 나누려 합니다.

욕심은 자신을 내세우려는 마음이 큽니다. 자선은 불쌍하고 어려운 처지에 있는 사람에게 은혜를 베풀고 도와주려는 맘이 훨씬 큽니다. 욕심은 자신을 바라보는 마음이 크기 때문에 나눔보다 나의 결핍이 먼저 눈에 들어옵니다. 자선은 남을 바라보는 마음이 크기 때문에 자신의 채움보다 남의 결핍이 먼저 눈에 들어옵니다.

욕심은 지나친 욕망입니다. 충분하게 가지고 있어도 더 가지려는 탐욕입니다. 욕심은 만족을 느끼지 못하는 불쌍함입니다. 가진 것에 만족함을 모르기 때문에 아무리 많이 가져도 행복이 작습니다.

자선은 얼핏 보면 어리석은 삶으로 보일 수 있지만 실제로는 참으로 지혜로운 삶입니다. 자선은 짧게 보면 손해를 보는 삶으로 보일 수 있으나 장기적으로는 돈으로 살 수 없는 큰 이득을 얻는 삶입니다.

God is Love

Miracle
216

좋은 생각은 좋은 말을 공급하는 샘이다.
Good thoughts are fountains that supply good words.

이루고 싶은 오늘의 **비전** *(Vision)*

오늘을 살면서 누군가 또는 세상에 베푼 **사랑** *(Love)*

오늘을 돌아보며 부족했던 점에 대한 **반성** *(Reflection)*

오늘 나에게 행복이 되어 준 **감사** *(Thanks)*

년   월   일

God is Love

좋은 생각은 좋은 말을 공급하는 샘입니다. 좋은 생각을 담은 샘은 좋은 말이라는 깨끗하고도 시원한 물을 공급해줍니다. 좋은 생각은 좋은 말을 뿜어내는 마중물입니다. 좋은 생각 한 바가지를 부으면 좋은 말이 콸콸콸 뿜어져 나옵니다.

좋은 생각은 좋은 말을 출산하는 어머니입니다. 좋은 생각이라는 어머니로부터 좋은 말이라는 자녀가 탄생합니다. 좋은 생각은 좋은 말을 길러내는 아버지입니다. 좋은 생각이라는 아버지로부터 좋은 말이라는 자녀가 길러집니다.

생각이 씨앗이라면 말은 열매입니다. 좋은 생각의 씨앗을 뿌려야 좋은 언어의 열매가 열리게 됩니다. 생각이 원재료라고 하면 말은 생산된 제품이라고 할 수 있습니다. 좋은 생각이라는 좋은 원재료를 써야 고품질의 말이라는 제품이 생산됩니다.

평소에 긍정적인 생각을 많이 하는 사람은 대체로 긍정의 언어를 사용합니다. 그의 입술에서는 부정의 표현이 거의 나오지 않습니다. 일상에서 따뜻한 생각을 많이 하는 사람은 따뜻한 언어들을 주로 사용합니다. 그가 하는 말에서는 차가움이 거의 느껴지지 않습니다. 언제 어디서든 건강한 생각으로 살아가는 사람은 그 입술에 건강한 언어가 가득합니다. 그의 입에서는 건강을 해치는 해로운 언어들이 거의 흘러나오지 않습니다.

좋은 생각은 자연스럽고도 당연하게 좋은 말을 만들어냅니다. 좋은 생각은 끊임없이 멋진 행동과 아름다운 습관을 이끌어 냅니다. 좋은 생각은 조금씩 천천히 그러나 분명히 훌륭한 사람을 만들어 갑니다. 좋은 사람이 되고 싶거든, 나아가 좋은 사람으로 인정받고 싶거든 끊임없이 좋은 생각을 하고, 좋은 생각을 즐겨야 합니다.

God is Love

Miracle
217

위대한 발견은 작은 관심에서 시작된다.
Great discoveries begin with a small interest.

이루고 싶은 오늘의 **비전** *(Vision)*

오늘을 살면서 누군가 또는 세상에 베푼 **사랑** *(Love)*

오늘을 돌아보며 부족했던 점에 대한 **반성** *(Reflection)*

오늘 나에게 행복이 되어 준 **감사** *(Thanks)*

년   월   일

God is Love

위대한 발견은 작은 관심에서 시작됩니다. 작은 관심이 큰 변화를 가져오기도 하고, 작은 관심이 혁신의 성과를 이뤄내기도 합니다. 처음부터 위대한 성취는 없으며, 태생부터 위대한 사람이 없습니다. 위대한 발견은 대개 사소하고 별 볼일이 없는 현상에서 시작됩니다.

위대한 성취를 이루어 내는 사람들은 작은 관심의 달인들입니다. 그들은 별 볼 일 없는 일에도 관심을 갖습니다. 작은 일에 관심을 가짐으로써 어떤 상황에서도 특별하고 귀한 의미를 발견해냅니다.

위대한 이론들도 작은 관심에서 발견됩니다. 사과나무에서 사과가 떨어지는 것을 눈여겨본 사람은 없었습니다. 하지만 아이작 뉴튼은 달랐습니다. 아무도 관심을 갖지 않던 사과나무의 떨어지는 현상에 관심을 가져 만유인력이란 법칙을 발견해냈습니다. 아르키메데스도 마찬가지입니다. 사람들이 당연하게 생각하던 넘치는 욕조의 물에서 유레카를 외치며 부력의 원리를 발견해냈습니다.

위대한 사람이 되고 싶다면 사소한 현상이라도 허투루 바라보는 일이 없어야 합니다. 애정의 눈과 관심의 눈으로 바라봐야 합니다. 위대한 성취를 이루고 싶다면 시시한 상황도 하찮게 받아들이면 안 됩니다. 관심의 마음과 관심의 행동으로 상황에 대응해야 합니다.

작은 관심은 호기심을 자극하여 열정을 불태우게 만듭니다. 작은 관심은 두뇌의 신경을 자극하여 많은 영감이 떠오르게 합니다. 작은 관심은 새로운 지식과 창조를 향한 진취적인 실행력을 갖게 합니다.

작은 관심은 성장과 변화의 시작이 됩니다. 작은 관심은 숨어있는 진리와 이론을 찾아내고 기술과 과학을 발전시킵니다. 작은 관심은 우리가 사는 사회와 세상을 변화시키고 혁신시킵니다.

God is Love

Miracle
218

시소처럼 내가 상대를 높이면 상대도 나를 높인다.
Like a seesaw, when I raise my opponent, he raises me.

이루고 싶은 오늘의 **비전** *(Vision)*

오늘을 살면서 누군가 또는 세상에 베푼 **사랑** *(Love)*

오늘을 돌아보며 부족했던 점에 대한 **반성** *(Reflection)*

오늘 나에게 행복이 되어 준 **감사** *(Thanks)*

년   월   일

God is Love

시소처럼 내가 상대를 높이면 상대도 나를 높입니다. 널뛰기를 할 때도 마찬가지입니다. 맞은편에 선 사람을 높이 띄워주기 위해 힘껏 발을 구르면 그는 높이 솟구쳐오릅니다. 맞은편 사람이 높이 올라갈수록 내려오는 힘이 커지기 때문에 나 또한 높이 띄워주게 됩니다.

널뛰기를 할 때 어느 한쪽이 상대를 높이 띄워주기 싫어서 발을 살짝만 구른다면 서로가 신나는 널뛰기를 할 수 없게 됩니다. 높이 오르지 못한 한쪽이 상대를 아무리 높이 띄워주고 싶어도 내려오는 힘을 갖추지 못했기 때문에 상대를 높일 수가 없습니다.

현실의 사회는 남을 띄워주는 데에는 어색하고 폄훼하는 것에는 익숙한 세상인 것 같습니다. 남을 높여주려는 문화가 아니라 남을 낮추려는 문화 속에 살고 있는 듯 느껴집니다.

높임을 받고자 하는 사람은 많지만, 타인을 진심으로 높여주려고 힘쓰는 사람은 적습니다. 존중을 받고 싶은 욕구는 강하나 누군가를 존중하려는 노력은 약합니다. 인정을 받고 싶은 소망은 가득하지만 남의 성취와 성과를 인정하려는 의지는 빈약합니다.

높임을 받는 사람이 되고 싶다면 내가 먼저 상대를 높이는 사람이 되어야 합니다. 존중받고 싶으면 내가 먼저 다른 사람들을 존중하는 습관을 들여야 합니다. 많은 사람에게 인정받는 삶을 살고 싶다면 내가 먼저 사람들을 인정하는 삶을 살아야 합니다.

거짓 없는 칭찬과 격려로 사람을 높여주게 되면 사람은 건강하게 성장합니다. 차별 없는 사랑과 신뢰로 한 사람 한 사람을 존중하면 사회는 조화롭게 성숙해집니다. 시기, 질투 없이 진심으로 누군가의 성취와 업적을 인정하면 세상은 아름답게 발전합니다.

God is Love

Miracle
219

과거에 머물러 있으면 미래에 가기 어렵다.
It's hard to go to the future if you stay in the past.

이루고 싶은 오늘의 **비전** *(Vision)*

오늘을 살면서 누군가 또는 세상에 베푼 **사랑** *(Love)*

오늘을 돌아보며 부족했던 점에 대한 **반성** *(Reflection)*

오늘 나에게 행복이 되어 준 **감사** *(Thanks)*

년   월   일

God is Love

과거에 머물러 있으면 미래에 가기 어렵습니다. 세상을 바라보는 시선이 과거에 머무르면 현재의 기회와 미래의 가능성을 발견하기 어렵습니다. 삶을 일구어가는 마음의 중심이 과거에 머물러 있으면 해야 할 현재 일에 집중하기 어렵고 미래에 다가올 일을 준비하기 어려워집니다.

 과거는 이미 흘러 가버린 물입니다. 현재는 내 앞에 흐르고 있는 물이며 미래는 앞으로 내게 흘러올 물입니다. 흘러간 물만 바라보고 있다가 정작 지금 앞에 흐르는 물에 빠져 허우적거릴 수 있습니다. 이미 흘러 가버린 물에 미련을 버리지 못하면 흘러올 미래의 물에 희망의 배를 띄우지 못하게 됩니다.

 과거의 발자국들이 미래로 향하는 길을 내주기도 합니다. 하지만 과거의 발자국에 머물러만 있으면 더이상 새로운 길을 밟아볼 수도 없으며, 나아갈 수도 없습니다. 과거의 발자취가 현재를 개선하기 위한 피드백과 미래의 성장을 위한 아이디어를 제공하기도 합니다. 하지만 과거에 갇힌 지속적 머무름은 현재와 미래로 향한 진취적인 발걸음에 크나큰 걸림돌이 됩니다.

 과거를 돌아보되 집착하는 습관은 좋지 않습니다. 과거에 집착한 대가는 미래와 현재를 소홀히 하는 결과를 낳습니다. 과거를 무시하지 않되 과거를 현재와 미래보다 중요한 위치에 세워서는 안 됩니다. 삶의 주인공은 과거를 벗어난 현재와 미래가 되어야 합니다.

 현재는 짧은 순간순간을 지나 과거라는 존재가 되어갑니다. 멀리 보이던 미래도 어느 순간에 돌아보면 과거의 모습을 하고 있습니다. 굳이 돌아보지 않아도 때가 되면 현재도 미래도 다 과거가 됩니다. 현재와 미래가 빛나면 과거도 빛으로 존재합니다.

God is Love

Miracle
220

식탐은 육체를 기쁘게 하고, 정신은 슬프게 한다.
Gluttony delights the body and saddens the spirit.

이루고 싶은 오늘의 **비전** *(Vision)*

오늘을 살면서 누군가 또는 세상에 베푼 **사랑** *(Love)*

오늘을 돌아보며 부족했던 점에 대한 **반성** *(Reflection)*

오늘 나에게 행복이 되어 준 **감사** *(Thanks)*

년   월   일

God is Love

식탐은 육체는 기쁘게 하고, 정신을 슬프게 합니다. 식탐은 짧은 기쁨을 주지만 긴 후회를 남깁니다. 식탐을 제어하지 못하면 육체적 건강을 지키기 어렵고, 정신적으로는 먹는 것을 지나치게 탐했다는 좌절감과 실망감으로 인해 많은 스트레스가 쌓입니다.

식탐은 하나의 집착 현상입니다. 먹는 것에 집착한다는 것은 다른 무언가에게 투여해야 할 관심사와 시간을 빼앗긴다는 의미입니다. 식탐의 집착은 다른 것으로 눈을 돌리는 노력을 통해 좋아질 수가 있습니다. 식탐의 집착을 이겨 내기 위해서 먹는 것에 대한 관심사만큼이나 흥미로운 관심사를 대체재로 찾아내면 좋습니다.

식탐은 외적으로도 잃는 게 많습니다. 체형적으로는 매력적인 몸을 만들고 유지하기 어렵습니다. 인간관계 면에서 식탐은 욕심꾸러기로 보일 수 있으며, 심지어 바보스럽게 보일 수도 있습니다.

정기적 운동과 규칙적인 생활은 스스로 제어하는 능력을 길러주어 식탐을 줄이는 효과를 가져올 수 있습니다. 충분한 수면과 휴식은 스트레스를 줄여주어 식탐을 줄이는 또 하나의 방법이 됩니다.

식탐을 제어하기 위해서 식습관도 중요합니다. 천천히 먹는 습관을 들이면 먹는 양으로 조절하던 포만감을 먹는 시간으로 조절할 수 있게 됩니다. 즐거운 대화의 습관은 음식의 맛과 양을 조절해 줄 수 있습니다. 음식을 먹을 때 즐거운 대화를 적절히 섞으면 먹는 양은 줄고, 즐거움의 양은 커집니다.

사람은 대개 육체의 즐거움보다 정신의 즐거음을 더 높은 가치로 여깁니다. 식탐으로 인한 육체의 기쁨을 누리기보다 절제된 제어를 통한 정신의 기쁨을 추구하면 더 가치 있는 삶을 살게 됩니다.

God is Love

Miracle
221

평범한 일상은 홀대받는 기적이다.
Ordinary life is a neglected miracle.

이루고 싶은 오늘의 **비전** *(Vision)*

오늘을 살면서 누군가 또는 세상에 베푼 **사랑** *(Love)*

오늘을 돌아보며 부족했던 점에 대한 **반성** *(Reflection)*

오늘 나에게 행복이 되어 준 **감사** *(Thanks)*

년   월   일

God is Love

평범한 일상은 홀대받는 기적입니다. 평범한 일상은 아무런 느낌이 없이 지나칠 만한 무의미한 날이 아닙니다. 우리가 평범하게 느끼는 일상은 조용한 행운과 행복을 가져다주는 특별한 기적의 날입니다.

아침에 눈을 뜬 후에 떠오른 태양과 살아갈 세상을 볼 수 있으면 기적입니다. 코로 구수한 밥 냄새를 맡을 수 있고, 피부로 살랑이는 바람을 느낄 수 있는 것 자체가 기적입니다. 입으로 사랑과 감사를 말할 수 있고, 맛있는 음식을 먹을 수 있다는 게 기적의 삶입니다. 귀로는 새 소리와 전화벨 소리를 들을 수 있고, 두 다리로 계단을 오를 수 있다는 것이 기적이 아니고 무엇일까요? 사랑하는 가족이 있으며, 친구와 동료 그리고 이웃과 함께 살아가는 것은 평범한 듯 보이지만 아무나 경험할 수 없는 일상의 기적입니다.

신기한 일을 경험해야만 기적이 아닙니다. 고액의 복권에 당첨되는 것만을 기적이라 생각해서는 안 됩니다. 올림픽에서 금메달을 따고, 죽어가던 사람이 살아나야만 기적이 아닙니다. 엄청나게 좋은 일이 없어도 엄청나게 나쁜 일이 없다고 한다면 기적입니다. 자연재해와 사고로부터 안전하다는 것, 질병과 고난 중에도 평안을 찾아낸다는 것, 오늘이 공짜로 생겼다는 것, 이 모두가 기적입니다.

기적의 삶은 멀리 있지 않습니다. 기적은 마음과 머리에 있습니다. 마음에서 기적을 느끼면 매일 기적의 삶을 살게 됩니다. 시시때때로 머릿속에서 기적을 경험하고 있다는 생각을 떠올릴 수 있다면 모든 날은 기적의 날이 됩니다. 기적은 바로 내 안에 있습니다.

기적의 하루를 홀대해서는 안 됩니다. 기적의 날들을 모른 척하며 지나가서도 안 됩니다. 기적의 하루에 깊이 감사하며, 기적의 날을 아끼고 사랑하며, 기적의 오늘을 만끽하며 살아가야 합니다.

God is Love

Miracle
222

정직해서 본 손해는 자랑스러운 포상이다.
The loss of honesty is a proud reward.

이루고 싶은 오늘의 **비전** *(Vision)*

오늘을 살면서 누군가 또는 세상에 베푼 **사랑** *(Love)*

오늘을 돌아보며 부족했던 점에 대한 **반성** *(Reflection)*

오늘 나에게 행복이 되어 준 **감사** *(Thanks)*

년   월   일

God is Love

정직해서 본 손해는 자랑스러운 포상입니다. 정직을 팽개치고 얻는 이득은 부끄러운 훈장입니다. 정직은 약해 보여도 사람을 움직이는 강한 힘을 가지고 있습니다. 정직은 추상적인 단어임에도 불구하고 사람들의 눈에 잘 보이고, 마음으로도 잘 느껴집니다.

정직이 없는 열심은 자신과 타인의 마음을 기만하는 속임수입니다. 정직이 전제되지 않은 도전은 시작부터 잘못된 길로 이끄는 어두운 발걸음입니다. 정직을 무시한 과정들은 가식과 거짓이 난무한 새드 엔딩의 연극입니다. 정직 없이 이룬 성취는 슬프게도 가짜입니다.

정직한 사람은 사람과 사물 그리고 자연을 대하는 눈빛이 흐리지 않고 맑습니다. 정직한 사람은 어떤 상황에서도 눈동자가 흔들리지 않으며 당당합니다. 정직한 사람은 잠시 유혹에 눈길을 뺏겼다가도 그 눈길을 제자리에 돌려놓습니다.

정직은 선한 마음을 보호하고, 악한 마음을 정화시킵니다. 정직은 사람의 마음을 아프게 하려 하지 않고, 오히려 지켜주려 애씁니다. 정직은 사람만의 이윤을 추구하지 않고, 자연과 더불어 공생하려는 거시적인 행복을 추구합니다.

정직은 마음에 머무르면 안 됩니다. 정직은 행동의 열매로 보여야 합니다. 정직을 대단한 결단이요 자부심이라고 자랑하지도 않아야 합니다. 정직은 우리가 가져야 할 당연한 마음가짐이어야 합니다. 정직은 어쩌다 한 번씩 마음먹어도 되는 선택의 대상이 아닙니다. 정직은 날마다 순간마다 우리의 심장에서 뛰고 있어야 합니다.

정직은 사람의 순수함을 지켜내고 자연의 순리를 따르게 합니다. 정직은 사람과 자연을 지키는 아름다운 정신입니다.

God is Love

Miracle
223

사람들이 찾는 답은 대개 가까이에 있다.
The answer people seek is usually near.

이루고 싶은 오늘의 **비전** *(Vision)*

오늘을 살면서 누군가 또는 세상에 베푼 **사랑** *(Love)*

오늘을 돌아보며 부족했던 점에 대한 **반성** *(Reflection)*

오늘 나에게 행복이 되어 준 **감사** *(Thanks)*

년   월   일

God is Love

사람들이 찾는 답은 대개 가까이에 있습니다. 하지만 많은 사람이 가까운 곳에 답이 있다는 것을 알아채지 못하고, 답을 찾아 먼 길을 떠나곤 합니다. 멀리서 답을 찾다가 실패하고 돌아와서 가까운 곳에 답이 있었음을 시간이 흐른 뒤에야 깨달을 때가 많습니다.

인생을 살면서 우리는 크고 작은 문제와 어려움을 만나게 됩니다. 가정과 학교, 사회에서 다양한 사람과 다양한 상황들을 경험하면서 수많은 문제와 어려움을 만나게 됩니다. 이럴 때마다 우리는 답과 해결책을 스스로 찾아내거나 누군가에게 도움을 청해야 합니다.

스스로 답을 찾고자 할 때는 가까이에서 일어나는 일과 현상들에 집중하며 관심을 가져야 합니다. 일상의 안테나를 통해 가까이에서 보내주는 해결의 전파들을 포착할 수 있습니다. 일상생활의 보고, 듣고, 경험하는 모든 곳에 관심의 안테나를 세우면 해답의 실마리를 스스로 찾아낼 수 있습니다.

혼자 해결하기 어려울 때는 가까운 사람에게 도움을 청하는 것도 하나의 방법입니다. 혼자 해결할 수 없는 것이라도 가까운 누군가의 도움을 받으면 해결할 수 있는 때가 많습니다. 가까운 사람 중에서 가장 믿음직한 도움을 줄 수 있는 사람이 누군지 냉철히 판단하고 도움을 청해야 합니다.

어떤 것도 문제와 답은 멀리 떨어져 있지 않습니다. 문제가 여기에 있으면 답도 여기 있고, 문제가 저기에 있으면 답도 저기 있습니다. 바늘과 실의 관계처럼 문제와 답도 대부분은 가까이 붙어있습니다. 꽃의 문제를 가까이 날아온 벌과 나비가 해결하듯, 사람의 어려움은 시간적으로나 공간적으로 가까이 살며, 정신적으로도 가까운 관계를 유지하는 사람의 도움으로 해결할 수 있습니다.

God is Love

Miracle
224

겸손으로 낮추면 존경으로 높아진다.
If lowered to humility, raised to respect.

이루고 싶은 오늘의 **비전** *(Vision)*

오늘을 살면서 누군가 또는 세상에 베푼 **사랑** *(Love)*

오늘을 돌아보며 부족했던 점에 대한 **반성** *(Reflection)*

오늘 나에게 행복이 되어 준 **감사** *(Thanks)*

년   월   일

God is Love

겸손으로 낮추면 존경으로 높아집니다. 나를 스스로 높이는 사람은 오히려 낮아지고, 스스로 낮추는 사람은 사람들로부터 높임을 받게 됩니다. 인격과 가치가 진정으로 높아지는 상황은 타인들의 박수와 인정을 통해서이지 자신의 강요로 만들어지지 않습니다.

겸손한 사람은 자신의 부족함과 실수를 인정하지만, 교만한 사람은 자신의 부족함과 실수를 좀처럼 인정하지 않습니다. 겸손한 사람은 자신의 강점보다 타인의 강점을 자랑하지만, 교만한 사람은 타인의 강점에는 관심이 없고 자신의 강점을 자랑하기에 바쁩니다.

겸손한 사람은 높은 하늘의 별이 되어도, 낮은 땅의 존재를 낮추어 부르지 않습니다. 겸손으로 살아가는 사람은 아름다운 정원의 꽃이 되어도, 들판의 거친 잡초들을 무시하지 않습니다. 겸손한 사람은 두대의 주인공이 되어도 함께 하는 모든 이들을 아끼고 사랑합니다.

자신을 과하게 뽐내는 거친 파도를 좋아할 사람이 얼마나 될까요? 비슷한 이치로 교만이 가득한 사람을 따르고 존경할 사람이 얼마나 될까요? 교만한 사람은 가진 능력과 힘으로 자신을 높이려 하지만, 자신의 못생긴 사상과 언행으로 오히려 낮아집니다. 교만한 사람은 겉으로는 존경받는 것처럼 보이나 실제로는 천대받는 존재입니다.

교만은 강철로 보이지만 녹슨 쇳덩이에 불과합니다. 강한 겉모습과 달리 내면은 여기저기 녹이 슬어 있습니다. 겸손은 세상의 풍파에 힘없이 흔들리는 나무처럼 보일 수는 있습니다. 하지만 땅속 깊고 낮은 곳까지 뿌리내린 겸손은 태풍에도 쓰러지지 않습니다.

겸손은 낮아질수록 높아지는 재미있는 법칙이 적용됩니다. 겸손은 낮아짐으로 올라가는 마법 같은 마음가짐입니다.

God is Love

Miracle
225

부는 재산에 있는 것이 아니라 마음에 있다.
Wealth is not in property, it is in the heart.

이루고 싶은 오늘의 **비전** *(Vision)*

오늘을 살면서 누군가 또는 세상에 베푼 **사랑** *(Love)*

오늘을 돌아보며 부족했던 점에 대한 **반성** *(Reflection)*

오늘 나에게 행복이 되어 준 **감사** *(Thanks)*

년   월   일

God is Love

부는 재산에 있는 것이 아니라 마음에 있습니다. 세상의 모든 것이 나의 소유가 아니라고 해도, 마음속에 지구를 품으면 세상의 모든 것은 내 것입니다. 하늘의 수많은 별을 갖지 못해도, 별들을 가슴에 품으면 내 것이나 다름없습니다.

이 땅의 많은 재물을 가졌더라도 마음이 빈곤하면 가난을 헤어날 수 없습니다. 세상에서 많은 부를 축적했더라도 마음속이 결핍으로 허전하다면 가난한 삶입니다. 어떤 재산도 움켜쥐게 되면 사라질까 걱정이지만 마음속에 부를 쌓으면 아무런 걱정이 없습니다. 손에 쥔 것은 사라지는 소유며 순간의 재산이지만, 마음의 부요는 사라지지 않습니다. 아주 오래도록 누릴 수 있습니다.

모든 것은 오직 마음먹기에 달렸습니다. 나이가 들었어도 마음이 청춘이면 청년입니다. 마음에 청춘이 있는데 나이는 무슨 상관이며, 주름은 무슨 상관이겠습니까? 은하수를 손안에 넣을 수는 없지만, 마음속에는 담을 수 있습니다. 넓은 집도, 멋진 차도, 높은 지위도 마음속에는 담을 수 있습니다. 손에 쥐는 것보다 마음에 담는 게 더 쉽습니다. 손에 넣는 것보다 마음에 담는 것이 훨씬 더 안전합니다.

'이건 내 회사야'라는 주인의식으로 일하면 최고 경영자의 자리에 오를 수 있습니다. 과거의 기업가는 자신의 기업을 100% 자식에게 물려줬지만, 요즘에는 많이 달라졌습니다. 자녀보다는 열심히 일한 직원과 능력이 인정된 인재에게 경영을 맡기는 추세입니다.

내 것이 아니라도, 내 손에 지금 있지 않더라도, 내 맘에 담으면 내 것이 되는 겁니다. 그와는 반대로 내 것이라도, 내 것이 산더미 같이 쌓여 있어도, 내 맘이 가난하면 내 것은 없는 겁니다. 진정한 부자는 마음의 부자입니다.

God is Love

Miracle
226

역사는 의인도 기억하고 악인도 기억한다.
History remembers righteous men and evil men.

이루고 싶은 오늘의 **비전** *(Vision)*

오늘을 살면서 누군가 또는 세상에 베푼 **사랑** *(Love)*

오늘을 돌아보며 부족했던 점에 대한 **반성** *(Reflection)*

오늘 나에게 행복이 되어 준 **감사** *(Thanks)*

년   월   일

God is Love

역사는 의인도 기억하고 악인도 기억합니다. 어떤 사람의 발자취가 좋았든지 나빴든지 냉정하고 공정하게 평가되어 후세에 전해지고 기억됩니다. 의인과 악인은 100년이 지난 후에도 1,000년이 지난 후에도 역사라는 창고에 안전하게 보관되고 기억됩니다.

살다간 인생의 무대에서 당당한 업적과 훌륭한 발자취들을 남긴 사람은 의인으로 칭송받습니다. 혹여 그의 삶이 짧았다고 하더라도 역사 속에서 길이길이 추앙됩니다. 의인은 후세들에게 영광스러운 유산도 남겨줍니다.

그와 반대로 역사는 악인의 삶도 기억합니다. 의를 버리고 불의를 일삼으면서 선을 버리고 악을 선택한 사람들을 악인으로 분류하여 기억합니다. 악인은 기나긴 세월 동안 비난을 받으면서, 후세에게 못난 유전자를 물려주고 치욕의 굴레마저 씌워줍니다.

의인의 길은 영광의 길이라기보다는 고난의 길입니다. 의인의 길은 평탄하지 않고 굴곡이 많기 때문에 아픔과 눈물을 각오해야 합니다. 의인의 길은 택하여 걷는 자가 적기 때문에 외로운 길입니다. 의를 향한 외로운 길을 오히려 자랑스러워하며 담대히 걸어가야 합니다. 의인의 길은 개인의 행복을 향한 길이라기보다 타인과 이웃, 나라와 세상의 가치를 향한 길입니다. 자신의 시간과 열정, 소유와 혜택 등 자신이 가진 많은 것들을 희생해야 합니다.

100년의 짧은 인생, 촌음 같은 부귀영화를 위해 의로움을 버려서는 안 됩니다. 짧게 누리는 영화보다 긴 역사 속에서 의인의 이름으로 남겨지는 것이 현명한 삶입니다. 의인의 길은 간단합니다. 의인은 불의의 길을 선택하지 않습니다. 의인의 삶을 분명합니다. 의인은 작은 불의와도 타협하지 않고 의와 함께 당당히 살아갑니다.

God is Love

Miracle
227

속박의 경험자는 자유의 가치를 잘 안다.
He who has experience in bondage knows the value of freedom well.

이루고 싶은 오늘의 **비전** *(Vision)*

오늘을 살면서 누군가 또는 세상에 베푼 **사랑** *(Love)*

오늘을 돌아보며 부족했던 점에 대한 **반성** *(Reflection)*

오늘 나에게 행복이 되어 준 **감사** *(Thanks)*

년   월   일

God is Love

속박의 경험자는 자유의 가치를 잘 압니다. 속박의 경험이 없으면 자유의 가치가 얼마나 소중한지 잘 모릅니다. 우리에 갇혀 본 적이 있는 동물은 대자연에서 누리는 자유의 귀함을 잘 압니다. 육체와 정신의 자유를 빼앗겨 본 나라와 민족은 일상에서 누리는 자유의 가치가 얼마나 위대한 것인가를 잘 압니다.

속박은 외부의 힘에 의해서 자유를 잃는 것입니다. 속박은 자신의 의사와 상관없이 고통의 창살에 갇히는 것입니다. 나를 지킬 힘이 없으면 육체의 자유를 빼앗깁니다. 나라를 지킬 힘이 없으면 국민과 주권과 영토의 자유를 빼앗깁니다. 사람과 세상을 지켜줄 사상들과 철학이 무너지면 고귀한 정신의 자유마저 빼앗깁니다.

자유는 위대한 자산입니다. 자유가 주어졌을 때, 자유를 보유하고 있을 때 잘 지켜야 합니다. 자유를 지키기 위해서는 스스로 규칙과 질서와 법을 잘 지켜야 합니다. 자유를 지켜내기 위해서는 강력한 힘과 능력을 길러야 합니다. 외부의 힘에 의해서 자유를 빼앗기지 않기 위해서는 맡겨진 소임과 책임에 충실해야 합니다.

우리가 사는 이 땅의 자유는 선열들이 희생의 대가로 주신 숭고한 유산입니다. 우리가 누리는 지금의 자유는 나라와 민족을 사랑하여 목숨도 아끼지 않은 위인들이 흘린 눈물과 고통의 소산입니다.

우리는 이 자유를 당연하게 여겨서는 안 됩니다. 우리에게 물려준 자유의 수호자들에게 감사하며 살아야 합니다. 우리에게 선물처럼, 보물처럼 다가온 이 자유를 후세에게도 잘 전해주어야 합니다.

자유를 누릴 수 있을 때 자유의 가치에 감사해야 합니다. 자유의 가치를 느낄 수 있을 때 자유를 보호하고 지켜내야 합니다.

God is Love

Miracle
228

자유의 전제 조건은 절제다.
The prerequisite for freedom is moderation.

이루고 싶은 오늘의 **비전** *(Vision)*

오늘을 살면서 누군가 또는 세상에 베푼 **사랑** *(Love)*

오늘을 돌아보며 부족했던 점에 대한 **반성** *(Reflection)*

오늘 나에게 행복이 되어 준 **감사** *(Thanks)*

년   월   일

God is Love

자유의 전제 조건은 절제입니다. 절제는 주어진 자유를 잘 누리기 위한 보이지 않는 규칙입니다. 절제는 소중한 자유를 지키기 위한 내면의 법입니다. 절제는 온전한 자유를 잃지 않기 위한 능동적인 마음가짐이요, 스스로와의 약속입니다.

절제는 자유를 구속하는 잠금장치가 아니라 자유를 지켜주는 안전장치입니다. 절제는 자유를 제한하려는 통제장치가 아니라 자유를 감싸주는 보호장치입니다. 절제는 자유를 줄이려는 축소의 도구가 아니라 오히려 자유를 늘여주는 확대의 도구입니다. 절제는 자유를 의심하는 감시 수단이 아니라 자유를 보살피는 예방의 수단입니다.

절제된 자유는 지속적이고도 안정적인 자유를 보장합니다. 절제된 자유는 타인의 권리를 침해하지 않습니다. 하지만 절제 없는 자유는 박탈당합니다. 절제가 없는 자유는 타인에게 피해를 줍니다. 타인을 배려하지 못한 천박한 자유는 많은 사람에게 아픔과 상처를 줍니다. 절제가 없는 자유는 공공질서도 무너뜨립니다. 절제가 없는 자유는 자유라는 탈을 쓴 방종일 뿐입니다.

자유에는 반드시 책임이 뒤따라야 합니다. 나 자신이 표현한 글과 말과 행동에 대한 책임을 질 수 있어야 합니다. 책임이 없는 자유는 무자비한 횡포가 될 수 있기 때문입니다. 책임이 없는 자유르 인해 타인의 자유와 권리가 억울하게 약탈당할 수 있기 때문입니다.

자유는 아름답지만, 절제가 없는 자유는 볼품이 없습니다. 자유는 행복을 주지만 절제가 없는 자유는 나와 타인의 행복을 빼앗습니다. 자유는 평화롭지만 절제가 없는 자유는 분쟁과 싸움을 일으킵니다. 절제는 자유의 후원자입니다. 절제는 자유의 보호자입니다. 절제는 자유의 수호자입니다. 진정한 자유는 절제된 자유입니다.

God is Love

Miracle
229

자율과 타율은 성과로 증명된다.
Autonomy and heteronomy are proven by performance.

<u>이루고 싶은 오늘의 **비전** *(Vision)*</u>

<u>오늘을 살면서 누군가 또는 세상에 베푼 **사랑** *(Love)*</u>

<u>오늘을 돌아보며 부족했던 점에 대한 **반성** *(Reflection)*</u>

<u>오늘 나에게 행복이 되어 준 **감사** *(Thanks)*</u>

년   월   일

God is Love

자율과 타율은 성과로 증명됩니다. 인간은 누가 시켜서 하는 일을 마뜩잖게 생각하고 싫어합니다. 자존심도 상하고 열심히 할 마음도 없습니다. 결국, 타율적으로 하는 일에는 성과를 보기 어렵습니다.

성과를 내고 싶다면 자발적으로 행해야 합니다. 성과를 내게 하고 싶다면 자발성을 자극해야 합니다. 지시와 명령은 한계가 있습니다. 리더는 팔로워들이 자발적으로 움직일 수 있도록 동기부여 방법을 찾아 적용해야 하고, 팔로워들은 능동적으로 움직이는 습관이 나와 내가 속한 공동체 모두를 위한 것임을 깨닫고 실천해야 합니다.

자율은 스스로 자기의 행동을 규제하는 것이니 자유를 남용해서는 안 됩니다. 자율은 자유의 권리만큼이나 스스로 정한 규칙을 스스로 지키는 책임감도 가져야 합니다. 자율은 보이지 않는 질서에 대한 서로의 약속이니 타인에게 피해를 주지 않도록 조심해야 합니다.

일하는 소는 때려야 밭을 갈지만, 사람에게 같은 방법을 쓰면 좋은 결과를 기대하기 어렵습니다. 엄마의 잔소리가 깨운 아침은 기분이 상쾌하지 않습니다. 내가 스스로 일찍 일어나야 기분이 좋습니다. 설거지를 내가 알아서 할 때는 휘파람이 절로 나오지만, 누군가가 시켜서 하는 설거지는 정말 하기 싫습니다. 보험도 마찬가지입니다. 누가 가입하라고 하면 왠지 손해 볼 것 같고, 속은 것 같은 느낌이 듭니다. 하지만 내가 필요하다고 생각해서 가입하면 든든합니다.

자율은 스스로 지키는 규칙입니다. 자율은 자유로움 속에서 마음과 행동을 지켜내는 의로운 약속입니다. 자율의 마음속에 선한 자유가 있고, 자율의 정신 속에 뿌듯한 책임이 있습니다. 자율의 행동 속에 기발한 창조가 있고, 자율의 움직임 속에 눈부신 성취가 있습니다. 자율은 요란하지 않지만, 타율보다 더 좋은 성과를 냅니다.

God is Love

Miracle
230

걸음걸이는 사람의 정신세계를 보여준다.
Walking shows the mental world of a person

이루고 싶은 오늘의 **비전** *(Vision)*

오늘을 살면서 누군가 또는 세상에 베푼 **사랑** *(Love)*

오늘을 돌아보며 부족했던 점에 대한 **반성** *(Reflection)*

오늘 나에게 행복이 되어 준 **감사** *(Thanks)*

년   월   일

God is Love

걸음걸이는 사람의 정신세계를 보여줍니다. 표정에 감정에 담기듯 걸음걸이도 감정을 반영합니다. 말투가 사람의 마음을 표현하듯이 걸음걸이도 사람의 마음 상태를 표현합니다. 신체의 자세가 사람의 내면을 보여주듯 걸음걸이도 내면을 보여줍니다.

걸음걸이는 마음과 육체의 거울입니다. 기쁜 오늘의 걸음걸이에는 기쁨이 묻어나고, 슬픈 하루의 걸음에는 슬픔이 묻어납니다. 기쁜 상황에서의 걸음걸이에는 즐거움이 담겨있겠지만 슬픈 상황에서의 걸음걸이에는 눈물이 담겨있습니다. 기분이 좋을 때의 걸음걸이는 활력이 넘치고, 기분이 나쁠 때의 걸음걸이는 기운이 없습니다.

마음이 바쁘면 걸음걸이가 빨라집니다. 마음속에 불평이 가득하면 걸음걸이는 쿵쾅쿵쾅 화를 냅니다. 마음속에서 설렘이 꿈틀거리면 걸음걸이는 사뿐사뿐 사슴 발걸음처럼 가볍습니다. 마음에 두려움이 가득하면 걸음걸이는 힘차게 내딛지 못하고 위축됩니다.

어린이의 걸음에는 순수함이 있어야 합니다. 청년의 걸음걸이에는 진취적인 기상과 도전정신이 드러나야 합니다. 연인과 부부가 함께 걷는 걸음걸이에서는 사랑이 느껴져야 합니다. 어른의 걸음걸이에는 여유로움과 존경이 묻어나야 합니다. 리더와 리더를 꿈꾸는 사람의 걸음걸이에는 비전이 보여야 합니다.

마음이 걸음을 이끌고 만듭니다. 마음이 바른 사람은 바른 자세로 걸음을 걷습니다. 마음이 비뚤어진 사람은 걸음도 삐뚤빼뚤합니다. 그와 반대로 걸음이 마음을 이끌어가기도 합니다. 걸음을 씩씩하게 걸으면 마음에도 씩씩함이 충전됩니다. 걸음걸이에 희망을 담으면 마음에도 희망으로 가득 채워집니다. 한 걸음 한 걸음의 걸음걸이에 정성을 담으면 오늘을 살아가는 마음에도 정성이 가득합니다.

God is Love

Miracle
231

사상이 균형을 잃으면 독선에 빠진다.
When your thoughts lose balance, you fall into self-righteousness.

이루고 싶은 오늘의 **비전** *(Vision)*

오늘을 살면서 누군가 또는 세상에 베푼 **사랑** *(Love)*

오늘을 돌아보며 부족했던 점에 대한 **반성** *(Reflection)*

오늘 나에게 행복이 되어 준 **감사** *(Thanks)*

년   월   일

God is Love

사상이 균형을 잃으면 독선에 빠집니다. 정치, 경제, 사회, 문화, 종교, 인생 등을 바라보는 시각에는 다양한 견해와 생각이 존재할 수 있습니다. 사람의 입장과 상황에 따라 차이가 있을 수 있으며, 다양한 판단이 존재할 수 있음을 당연하게 생각해야 합니다. 그렇지 않으면 사상은 균형감각을 잃고 독선의 길로 빠지기 쉽습니다.

사람과 자연, 사물과 현상들에는 양면성이 존재합니다. 양면성을 넘어 다양성들이 존재합니다. 암컷과 수컷은 대결의 존재가 아니라 필요의 존재입니다. 낮과 밤은 반대의 현상이 아니라 조화입니다. 자석의 N극과 S극은 밀어내는 관계가 아니라 당기는 관계입니다. 세상 섭리에 균형과 조화가 필요하듯 사상에도 균형이 필요합니다.

'남성은 옳고 여성은 틀리다'라거나 '남성은 싫고 여성은 좋다'라는 이분법적 생각은 소모적 논쟁을 일으킵니다. '어른은 낡고 젊은이는 새롭다'라거나 '어른은 위고 젊은이는 아래다'라는 가치관은 세대 간의 소통과 조화를 깨뜨립니다. '보수는 부패하고 진보는 참되다'라거나 '보수는 위엄 있고, 진보는 가볍다'라는 사고방식은 협력과 화합을 방해하고 분열을 일으킵니다.

사상은 상대적이며, 서로 충돌할 수 있습니다. 그래서 항상 균형을 유지하기 위해 힘쓰며 조화롭게 조정해야 합니다. 자신의 사상을 늘 돌아보고 판단하며 조정하는 습관을 들여야 합니다. 사상의 균형을 통해 올바른 판단과 균형 있는 행동을 끌어낼 수 있습니다.

흑백 논리로 '한쪽은 옳고 다른 한쪽은 틀리다'라는 생각은 균형을 무너뜨립니다. '나는 옳고 다른 사람은 틀리다'라는 사상은 독선에 빠지는 지름길입니다. 독서와 토론을 즐기며, 다양한 시각과 의견에 대해 경청하고 존중하면 사상의 균형을 갖추고 유지할 수 있습니다.

God is Love

Miracle 232

부모의 말과 행동은 자녀의 스승이다.
Parents' words and actions are their children's teachers

이루고 싶은 오늘의 **비전** *(Vision)*

오늘을 살면서 누군가 또는 세상에 베푼 **사랑** *(Love)*

오늘을 돌아보며 부족했던 점에 대한 **반성** *(Reflection)*

오늘 나에게 행복이 되어 준 **감사** *(Thanks)*

년   월   일

God is Love

부모의 말과 행동은 자녀의 스승입니다. 자녀가 만나는 인생의 첫 번째 선생님은 부모입니다. 자녀는 세상의 어떤 가르침보다 부모의 삶에서 많은 것을 배우고 습득합니다. 자녀는 부모와 가장 가까이서 가장 많이 접촉하기 때문에 부모로부터 배움의 영향을 받는 조건과 환경에서 살아가게 됩니다.

가정은 인성의 기초를 닦는 인성학교입니다. 가정은 인간관계에서 갖추어야 할 근본을 배우는 예절학교입니다. 가정에서의 가르침은 부모의 언행을 통해서 습득됩니다. 자녀는 일상생활에서 경험하는 부모의 말과 행동을 보고 들으면서 자연스럽게 따라 배우기 때문에 부모의 언행은 자녀의 인격 형성에 중요한 역할을 합니다.

부모의 아름다운 언행은 자녀의 언행에 긍정적인 영향을 끼칩니다. 부모의 추한 언행은 자녀의 삶에 부정적인 영향을 끼칩니다. 거칠게 말하는 부모가 부드럽게 말하는 자녀를 기대하는 것은 욕심입니다. 행동이 바르지 못한 부모가 바르게 행동하는 자녀를 기대한다는 건 억지이자 어불성설입니다.

말과 행동은 세상에서 사람과 사람들이 만나서 소통하고 관계를 만들어 감에 있어서 핵심이 되는 인간관계 도구입니다. 다듬어지고 정제된 언어 습관은 매력적이고 효과적인 의사소통을 하게 합니다. 모범적이고 절제된 행동 습관은 우호적인 대인관계를 맺게 합니다.

부모의 말과 행동에 자녀에게 영향을 주는 가르침이 담겨있습니다. 부모가 가정에서 나누는 대화와 일상에서 보이는 행동에는 자녀를 향한 교육적 메시지가 숨어있습니다. 부모의 말과 행동은 가르침의 통로임을 잊어서는 안 됩니다. 부모의 말과 행동을 통해서 자녀는 많은 것을 학습하고 배운다는 것을 꼭 기억해야 합니다.

God is Love

Miracle
233

누군가를 아프게 하는 말은 정신을 멍들게 하는 폭력이다.
A word that hurts someone is violence that bruises the mind.

이루고 싶은 오늘의 비전 *(Vision)*

오늘을 살면서 누군가 또는 세상에 베푼 사랑 *(Love)*

오늘을 돌아보며 부족했던 점에 대한 반성 *(Reflection)*

오늘 나에게 행복이 되어 준 감사 *(Thanks)*

년   월   일

God is Love

누군가를 아프게 하는 말은 정신을 멍들게 하는 폭력입니다. 주위 사람을 아프게 하는 말은 쓸모가 없고, 후회가 가득합니다. 상대의 마음을 아프게 하는 말은 뒤끝이 있어서 그대로 끝나지 않습니다. 아프게 하는 말은 부메랑이 되어 나에게도 큰 아픔으로 돌아옵니다.

가정에서든, 인간관계에서든 어떤 말은 약이 되고 어떤 말은 독이 됩니다. 아프게 하는 말은 독이 되어 없던 병도 만듭니다. 아픔을 공감하며 위로하는 말은 약이 되어 앓던 병도 치료합니다. 아프게 하는 말은 힘 빠지게 하지만 위로의 말은 힘이 솟게 합니다. 아프게 하는 말은 상처를 남기지만 격려의 말은 용기를 북돋웁니다.

부모님의 가슴을 아프게 하는 말은 지우기 어려운 불효의 흔적을 남깁니다. 자녀의 마음을 아프게 하는 말은 자녀의 성장 과정에서 고통의 기억을 안겨줄 뿐만 아니라, 자녀의 후세대에까지 악영향을 미칩니다. 배우자의 마음을 아프게 하는 말은 언쟁의 단계를 넘어 사랑과 신뢰를 깨뜨리는 무서운 불씨가 됩니다.

인간관계에서 아프게 하는 말은 비호감으로 사람들이 가까이하려 하지 않습니다. 기분을 나쁘게 하는 말은 웃음을 사라지게 만들고, 만남을 주저하게 합니다. 상처 주는 말은 인간관계의 틀을 깨뜨리고 공동체를 무너뜨릴 수 있습니다. 마음을 다치게 하는 말은 사람들과의 관계에서 허물 수 없는 장벽을 스스로 만드는 어리석음입니다.

아프게 하는 말을 줄이기 위해서는 무엇보다 순간의 격한 감정을 다스릴 줄 알아야 합니다. 아프게 하는 말을 줄이기 위해서 말하기 전에 상대방의 마음과 상황을 이해하는 습관을 들여야 합니다. 아픈 말을 줄이기 위해서는 상대방이 세상에서 어떤 존재인지, 상대방이 나에게 얼마나 소중한 존재인지 반드시 떠올려야 합니다.

God is Love

Miracle 234

**좋은 친구를 사귀는 것만큼
좋은 친구가 되는 것도 중요하다.**

It is as important to be a good friend as to make good friends.

이루고 싶은 오늘의 **비전** *(Vision)*

오늘을 살면서 누군가 또는 세상에 베푼 **사랑** *(Love)*

오늘을 돌아보며 부족했던 점에 대한 **반성** *(Reflection)*

오늘 나에게 행복이 되어 준 **감사** *(Thanks)*

년   월   일

God is Love

어린 시절 부모님께서는 '좋은 친구 사귀어라'고 말씀하셨습니다. 귀에 못이 박힐 정도로 듣던 소리입니다. 자식에 대한 사랑이 깊어 나쁜 길로 빠질까 염려되어 그러셨겠지요. 하지만 그 사랑과 걱정이 지나쳐 이기와 불신을 낳았습니다. 내 자식만 위하는 이기(利己)와 내 자식의 홀로서기를 믿지 못하는 불신을 낳고 말았습니다. 좋은 친구를 사귀는 것만큼 좋은 친구가 되는 것도 중요합니다.

거의 모든 부모가 '좋은 친구 사귀어라'를 입이 닳도록 부르짖었던 핵심 이유는 '사람은 환경의 동물'이란 말을 맹신했기 때문입니다. 좋지 않은 환경의 친구와 만나면 물이 들까? 걱정했기 때문입니다. 물론 사람이 환경에 영향을 받는다는 건 사실입니다. 하지만 사람이 환경을 지배할 수도 있다는 걸 잊으면 안 됩니다. 자녀를 진정으로 아끼고, 강한 인물로 기르고 싶다면 환경에 지배되는 사람이 아닌 환경을 지배하는 사람으로 키워야 합니다. 좋지 못한 환경에서 자란 아이들이 나쁜 길로 빠지기도 하지만, 불우한 환경에서도 꿋꿋하게 자라 훌륭한 인물이 되는 아이들도 많음을 기억해야 합니다.

친구와의 어울림은 세상을 알아가는 과정입니다. 좋지 않은 친구도 만나봐야 사람 보는 눈도 기르고, 단점에서 장점을 발견하는 능력도 기를 수 있습니다. 잘사는 친구만이 아닌 가난한 친구도 만나봐야 낮은 세상을 배울 수 있습니다. 어둡고 슬픈 친구의 세상도 경험해 봐야 사람의 아픔과 눈물을 공감하는 능력이 길러집니다.

친구는 계산이 아닌 가슴으로 만나야 합니다. 좋은 친구만 만나는 삶보다, 좋은 친구가 되어 주는 삶이 더 가치 있습니다. 무엇이든지 받는 삶보다 주는 삶에 보람과 행복이 큽니다. 좋은 친구 되어 주는 과정에서 환경을 이겨 내는 힘이 길러집니다. 좋은 친구 되어 주는 과정에서 세상의 아름다운 이치도 깨달아 갑니다.

God is Love

Miracle
235

**잘사는 사람은 돈 많은 사람이 아니라
가치 있게 사는 사람이다.**

A well-off man is not a rich man, but a valuable man.

이루고 싶은 오늘의 **비전** *(Vision)*

오늘을 살면서 누군가 또는 세상에 베푼 **사랑** *(Love)*

오늘을 돌아보며 부족했던 점에 대한 **반성** *(Reflection)*

오늘 나에게 행복이 되어 준 **감사** *(Thanks)*

년   월   일

God is Love

잘사는 사람은 돈 많은 사람이 아니라 가치 있게 사는 사람입니다. 사람들은 돈이 많은 부자를 보고 잘 산다고 말하지만, 부자는 돈을 많이 가진 사람일 뿐입니다. 부자로 살면서도 잘 사는 이 있겠지만 부자이면서 잘 사는 경우는 흔히 볼 수 없습니다. 부자도 아니면서 베푸는 삶을 살고, 나의 고난이 있음에도 남의 고통을 함께 나누는 이가 진정으로 '잘 사는 사람'입니다.

예나 지금이나 '돈 많은 사람' = '잘 사는 사람'이라고 표현합니다. 언제부터 그런 표현을 써왔는지는 모르지만, 우리에게 익숙합니다. 그런데 글쎄요... 돈을 많이 가진 사람이 과연 잘 사는 사람일까요? 돈 많은 사람은 그냥 '부자'라고 표현하는 것이 맞지 않을까요?

'잘 사는 사람'은 돈을 많이 가진 사람이 아니라 '더불어 아름답게 사는 사람'입니다. '훌륭하고 복되게 사는 사람'입니다. 이런 분들이 '잘 사는 사람'에 훨씬 더 가깝습니다.

돈이 많은 사람은 그저 부자일 뿐입니다. 많은 돈을 갖지 않았어도 남을 위해 쓸 줄 알고, 남의 고통을 함께 슬퍼하는 이가 진정으로 잘 사는 사람입니다. 자기의 부를 계속 채우려고 하기보다 선함과 부유함을 베풀려고 하는 사람이 진정으로 잘 사는 사람입니다.

'잘 사는 사람'은 대개 이런 삶을 삽니다. 어른을 공경할 줄 알고 아이를 존중하는 삶, 약자를 보호할 줄 알고 빈자에게는 도움 주는 삶을 살아갑니다. 불의에 항거할 줄 알고 강자에게 굽신거리지 않는 삶, 잘못은 시인할 줄 알고 실수를 덮어주는 삶을 삽니다. 고마움에 감사를 전하고 미안함에는 사과할 줄 아는 삶, 남의 슬픔에는 함께 눈물을 흘리고 남의 기쁨에는 함께 축하해 주는 삶을 살아갑니다. 이런 사람은 부자가 아니어도 진짜 잘 사는 사람입니다.

God is Love

Miracle
236

실패 없는 성공은 추락하기 쉽다.
Success without failure is apt to fall.

이루고 싶은 오늘의 **비전** *(Vision)*

오늘을 살면서 누군가 또는 세상에 베푼 **사랑** *(Love)*

오늘을 돌아보며 부족했던 점에 대한 **반성** *(Reflection)*

오늘 나에게 행복이 되어 준 **감사** *(Thanks)*

년   월   일

God is Love

실패 없는 성공은 추락하기 쉽습니다. 실패 없는 성공은 자만심과 안일함으로 방심하게 만들어 추락할 가능성을 높입니다. 실패 없는 성공은 실패를 무시하거나 경계심을 잃게 하여 예기치 않은 문제가 발생할 때 적절히 대응하지 못하는 결과를 초래하기도 합니다.

실패 없는 성공은 도전과 실패의 과정 속에서 얻게 되는 학습의 경험과 성장의 기회를 제한합니다. 실패에서 배우고 개선해 나가는 과정은 성공으로 향하는 중요한 경험이자 성공의 길로 나가게 하는 씩씩한 발걸음이 됩니다. 또한 실패는 문제해결능력을 향상시키기도 하고, 새로운 시도와 혁신의 발판을 마련하기도 합니다.

실패는 성장의 높은 건물로 오르게 하는 귀한 계단이 되어 줍니다. 실패의 계단들을 오르고 오르다 보면 마침내 꿈꾸던 목표에 도달할 수 있습니다. 실패는 성취의 냇물을 건너가게 하는 든든한 징검다리 역할을 해줍니다. 실패는 성공의 하늘을 날 수 있도록 강한 날개를 만들어 줍니다. 실패가 없으면 성장과 성취 그리고 성공으로 가는 계단과 징검다리와 튼튼한 날개를 얻지 못합니다.

실패가 없는 성공은 '성공에 도달하기가 쉬웠다'라는 증거이기에 그만큼 성공의 가치도 떨어집니다. 실패가 결여된 성공은 '실력이 좋았다'라기보다는 '운이 좋았다'라는 표현이 더 어울립니다. 실패가 없는 성공은 나의 노력 덕분이라기보다는 누군가의 도움에 의지했을 확률이 더 높습니다. 실패가 없는 성공은 뼈대가 없는 건축물과 같아서 언제 무너져도 이상하지 않습니다.

실패는 추락을 막는 날개입니다. 실패는 꿈을 잇는 디딤돌입니다. 실패 없는 완성은 없습니다. 실패 없는 성공은 가치가 떨어집니다. 수많은 실패는 꿈꾸는 성공의 문을 여는 열쇠 꾸러미입니다.

God is Love

Miracle
237

씨앗은 작지만 열매는 크다.
The seeds are small, but the fruits are big.

이루고 싶은 오늘의 **비전** *(Vision)*

오늘을 살면서 누군가 또는 세상에 베푼 **사랑** *(Love)*

오늘을 돌아보며 부족했던 점에 대한 **반성** *(Reflection)*

오늘 나에게 행복이 되어 준 **감사** *(Thanks)*

년   월   일

God is Love

씨앗은 작지만 열매는 큽니다. 씨앗은 작은 모습을 하고 있지만, 그 안에 큰 잠재력과 가능성이 숨어있습니다. 봄이 되어 밭에 씨를 뿌릴 때 씨앗의 크기는 작습니다. 하지만 그 작은 씨앗들이 결실로 열리는 여름과 가을이 되면 씨앗은 커다랗고 풍성한 열매가 됩니다. 비록 씨앗의 존재는 작지만 그 씨앗의 영향력이 작지 않다는 것을 크고 풍성한 열매로 증명할 수 있습니다.

갓난아기는 작게 태어나지만, 하루, 한 달, 일 년 그렇게 자라면서 점차 어른으로 성장합니다. 공부의 시작도 처음에는 얕은 지식으로 출발하지만 배움이 쌓여갈수록 지식의 깊이가 깊어집니다. 청년의 창업은 대개 소박하게 시작하지만, 경험과 노하우를 축적해감으로써 큰 사업으로 성장시킬 수 있습니다. 사회공헌의 세계에서도 사소한 선행의 씨앗이 큰 사랑의 결실로 확산됩니다.

무얼 하든 처음부터 욕심을 부리는 것은 좋지 않습니다. 진행하는 과정에서 성장하는 보람과 성취감을 느껴봐야 합니다. 출발선에서의 모습이 작고 초라할지라도 조금씩 꾸준히 성장하다 보면 높고 큰 목표를 달성할 수 있습니다.

씨앗을 뿌리는 단계에서는 가시적 성과를 경험하지 못하는 경우가 많습니다. 씨앗을 뿌리는 시기에서는 성장의 속도가 느려서 권태와 좌절에 빠질 수도 있습니다. 하지만 그 시점에서 절대 머뭇거리거나 포기해서는 안 됩니다. 자신이 세운 열매의 비전을 떠올리면서 더 많은 노력과 인내의 힘으로 이겨나가야 합니다.

자녀가 성장하여 부모가 되듯, 씨앗은 열매로 성장해 다시 씨앗을 잉태합니다. 작은 존재는 큰 존재로 성장할 멋진 미래를 품습니다. 작은 씨앗이 큰 열매가 되는 것은 자연의 섭리입니다.

God is Love

Miracle
238

첫사랑은 끝나지 않는 설렘이다.
First love is a never-ending excitement.

이루고 싶은 오늘의 **비전** *(Vision)*

오늘을 살면서 누군가 또는 세상에 베푼 **사랑** *(Love)*

오늘을 돌아보며 부족했던 점에 대한 **반성** *(Reflection)*

오늘 나에게 행복이 되어 준 **감사** *(Thanks)*

년   월   일

God is Love

첫사랑은 끝나지 않는 설렘입니다. 첫사랑은 시간이 지나도 시들지 않는 열정입니다. 살아가면서 많은 것과 첫사랑의 인연을 맺습니다. 사람, 가족, 음식, 공부, 목표, 직업, 운동, 여행, 자동차, 집, 신혼, 종교... 등등 헤아릴 수없이 많은 인연과 첫사랑을 합니다. 하지만 조금씩 첫사랑의 감격에 무감각해지면서 설렘도 잃어버리고 맙니다. 첫사랑의 설렘을 잃으면 삶에 대한 설렘과 열정마저 잃게 됩니다. 내 설렘과 열정을 되찾기 위해 첫사랑을 회복해야 합니다.

사람들 머릿속에 가장 먼저 떠오르는 첫사랑은 청춘의 첫사랑 즉, 남녀의 첫사랑일 겁니다. 청춘의 첫사랑은 초보였기에 설렜습니다. 청춘의 첫사랑은 순수함의 시절이기에 설렜습니다. 청츈의 첫사랑이 성공과 실패와는 상관없이 그때를 떠올리면 마냥 설렙니다.

일에도 첫사랑이 있습니다. 입사를 위해 이력서며 자기소개서를 쓸 때가 일과의 첫사랑입니다. 첫사랑 시절에는 무슨 업무라도 할 수 있습니다. 자신감, 열정, 인내심이 넘쳐납니다. 불만도 없고, 톨만이 있어도 불평하지 않습니다. 사장님과 동료가 모두 사랑스럽습니다. 일터의 환경도 마음에 듭니다. 하지만 일과의 첫사랑이 식어가면서 점점 권태가 찾아옵니다. 모든 것이 미워지고 귀찮습니다.

목표에도 첫사랑이 있습니다. 첫사랑 시절의 목표는 생각만 해도 좋습니다. 꿈과 희망이 가득합니다. 하지만 서서히 첫사랑의 애정이 식으면서 꿈도 희망도 희미해집니다. 다른 목표들이 눈에 들어오고 매력적인 목표가 유혹하여 지금의 목표를 버리고 싶어집니다. 처음 목표와 이별하고, 다른 목표를 사랑하고 싶어집니다.

첫사랑을 회복하면 삶의 설렘이 회복됩니다. 첫사랑의 설렘을 잃지 않으면 설레는 삶의 청춘이 다시 시작됩니다.

God is Love

Miracle
239

신체에 더 중요하거나 덜 중요한 것은 없다.
Nothing is more or less important to the body.

이루고 싶은 오늘의 **비전** *(Vision)*

오늘을 살면서 누군가 또는 세상에 베푼 **사랑** *(Love)*

오늘을 돌아보며 부족했던 점에 대한 **반성** *(Reflection)*

오늘 나에게 행복이 되어 준 **감사** *(Thanks)*

년   월   일

God is Love

신체에 더 중요하거나 덜 중요한 것은 없습니다. 사람의 신체에서 소중하지 않은 기관도, 필요하지 않은 기관도 없습니다. 눈, 코, 입, 귀, 손, 발, 눈썹, 손톱.... 어느 것 하나 빼놓을 수 없는 소중한 기관입니다. 어느 것 하나 신비롭지 않은 기관이 없습니다. 단지, 그 쓰임에 따라서 크고 작거나 많고 적게 구분될 뿐입니다. 하지만 그 기관의 소중함이나 가치가 쓰임의 크기나 빈도에 의해 평가되거나 차별되어서는 안 됩니다.

 얼굴 중에서 눈이 제일 예쁘고 귀하다고 해서 입도, 코도, 귀도 모두 눈으로 바꾼다면 그건 사람이 아니라 괴물입니다. 항문이 더럽다고 해서 떼어 낼 수는 없습니다. 엄지손가락이 최고라 해도 집게손가락이 없으면 물건을 잡는 것도 힘들고 글씨를 쓰는 것도 불편합니다. 각각의 지체가 쓰임새가 있기에 잘 드러나지 않는 지체일지라도 폄훼하는 일이 없이 소중히 여겨야 합니다.

 집에서든, 학교에서든, 일터에서든, 어디에서든 소속되고 참여한 모든 사람은 모두 소중한 존재입니다. 의사 혼자 병원을 경영할 수 없습니다. 의사만 있고 다른 구성원이 없다면 병원은 돌아가지 않습니다. 접수를 보는 직원, 주사를 놓는 간호사, 엑스레이를 찍는 방사선사, 주차관리인, 청소 아주머니, 구내식당 아주머니.... 이 모든 구성원이 다 같이 있어야 병원이 운영됩니다. 이 모두가 모두 소중한 지체입니다.

 일터에서 높은 위치, 핵심적 위치에 있다고 해서 자만하면 안 됩니다. 아무리 뛰어난 인재라도 혼자서는 무엇도 해내기 어렵습니다. 축구에서 스트라이커가 도움 없이 혼자만의 실력으로 골을 넣기는 쉽지 않습니다. 사회에서 낮은 위치, 보조적 위치에 있다고 해서 기죽어서도 안 됩니다. 신체의 귀함을 차별되게 구분할 수 없듯이 사람에게는 귀함도 천함도 존재하지 않습니다. 역할의 구별이 있을 뿐입니다. 우리는 모두 서로의 역할로 공동의 탑을 쌓아가는 소중한 파트너입니다.

God is Love

Miracle
240

어렵다는 것은 가치가 있다는 뜻이다.
Difficult means worthwhile

이루고 싶은 오늘의 **비전** *(Vision)*

오늘을 살면서 누군가 또는 세상에 베푼 **사랑** *(Love)*

오늘을 돌아보며 부족했던 점에 대한 **반성** *(Reflection)*

오늘 나에게 행복이 되어 준 **감사** *(Thanks)*

년   월   일

God is Love

어렵다는 것은 가치가 있다는 뜻입니다. 어렵게 이룬 일은 보람이 클 수밖에 없습니다. 자수성가로 어렵게 쌓은 부는 엄청난 땀방울의 결실이기에 그만큼 자부심도 큽니다. 어렵게 얻게 된 명예는 기반이 탄탄하기에 쉽게 흔들리지도, 쉽게 무너지지도 않습니다.

쉽게 얻은 것에서는 가치를 크게 느끼지 못합니다. 그래서 쉽게 번 돈은 보통 가치 있게 쓰이지 않습니다. 쉽게 이룬 것에는 고마움이 크지 않습니다. 쉽게 이룬 목표에는 성취감이 크지 못합니다. 쉽게 얻어지는 것에는 내면의 성장을 기대하기 어렵습니다.

힘든 과정에서 내면은 강해지고 성장합니다. 힘든 과정을 경험해야 세상을 만만하게 생각하지 않고, 힘을 다해 열심히 살아가는 자세를 갖춥니다. 세상의 어떤 것도 힘들게 이루어야, 고통의 노력 없이는 좋은 결실을 얻을 수 없음을 깨닫게 됩니다.

힘이 들 때 실의에 빠지거나 주저앉는 사람이 많습니다. 힘이 들 때 멈추거나 포기하는 사람이 많습니다. 그런 사람들에게는 성취의 벅찬 기쁨도 없고, 성장과 성공의 기회도 주어지지 않습니다.

어떤 사람은 힘이 들어도 주저앉지 않습니다. 혹여 주저앉았다가도 바로 정신을 차리고 일어섭니다. 그런 사람은 힘이 들어도 절대로 포기하지 않습니다. 잠시 포기하고 싶은 마음이 생겼더라도 곧바로 마음을 다잡고 고통의 길을 희망의 길로 여기고 힘차게 걸어갑니다.

분재는 어릴 적 다듬어진 고통의 시간을 견뎌야 값비싼 작품으로 길러집니다. 진주를 만드는 조개는 아픔과 고난의 과정에서 진주를 만들어냅니다. 다이아몬드를 품은 돌덩이라도 자르고, 갈고, 닦는 고난의 과정을 거친 후에야 빛나는 보석으로 탄생하게 됩니다.

God is Love

Miracle
241

가족사랑의 출발은 존중이다.
The beginning of family love is respect.

이루고 싶은 오늘의 **비전** *(Vision)*

오늘을 살면서 누군가 또는 세상에 베푼 **사랑** *(Love)*

오늘을 돌아보며 부족했던 점에 대한 **반성** *(Reflection)*

오늘 나에게 행복이 되어 준 **감사** *(Thanks)*

년   월   일

God is Love

가족사랑의 출발은 존중입니다. 가족 구성원을 서로 존중하면 가족 간의 관심과 사랑이 깊어지게 됩니다. 가족으로 맺어진 인연을 함께 존중하면 신뢰는 쌓여가고, 관계가 끈끈해집니다. 가족 한 사람 한 사람을 존중하면 오해와 비밀이 줄어듭니다. 가족 모두를 존중하면 다툼이 줄고, 화목한 가정을 유지할 수 있습니다.

가족을 존중하기 위해서는 무엇보다도 이기려는 마음을 다스리고 자제해야 합니다. 가족을 존중하기 위해서 져주는 삶에 익숙해져야 합니다. 이기려는 마음은 존중이 아닌 무시와 질책 그리고 독단과 독선에 더 가깝습니다. 이기려는 마음이 강하다는 것은 가족애보다 자기애를 더 우선순위에 둔다는 증거입니다.

부모를 존중하지 않는 자식은 부모를 이기려고 합니다. 부모님을 이기려는 자식은 거역하는 자입니다. 부모의 마음을 헤아리지 못해 부모의 마음을 상하게 하는 불효의 자식입니다. 부모에게 효도하는 근본은 부모님의 생각과 말을 거역하지 않고 따르는 순종입니다.

자식을 이기려는 부모는 어리석은 자입니다. 부모는 자식을 이길 수도 없고, 이겨서도 안 됩니다. 자식은 부모가 이겨야 할 승부의 대상이 아니라 보호와 훈육의 대상입니다. 부모는 자녀들의 보호와 훈육을 위해 존중과 이해라는 큰마음의 화단에서 자녀들이 자신의 꽃을 마음껏 피워낼 수 있도록 지원하고 지지해줘야 합니다.

아내를 이기려고 하는 남편은 부끄러운 자입니다. 아내를 존중하는 남편은 져줌으로써 아내를 아껴주고, 아내의 부족함을 채워주려고 합니다. 남편을 이기려는 아내는 무지한 자입니다. 남편을 존중하는 아내는 져줌으로 남편을 높여주고, 남편의 기를 살려줍니다. 부부는 져주는 존중의 삶을 통해 서로의 사랑을 키워갑니다.

God is Love

Miracle
242

경청은 남는 장사다.
Listening courteously is a profitable business.

이루고 싶은 오늘의 **비전** *(Vision)*

오늘을 살면서 누군가 또는 세상에 베푼 **사랑** *(Love)*

오늘을 돌아보며 부족했던 점에 대한 **반성** *(Reflection)*

오늘 나에게 행복이 되어 준 **감사** *(Thanks)*

년   월   일

God is Love

경청은 남는 장사입니다. 경청은 투자한 노력에 비해서 창출되는 성과가 아주 많습니다. 심지어는 경청하면 공짜로 얻는 것도 많고, 보너스도 두둑이 받습니다. 경청을 통해 귀한 사람을 얻기도 하며, 생각하지도 않은 기회를 잡을 수도 있습니다.

경청하면 책을 읽지 않아도 상대방으로부터 삶의 경험과 지식을 얻을 수 있으니 남는 장사입니다. 경청하면 신문을 읽지 않고 TV를 시청하지 않아도 다양한 정보를 얻을 수 있으니 남는 장사입니다.

경청하면 내가 말할 시간을 뺏기는 것 같아서 손해 보는 것처럼 느껴집니다. 하지만 경청은 들은 내용을 이해하고 공감하는 시간을 벌어줍니다. 또한, 경청은 내가 말할 내용을 머릿속에서 정리하고 준비하도록 시간을 벌어주기도 합니다. 이렇게 경청은 대화 품질과 의사소통의 기술을 높여주니 크게 남는 장사입니다.

요즘 세상에서는 많은 사람이 자기 자신을 홍보하는데 적지 않은 시간과 노력을 기울입니다. 하지만 경청은 스스로를 굳이 홍보하지 않아도 좋은 홍보 효과를 얻게 합니다. 경청만으로도 사람의 마음을 얻게 하니 경청은 뛰어난 홍보 도구인 것입니다.

경청하며 눈을 맞추면 말하고 듣는 모두의 마음이 반짝거립니다. 경청하며 고개를 끄덕이면 말하는 사람과 듣는 사람이 도두 존중의 소통으로 행복합니다. 경청하며 맞장구를 치게 되면 말하는 사람의 마음속에는 듣는 사람에 대한 호감으로 가득합니다.

사람들은 듣기보다 말하기를 좋아합니다. 경청하는 사람이 흔하지 않기 때문에 그만큼 인정을 받기도 쉽습니다. 경청의 노력과 의지는 생각보다 큰 선물로 돌아옵니다. 경청은 분명히 남는 장사입니다.

God is Love

Miracle
243

힘이 없을 때 싸우는 것은 어리석은 용기이다.
It is foolish courage to fight when you have no strength.

이루고 싶은 오늘의 **비전** *(Vision)*

오늘을 살면서 누군가 또는 세상에 베푼 **사랑** *(Love)*

오늘을 돌아보며 부족했던 점에 대한 **반성** *(Reflection)*

오늘 나에게 행복이 되어 준 **감사** *(Thanks)*

년   월   일

God is Love

힘이 없을 때 싸우는 것은 어리석은 용기입니다. 힘이 부족할 때 힘이 센 상대와 싸우는 건 패배를 재촉하는 일입니다. 힘이 부족한 상황에서 무리하게 싸우는 건 더 큰 위험과 더 많은 손실을 초래할 수 있습니다. 힘이 부족할 때는 억울하더라도 일단 싸움을 피해야 합니다. 힘이 없을 때는 상대와 맞설 힘을 기르라는 신호라 여기고 이길만한 힘을 기르는데 전력을 다해야 합니다.

용기는 무모함을 의미하지 않습니다. 용기 있는 사람은 충동적으로 싸우거나 즉흥적으로 도전하지도 않습니다. 용기 있는 사람은 현재 자신의 상황과 가능성 그리고 능력을 꼼꼼히 판단하여 행동합니다. 용기는 '현재 자신의 힘과 능력을 파악했는가?'에서 출발합니다.

용기는 마음만 먹으면 만들 수 있는 볼 풍선이 아닙니다. 현재의 자신에게는 힘이 없음을 인지했다고 하면! 자신의 한계와 불가능을 인식했다면! 약함을 인정해야 합니다. 힘이 없을 때는 지금 당장의 싸움을 전략적으로 미루고, 미래의 전투를 위해 이길 힘을 길러야 합니다. 지금 싸우고 싶은 마음이 강할수록 더 강하게 힘을 길러야 합니다. 그래야만 싸워서 이길 시간을 당길 수 있습니다.

용기는 어려운 상황에서도 두려움을 극복하면서 당당히 나아가는 적극적인 정신입니다. 용기는 목표를 위해 도전하고, 고난에 맞서기 위한 진취적인 정신입니다. 용기는 공공의 가치와 질서를 지켜내기 위해 불의에 맞서 싸우는 위대한 정신입니다.

하지만 용기는 분별력이 뒷받침되어야만 합니다. 불의한 상황에서 참기 힘든 울분이 솟아올라도 힘이 없을 때는 무모하게 싸워서는 안 됩니다. 스스로 힘을 만들어서 싸울 것인지, 연대의 힘을 모아 공동으로 대적할 것인지 철저히 준비한 후에 맞서야 합니다.

God is Love

Miracle
244

진정한 신앙인은 세상을 향해 기도한다.
A true believer prays for the world.

이루고 싶은 오늘의 **비전** *(Vision)*

오늘을 살면서 누군가 또는 세상에 베푼 **사랑** *(Love)*

오늘을 돌아보며 부족했던 점에 대한 **반성** *(Reflection)*

오늘 나에게 행복이 되어 준 **감사** *(Thanks)*

년   월   일

God is Love

진정한 신앙인은 세상을 향해 기도합니다. 신실한 신앙인은 자신을 위해 기도하는 것을 뒤로하고 먼저 세상을 위해 기도합니다. 독실한 신앙인은 자신의 소망과 행복을 위해 기도하기 전에 약한 자, 병든 자, 가난한 자, 헐벗은 자, 소외된 자, 억울한 자들을 위해서 먼저 기도합니다. 위대한 신앙인은 나와 가족을 위해서 기도하기에 앞서 먼저 이웃과 사회와 나라를 위해 기도합니다.

 많은 종교인이 기도하는 대부분 시간을 자신의 소망을 구하는데 할애합니다. 자신에게 간절한 소망이 다가오면 새벽을 깨워서라도 정성을 다해 기도합니다. 자신이 해결해야 할 긴급한 문제가 닥치면 금식하면서까지 간절하게 기도합니다. 자신의 부와 명예와 성취를 위해서라면 쉬지 않고, 시시때때로 기도합니다.

 진정한 신앙인은 많이 다릅니다. 진정한 신앙인에게 기도의 시간이 생기면 자신의 소망과 해결해야 할 문제를 먼저 떠올리지 않습니다. 아니, 먼저 떠오르지 않습니다. 평소에 마음에 두고 있었던. 그리고 도움을 주고 싶었던 이웃과 지인의 소망과 문제가 먼저 떠오릅니다. 사랑하는 나라와 민족을 위한 기도가 먼저 떠오릅니다.

 세상을 향해서 먼저 기도하는 신앙인은 자신을 향해 기도할 때도 성숙한 신앙인의 기도를 합니다. 진정한 신앙인은 소망의 기도보다 회개의 기도를 많이 합니다. 진정한 신앙인은 힘든 불평과 원망의 상황에도 감사의 기도를 합니다. 진정한 신앙인은 자신을 괴롭히는 원수 같은 사람에게도 용서와 축복의 기도를 합니다.

 진정한 신앙인은 세상을 향해 기도한 후에 맨 마지막으로 자신을 위한 기도를 합니다. 이웃과 나라와 세상을 향해서 기도한 후 남은 자투리 시간에 자신을 위해 기도합니다.

God is Love

Miracle
245

재물이 많아지면 유혹도 많아진다.
More wealth leads to more temptation.

이루고 싶은 오늘의 **비전** *(Vision)*

오늘을 살면서 누군가 또는 세상에 베푼 **사랑** *(Love)*

오늘을 돌아보며 부족했던 점에 대한 **반성** *(Reflection)*

오늘 나에게 행복이 되어 준 **감사** *(Thanks)*

년   월   일

God is Love

재물이 많아지면 유혹도 많아집니다. 재물이 많아질수록 예전에는 없었던 혜택과 기회가 많아집니다. 하지만 재물이 많아지면 혜택과 기회에 비례하여 위험하고 어두운 유혹들도 함께 증가합니다. 어떤 이는 유혹을 이겨 내지만, 어떤 이는 유혹의 수렁에 빠집니다.

재물의 증가는 다양한 돈 걱정으로부터 해방되는 기쁨을 맛보게 해줍니다. 재물의 증가는 걱정 없는 소비와 행복한 경험을 가능하게 해줘 삶의 질을 높여줍니다. 재물이 많아지면 스스로 기세등등하여 자신감과 자존감이 높아집니다. 재물이 많아지면 나 자신의 가치와 명예를 높여주는 사회공헌의 기회도 많아집니다.

하지만 재물은 위험한 유혹들을 품고 있습니다. 재물은 선한 길로 안내하기도 하지만 악한 길로 끌어당기기도 합니다. 재물의 증가로 불필요한 소비와 과소비, 그리고 사치의 유혹에 빠져 경제 관념을 잃을 수 있습니다. 재물의 증가는 그릇된 향락과 문란의 유혹에 더 많이 노출되는 결과를 초래합니다. 재물은 '권력과 사회적 지위를 얻게 해준다.'며 비윤리적인 판단과 선택으로 유혹하기도 합니다.

재물의 유혹은 힘이 셉니다. 재물의 유혹은 매력적입니다. 재물의 증가가 몰고 올 유혹을 이기기 위해서는 단단히 마음먹어야 합니다. 재물의 유혹에 넘어가면 큰 곤란과 위험에 처하게 됩니다. 재물의 증가로 인해 발생한 예기치 않은 유혹을 이겨 내지 못하면 오히려 자물이 없던 시절보다 더 힘들어질 수 있습니다. 얻은 것 보다 잃는 것이 훨씬 더 많아질 수 있습니다.

재물을 관리해야지 재물에 휘둘리면 안 됩니다. 재물을 지배해야지 재물에 지배되어서는 안 됩니다. 방심하면 재물이 나를 유혹합니다. 조금이라도 틈을 보이면 재물의 유혹이 나를 넘어뜨립니다.

God is Love

Miracle
246

분노를 통제할 수 없는 것은 미성숙의 증거다.
The inability to control anger is proof of immaturity.

이루고 싶은 오늘의 **비전** *(Vision)*

오늘을 살면서 누군가 또는 세상에 베푼 **사랑** *(Love)*

오늘을 돌아보며 부족했던 점에 대한 **반성** *(Reflection)*

오늘 나에게 행복이 되어 준 **감사** *(Thanks)*

년   월   일

God is Love

분노를 통제할 수 없는 것은 미성숙의 증거입니다. 어린이라 해도 분노를 조절할 수 있는 마음의 힘을 가졌다면 성숙한 인격체입니다. 어른이라도 분노를 조절하지 못하는 유아적인 정신의 소유자라면 나이와 상관없이 미성숙한 존재입니다.

시도 때도 없이 분노하는 사람은 미성숙한 사람입니다. 작은 일에 분노하는 사람은 미성숙한 사람입니다. 분노 조절이 미숙한 사람은 안타깝게도 자신의 몸에 밴 분노 습관을 인지하지 못합니다. 분노 습관을 개선할 필요는 더더욱 느끼지 못합니다.

분노의 상황은 언제 어디서든 발생할 수 있습니다. 분노의 상황은 누구에게나 벌어질 수 있습니다. 성숙한 사람은 작은 일로 분노하는 일이 거의 없습니다. 성숙한 사람은 제어하지 못한 분노가 얼마나 큰 손실로 돌아오는지 아주 잘 압니다.

분노는 마음에 쌓여 있는 스트레스와 화, 어떤 상황에 대한 불만과 불평을 밖으로 과격하게 표출하는 겁니다. 분노를 통제하지 못하고 폭발적으로 표출하는 것은 감정 관리의 부족함을 스스로 드러내는 일입니다. 분노 표출은 자신의 미성숙을 천하에 알리는 일입니다.

분노의 상황에서 감정을 제어할 수 있는 사람은 드물지만, 성숙한 사람은 분노를 적절히 제어하고 조절합니다. 성숙한 사람은 분노를 제어하는 다양한 방법들과 전략들을 개발하고 보유하고 있습니다. 분노를 효과적으로 제어하고 조절하기 위해서는 첫째, 내가 얼마나 자주 분노하고 있는지를 점검해 봐야 합니다. 둘째는 분노를 통해 잃는 것은 무언지 꼼꼼히 살펴봐야 합니다. 셋째는 분노의 상황에서 활용할 방법을 꾸준히 개발하여 삶에 적용해야 합니다. 분노 조절은 성숙한 사람이 되어가는 훈련의 길입니다.

God is Love

Miracle
247

새는 거친 바람을 통해 강한 날개를 얻는다.
Birds get strong wings through the rough wind.

이루고 싶은 오늘의 **비전** *(Vision)*

오늘을 살면서 누군가 또는 세상에 베푼 **사랑** *(Love)*

오늘을 돌아보며 부족했던 점에 대한 **반성** *(Reflection)*

오늘 나에게 행복이 되어 준 **감사** *(Thanks)*

년   월   일

God is Love

새는 거친 바람을 통해 강한 날개를 얻습니다. 날개는 새의 생존을 위한 필수 도구입니다. 하지만 약한 날개는 목적지까지 날아가고자 하는 비행의 제한은 물론 생존까지 위협받을 수도 있습니다. 강한 날개가 필요한 새는 거친 바람을 경험하면서 날개를 단련시킵니다. 거친 바람은 새에게 고된 훈련이 되겠지만, 그 과정을 이겨 내야만 새는 힘차고 강한 날개를 장착할 수 있습니다.

강한 날개가 있어도 안주해서는 안 됩니다. 안주하면 강한 날개는 도태됩니다. 강했던 날개는 힘을 잃게 됩니다. 강하게 단련된 쇠도 안주하면 녹슬게 됩니다. 멋진 근육을 만들었다고 해도 지속적으로 운동하지 않으면 근육은 금방 사라지고 맙니다.

강한 날개를 만들기 위해 고난의 시기를 겪어냈던 것처럼 평안의 시절에도 끊임없이 날개를 단련시켜야 합니다. 방심은 금물입니다. 평안의 때에 넋을 놓고 평안을 즐기면 어느새 위험이 닥쳐옵니다. 평안의 때라도 긴장의 끈을 놓으면 안 됩니다. 때때로 거친 바람에 맞서 날개의 약해짐과 쇠퇴를 막아야 합니다.

사람도 마찬가지입니다. 성장과 발전의 과정에서 경험하는 역경은 반드시 배워야 하는 필수과목과도 같습니다. 어려운 상황에서 겪는 고된 경험과 그것을 통해 습득하는 교훈은 사람을 더욱 강인하게 만듭니다. 어떤 상황에서도 용기로 도전하여 인내로 참고 이겨내야 합니다. 실수와 실패를 두려워하거나 무릎 꿇지 않고 더 담대하게 부딪힘으로써 능력을 발전시키고 경쟁력을 만들어 가야 합니다.

바다가 늘 잠잠하지는 않습니다. 고요한 바다는 거센 풍랑을 품고 있습니다. 언제 바다의 풍랑이 일지 누구도 알지 못합니다. 풍랑을 대비하여 풍랑을 헤쳐나갈 힘을 기른 사람만 풍랑을 이겨냅니다.

God is Love

Miracle 248

사과는 따뜻한 용기다.
An apology is a warm courage.

이루고 싶은 오늘의 **비전** *(Vision)*

오늘을 살면서 누군가 또는 세상에 베푼 **사랑** *(Love)*

오늘을 돌아보며 부족했던 점에 대한 **반성** *(Reflection)*

오늘 나에게 행복이 되어 준 **감사** *(Thanks)*

년　월　일

God is Love

사과는 따뜻한 용기입니다. 마음속 미안함을 전하는 사과는 상대의 감정을 걱정하고 보살피는 따뜻한 용기입니다. 사과는 참된 마음의 고백입니다. 미안한 감정을 마음에 가득 쌓지만 말고, 용기를 내어 사과의 고백을 전해야 합니다. 사과는 나를 내려놓는 겸손입니다. 교만한 사람은 자신의 잘못을 알면서도 사과하지 않습니다.

어떤 사람이든 실수나 잘못을 저지를 수 있습니다. 실수나 잘못은 예방하는 것이 가장 좋겠지만, 이미 발생한 경우라면 가능한 빨리 인정하고 사과하는 것이 상책입니다. 사과가 늦어진다거나, 사과가 아예 없는 경우 누군가에게 큰 상처를 줄 수 있습니다. 더 큰 일로 확장이 될 수도 있으며, 자신에게도 큰 손실이 될 수 있습니다.

사람들은 실수나 잘못을 시인하고 사과하는 걸 주저하고 꺼립니다. 사과하면 자존심이 무척 상하는 모양입니다. 사과하면 나의 실수나 잘못이 더 크게 부각 된다고 생각하나 봅니다. 사과하면 잘잘못에 상관없이 상대에게 패배한다고 생각하나 봅니다. 그런데 아닙니다. 사과는 오히려 자신의 자존감을 높여줍니다. 사과는 오히려 실수나 잘못을 줄여주거나 덮어주기도 합니다. 사과는 윈윈(win-win)으로 서로가 승리하는 길을 열어줍니다.

사람의 존재가 평등하듯 사과의 주체도 평등합니다. 사과하는 사람 따로 없고 사과를 받는 사람 따로 없습니다. 누구는 사과해야 하고, 누구는 안 해도 되는 그런 법은 없습니다. 실수나 잘못함이 있다면 반드시 미안함을 표현해야 합니다. 어른도 아이에게 사과하는 것을 주저해서는 안 됩니다. 부모라도 자녀에게 사과하는 것을 얼렁뚱땅 넘어가면 안 됩니다. 갑이든 을이든 상관없이 사과를 잊어서는 안 됩니다. 사과는 상대에 대한 배려와 존중이며, 지켜줄 예의입니다. 사과할 일이 있으면 진심어린 사과를 위해 용기를 내야 합니다.

God is Love

Miracle
249

현명한 사람은 선택한 것에 집중한다.
A wise man focuses on what he chooses.

이루고 싶은 오늘의 **비전** *(Vision)*

오늘을 살면서 누군가 또는 세상에 베푼 **사랑** *(Love)*

오늘을 돌아보며 부족했던 점에 대한 **반성** *(Reflection)*

오늘 나에게 행복이 되어 준 **감사** *(Thanks)*

년   월   일

God is Love

선택은 누구에게나 어려운 결정일 겁니다. 선택이라는 과정을 쉽게 생각하는 사람은 아마도 보통 사람은 아닐 겁니다. 선택은 지혜로운 여자와 아름다운 여자 중에서 누군가를 골라야 하는 어려움입니다. 선택은 능력이 많은 남자와 잘생긴 남자 중에서 한 사람을 골라야 하는 어려운 일입니다. 짜장과 짬뽕은 주문할 때마다 고민하게 하는 어려운 선택입니다. 선택은 좋은 것 중에서 어떤 것이 더 좋은지를 비교해서 세밀하게 따져 봐야 하기 때문에 머리가 아픈 의사결정의 과정입니다.

현명한 사람은 선택한 것에 집중합니다. 둘 중 하나를 선택하든, 여러 가지 중 하나를 선택하든 선택하기 전까지는 고뇌가 많았다고 하더라도, 일단 선택했다면 선택한 대상에 집중하는 게 현명합니다. 뭔가 하나를 선택한 후에 선택하지 않은 다른 것을 돌아보는 것은 시간과 에너지를 헛되게 낭비하게 하는 지혜롭지 못한 행동입니다. 선택한 것에 집중하지 못하는 것은 자신의 잘못된 판단을 인정하는 셈이며, 선택받은 존재에 대한 배신과 다를 바 없습니다.

'무얼 살까?' 고민하다가 장난감이 아닌 책을 선택했다면 장난감의 존재는 잊고 책에 집중해야 합니다. 장난감이 아닌 책에서 가치를 찾아내야 합니다. 책에서 즐거움을 찾아내야 합니다. 장난감을 향한 미련과 후회들은 손해를 남깁니다. 장난감을 향한 아쉬움은 선택한 책의 가치를 떨어뜨리고, 책을 향한 관심과 애정도 시들게 합니다.

뭔가를 선택했다면 자신의 선택을 믿어야 합니다. 선택을 믿어야 선택한 대상이 사랑스러워집니다. 뭔가를 선택했다면 자신의 선택을 존중해야 합니다. 선택을 존중해야 선택한 자신이 자랑스럽습니다. 뭔가를 선택했다면 자신의 선택을 응원해야 합니다. 선택을 응원해야 그 선택에서 기쁨과 보람을 크게 얻을 수 있습니다.

God is Love

Miracle 250

인생길은 고생길이다.
The path of life is the path of hardship.

<u>이루고 싶은 오늘의 **비전** *(Vision)*</u>

<u>오늘을 살면서 누군가 또는 세상에 베푼 **사랑** *(Love)*</u>

<u>오늘을 돌아보며 부족했던 점에 대한 **반성** *(Reflection)*</u>

<u>오늘 나에게 행복이 되어 준 **감사** *(Thanks)*</u>

년   월   일

God is Love

인생길은 고생길입니다. 유아 시절을 제외하고는 자기 앞에 놓여진 인생길을 스스로 만들고 열어가야 하기에 고생이 뒤따릅니다. 나를 위해 나의 인생길을 누가 대신 열어주지 않습니다. 자신의 인생길은 누구도 아닌 자신 스스로가 찾고, 걸어가야 하는 개척의 길입니다.

개척의 인생은 평탄하지 않습니다. 개척의 인생길은 호락호락하지 않습니다. 가본 적 없는 미지의 길을 스스로 뚫고 나갈 인생길에는 혹독한 어려움과 두려움들이 기다리고 있습니다. 개척해 내야 하는 인생길은 반듯하고 순탄하게 펼쳐진 탄탄대로가 아닙니다. 굽이굽이 꺾어진 험난한 길들의 연속입니다.

아침에 눈 뜨면서부터 하루의 고생길이 열립니다. 한주가 시작되면 월,화,수,목,금요일은 고생길입니다. 학생들은 이른 아침에 눈 뜨는 것이 고생이요, 입맛 없이 아침밥을 먹는 것이 고생입니다. 학교에 가서 공부하는 것도 고생이요, 학교를 마치고 학원에 가는 것 또한 고생입니다. 직장인들은 고된 업무의 직장생활이 고생이며, 사장은 회사의 비전과 경영전략을 만드느라 고생입니다. 노인들은 병들어 고생하고, 때우고 보내야만 하는 외로운 시간이 많아 고생입니다. 태어나 살아가는 인생길의 여정 내내 고생이 가득합니다.

하지만 인생길을 고생길로만 여기고 살 수는 없습니다. 고생길이라 해서 월,화,수,목,금요일의 소중한 하루하루들을 스트레스와 우울한 기분으로만 살아갈 수는 없습니다. 인생길이 고생길이기에 고생을 이겨낼 즐거움을 찾아내야 합니다. 즐거운 요소들은 누가 찾아주지 않습니다. 자신 스스로가 발굴하고 적절히 즐길 수 있어야 합니다. 찾아낸 즐거움들은 고생길에서 쉬어가는 꿀맛 같은 휴식이 됩니다. 그 즐거움들은 고생의 사막길에서 환희의 오아시스가 되어 줍니다. 찾아낸 즐거움들은 멋진 인생길을 만들어 줍니다.

God is Love

Miracle
251

많은 생각이 좋은 판단을 보장하지는 않는다.
A lot of thinking doesn't guarantee a good judgment.

이루고 싶은 오늘의 **비전** *(Vision)*

오늘을 살면서 누군가 또는 세상에 베푼 **사랑** *(Love)*

오늘을 돌아보며 부족했던 점에 대한 **반성** *(Reflection)*

오늘 나에게 행복이 되어 준 **감사** *(Thanks)*

년   월   일

God is Love

많은 생각이 좋은 판단을 보장하지는 않습니다. 장시간 생각하고, 많이 생각한다고 해서 반드시 유익하고 합리적인 판단이 생산되는 것은 아닙니다. 간단한 생각이 명료한 판단을 이끌어내기도 합니다. 간결한 생각이 좋은 판단을 낳기도 합니다.

생각이 많을수록 그만큼 판단해야 할 경우의 수도 복잡해집니다. 오히려 많은 생각이 판단을 어지럽게 하기도 하고, 판단의 시간을 지체시켜서 결단과 실행의 시기를 놓치게도 합니다. 그런 경우라면 많은 생각은 현명한 판단을 어렵게 하는 방해꾼이 됩니다.

많이 생각하는 것이 필요하기도 하고 중요하기도 하지만, 그것이 항상 좋은 결론에 이르게 하지는 않습니다. 판단과 결정은 생각의 양보다는 생각의 품질에 더 크게 영향을 받습니다. 판단과 결정은 분산된 많은 생각의 시간보다 짧더라도 집중된 생각의 시간에 더 큰 영향을 받습니다.

무언가를 판단하고 결정하는 데 어려움을 겪는 사람이 많습니다. 판단과 결정의 상황에서 머뭇거리고 주저하면서 확신하지 못하는 사람이 많습니다. 결정장애는 타고난 것보다는 후천적인 망설임의 습관적 영향이 더 큽니다. 사소한 거라도 한두 번 결정에 어려움을 느끼면 어느새 습관이 되어 결정장애의 늪으로 빠져들게 됩니다.

빠르고 현명한 판단을 내리는 습관을 위해서 훈련이 필요합니다. 훈련은 간단하며 어렵지 않습니다. 먼저, 작은 일을 빨리 판단하는 훈련으로 시작합니다. 실패해도 부담은 없지만 중요한 훈련입니다. 그다음부터는 조금씩 더 중요한 일들을 빠르게 판단하는 훈련으로 수준을 높여가면 됩니다. 이런 훈련이 습관이 되면 중요한 판단과 결정의 상황에서 빠르고 현명한 판단을 내릴 수 있게 됩니다.

God is Love

Miracle
252

한 사람을 도와주면 열 사람이 웃는다.
If you help one person, ten people laugh.

이루고 싶은 오늘의 **비전** *(Vision)*

오늘을 살면서 누군가 또는 세상에 베푼 **사랑** *(Love)*

오늘을 돌아보며 부족했던 점에 대한 **반성** *(Reflection)*

오늘 나에게 행복이 되어 준 **감사** *(Thanks)*

년   월   일

God is Love

한 사람을 도와주면 열 사람이 웃게 됩니다. 도움받은 하나의 알은 훨씬 더 많은 행복의 알을 낳습니다. 한 사람을 돕는 건 한 사람의 기쁨으로 그치지 않습니다. 누군가에게 도움을 주고, 선한 행동을 베풀면, 그 선한 영향력은 확장이 됩니다. 도움받은 한 사람뿐만이 아니라 그 사람과 연결된 많은 사람에게까지 행복이 전해집니다.

가난하지만 모범적인 학생에게 도움의 손길을 내밀면 그 학생뿐만 아니라 그 학생의 부모에게도 진한 행복이 전해집니다. 어떤 병들고 외로운 노인을 도와주면 노인의 행복을 넘어 그 주변에 살고 있는 사람들에게까지도 감동이 전해집니다.

어려운 사람을 도와주거나 선한 행동을 하면, 그 행위의 긍정적인 영향은 주변에 있는 다른 사람들에게도 전파될 수 있습니다. 이는 연쇄 반응과 확산 효과로 작용하여, 우리의 선한 행동들이 더 많은 사람에게 긍정적인 영향을 미치고 웃음과 기쁨을 전파하는 훌륭한 도구로 사용됩니다.

도움을 주는 행위는 상대방에게 긍정적인 영향을 미치고 그들의 문제를 해결하거나 어려움을 덜어주기 때문에, 그 결과로 나 자신도 성취감과 만족감을 얻게 됩니다. 타인에게 도움이 되었다는 인정과 감사의 말들은 우리에게 긍정적인 감정과 자부심을 줄 수 있습니다. 도움은 돕는 사람에게도 도움받는 사람에게도 전해지는 행복입니다. 누군가에게 도움을 주고 선한 행동을 베푸는 과정은 주는 사람은 보람으로, 받는 사람은 고마움으로 행복을 만들어 줍니다.

정성의 시간, 에너지, 관심, 지원 등으로 타인에게 기여하고 선한 영향력을 발휘하는 삶은 사람의 텅 빈 마음을 행복으로 채웁니다. 삭막한 세상의 곳곳에 행복의 기운으로 채워줍니다.

God is Love

Miracle
253

협상은 화술이 아니라 마음의 기술이다.
Negotiation is not a skill of speech but a skill of the mind.

이루고 싶은 오늘의 **비전** *(Vision)*

오늘을 살면서 누군가 또는 세상에 베푼 **사랑** *(Love)*

오늘을 돌아보며 부족했던 점에 대한 **반성** *(Reflection)*

오늘 나에게 행복이 되어 준 **감사** *(Thanks)*

년   월   일

God is Love

협상은 화술이 아니라 마음의 기술입니다. 협상에서 화술은 당연히 필요합니다. 그리고 그 화술에 협상의 성패가 달렸다고 생각할 수도 있습니다. 물론 협상에서 화술은 매우 중요합니다. 하지만 그보다 훨씬 더 중요한 협상의 기술은 상대방의 마음을 잘 읽고 공감하며, 상대방의 입장과 상황을 배려할 줄 아는 마음의 기술입니다.

협상 테이블에서 상대보다 훨씬 많은 것을 얻어냈을 때 이긴 편의 사람들은 환호성을 지릅니다. 협상의 승리를 만끽합니다. 그렇지만 협상에서 일방적인 패배를 떠안게 된 상대방의 입장은 어떨까요? 그것을 온전한 협상이라고 느낄까요? 아니면 말의 기술이나 보이지 않는 힘에 의해 이용당한 협상이라고 느낄까요? 심리적 박탈감은 어느 정도일까요? 만일 다음에도 협상이라는 제의가 온다면 과연 그들은 다음의 협상에 임할 의사가 있을까요?

한 번 보고 끝나는 인간관계는 무의미합니다. 한 번 거래로 끝나는 회사 간의 거래는 아쉬움이 남습니다. 두 번 다시 만나지 않는 국가 간의 협상은 양국 모두에게 손해가 큽니다. 협상의 성과를 평가할 때 일방적인 승리는 좋은 협상이 아닙니다. 한 번의 협상 승리보다 지속적인 관계가 더욱 중요합니다. 일방적인 협상의 승리는 관계를 악화시킵니다. 협상은 한쪽의 일방적 승리가 아닌 양쪽이 상생하는 승리가 되어야 합니다. 협상의 목표는 상생이어야 합니다.

화려한 화술을 쏟아내는 사람이 겉으로는 유능한 협상가로 보일 수 있습니다. 협상에서 최대한 많은 걸 얻어내는 사람이 실력 있는 협상가로 보일 수 있습니다. 하지만 그건 숲보다 나무만 바라보는 협상가입니다. 유창한 화술로 주장을 강하게 내세워 일방적 승리를 이끄는 사람이 아니라, 상대를 이해하고 배려하며 공감하여 상생을 추구하는 마음의 기술자가 진정한 협상의 달인입니다.

God is Love

Miracle
254

불편한 구두보다 편한 고무신이 낫다.
Comfortable rubber shoes are better than uncomfortable high shoes.

이루고 싶은 오늘의 **비전** *(Vision)*

오늘을 살면서 누군가 또는 세상에 베푼 **사랑** *(Love)*

오늘을 돌아보며 부족했던 점에 대한 **반성** *(Reflection)*

오늘 나에게 행복이 되어 준 **감사** *(Thanks)*

년   월   일

God is Love

불편한 구두보다 편한 고무신이 낫습니다. 불편한 구두는 겉으로는 멋져 보이지만 발은 고생입니다. 신는 동안에 발이 조여서 아프고 답답합니다. 겉모습이 멋지고 고급스럽기에 관리하기도 어렵습니다. 반면에 고무신은 겉보기에는 누추해 보이지만 편리함은 그만입니다. 재질이 유연하여 신고 벗기도 편하고, 관리도 쉽습니다.

우리가 어떤 선택이나 결정을 할 때 외형적 모습만 바라보기보다 실질적 내용을 더 중요하게 생각하여 판단하는 지혜가 필요합니다. 겉으로 보기에는 매력적이지 않거나 다른 사람들의 시선과 평가에 부합하지 않더라도, 자신에게 더 잘 맞고 편안함과 만족감을 주는 쪽을 선택하는 것이 더 좋은 결과를 가져옵니다.

불편하게 스테이크를 먹으니 편하게 라면을 먹는 것이 낫습니다. 불편한 사람과 불편한 자리에서 비싼 스테이크를 먹는다면 식사의 즐거움은커녕 소화도 잘 안 될 겁니다. 차라리 편한 사람과 편안한 자리에서 라면을 끓여 먹는 것이 훨씬 더 맛있고, 더 즐겁습니다.

이런 사람을 좋아할 리 없습니다. 맛있고 비싼 음식을 사주겠다며 근사한 레스토랑에 데리고 가서 자기 자랑만 실컷 늘어놓는 사람 말입니다. 식사하면서 함께 식사하는 사람이 들었을 때 기분이 상할 만한 이야기들을 계속하는 사람 말입니다. 차라리 안 사준 것만도 못합니다. 이런 사람하고는 두 번 다시 식사하고 싶지 않습니다.

누군가에게 식사 대접을 한다면 초대한 사람을 편하게 해주려고 노력해야 합니다. 초대한 사람을 즐겁게 해주려고 노력해야 합니다. 초대받은 사람은 음식의 메뉴와 분위기 때문에도 즐거워하겠지만, 자신을 대하는 초대자의 정성스러운 태도와 노력에 더 많은 감동을 받습니다. 그릇보다 그릇에 담긴 내용물이 더 중요하듯이 말입니다.

God is Love

Miracle
255

좋은 첫인상은 신이 주신 추천서이다.
A good first impression is a letter of recommendation from God.

이루고 싶은 오늘의 **비전** *(Vision)*

오늘을 살면서 누군가 또는 세상에 베푼 **사랑** *(Love)*

오늘을 돌아보며 부족했던 점에 대한 **반성** *(Reflection)*

오늘 나에게 행복이 되어 준 **감사** *(Thanks)*

년   월   일

God is Love

좋은 첫인상은 신이 주신 추천서입니다. 좋은 첫인상은 누군가를 만나자마자 점수를 얻게 하는 보너스 같습니다. 처음 만난 자리에서 좋은 첫인상은 상대방에게 긍정적이고 매력적인 영향력을 행사하여 호감과 신뢰라는 엄청난 선물을 공짜로 받게 합니다.

첫인상으로 인한 마음의 움직임은 이성적 판단이라기보다 감성적 판단에 가깝습니다. 첫인상은 사람의 내면을 정확히 측정할 수 있는 과학적 도구도 아니고, 첫인상과 내면의 상관관계를 입증할 근거도 없기 때문입니다. 그럼에도 불구하고 첫인상이 마음을 움직이는 건 분명합니다. 첫인상은 이성적 뇌가 아닌 감성적인 가슴을 자극하여 처음 만난 사람들을 판단하도록 영향을 줍니다. 첫인상은 똑똑하고 이성적인 뇌의 힘을 능가하는 강한 영향력을 가지고 있습니다.

인간관계에서 첫인상은 아주 짧은 순간에 결정됩니다. 하지만 그 첫인상의 영향력은 생각보다 훨씬 오래갑니다. 첫인상으로 긍정적인 영향을 줬다면 다행이지만, 안타깝게도 상대에게 부정적인 영향을 줬다면 아찔해집니다. 첫인상에서 손해 보면 많은 시간을 투자해야 비로소 만회할 수 있기 때문입니다. 첫인상은 조금의 노력으로 큰 혜택을 보게 할 수도 있고, 조금의 소홀함으로 큰 손해를 보게 할 수도 있는 인간관계 중요한 도구입니다.

여기서 기억해야 할 것은 '첫인상은 좋았는데 알아갈수록 나빠지는 사람'이 되어서는 안 된다는 것입니다. 알아갈수록 나빠지는 사람은 내면의 매력이 없는 사람입니다. 내면의 매력물은 첫인상의 효과를 유지하고 증대시킵니다. 표정, 언어, 자세, 걸음 등 겉모습뿐 아니라 가치관, 예절, 존중, 배려, 희생... 등 내면의 매력을 가지고 있어야 첫인상의 효과가 허무하게 끝나지 않고 끝까지 지속됩니다.

God is Love

Miracle
256

존경받는 사람이라도 완벽할 수는 없다.
Even a respected person can't be perfect.

이루고 싶은 오늘의 **비전** *(Vision)*

오늘을 살면서 누군가 또는 세상에 베푼 **사랑** *(Love)*

오늘을 돌아보며 부족했던 점에 대한 **반성** *(Reflection)*

오늘 나에게 행복이 되어 준 **감사** *(Thanks)*

년   월   일

God is Love

존경받는 사람이라도 완벽할 수는 없습니다. 사람에게 완벽이라는 단어는 존재하기 어렵습니다. 사람이 완벽의 경지에 오른다는 것은 불가능에 가깝습니다. 완벽한 사람을 존경하고 싶다는 것은 아무도 존경하고 싶지 않다는 뜻과 다를 바가 없습니다. 존경하는 사람이 완벽하기를 원한다는 것은 그저 부질없는 욕심입니다.

존중과 존경은 의미가 다릅니다. 존중의 대상은 무수히 많습니다. 아마도 세상의 거의 모든 사람이 포함될 것입니다. 하지만 존경의 대상은 극히 적습니다. 존경의 대상은 높이 받들고 싶다는 마음과 배우고 싶다는 마음이 우러나는 특별한 사람으로 한정됩니다. 그런 이유들로 존경의 대상에 대한 기대가 클 수밖에 없습니다. 자기도 모르는 사이에 존경의 대상이 완벽하기를 믿고 싶고 바라게 됩니다.

하지만 완벽한 사람은 없습니다. 존경의 대상이 완벽한 사람이길 원한다면 실망이 클 것입니다. 사람은 누구나 좋은 점과 약함을 가지고 있습니다. 완벽하지 않은 존재이기에 실수를 저지르고, 실망스러운 모습을 보이면서 성장과 발전의 계단을 오르게 됩니다.

존경할 대상으로 완벽한 사람을 찾는 건 시간 낭비에 불과합니다. 완벽한 사람을 찾기보다 존경할 대상에게서 존경할 만한 매력들에 집중하는 것이 현명한 방법입니다. 완벽의 기대를 내려놓고 존경할 만한 가치를 그에게서 찾아내는 것이 더 지혜로운 방법입니다.

사람은 각자의 특별한 장점과 능력, 성품 등을 지니고 있습니다. 누군가에게서 배우고 따를 만한 가치를 느꼈다거나, 탁월한 성과와 성공적인 경험에 감동한다면 그에 대한 존경의 마음이 자연스럽게 생겨날 것입니다. 그럴 때 행여라도 완벽이라는 지나친 욕심 때문에 귀하디귀한 존경의 대상을 놓치는 실수를 범하지 않아야 합니다.

God is Love

Miracle
257

지혜로운 사람은 잃기 전에 소중함을 안다.
A wise man knows what is precious before he loses.

이루고 싶은 오늘의 **비전** *(Vision)*

오늘을 살면서 누군가 또는 세상에 베푼 **사랑** *(Love)*

오늘을 돌아보며 부족했던 점에 대한 **반성** *(Reflection)*

오늘 나에게 행복이 되어 준 **감사** *(Thanks)*

년   월   일

God is Love

지혜로운 사람은 잃기 전에 소중함을 아는 사람입니다. 사람들은, 특히 주부들은 설거지를 귀찮아합니다. 하지만 그 귀찮던 설거지도 겨울철에 수도관이 얼어서 3일만 고생해보면 상황은 달라질 겁니다. 콸콸콸 쏟아지는 수돗물을 통한 설거지는 그 자체로 즐거움입니다. 수도관이 얼기 전에는, 수돗물에 감사하는 사람이 별로 없습니다.

사귀던 사람과 헤어져 봐야 그 사람의 소중함도, 솔로의 쓸쓸함도 알게 됩니다. 그러고 나서 '있을 때 잘할걸'하고 후회합니다. 자동차 운전면허도 음주운전으로 면허가 취소되어 봐야 불편함도 알고, 돈 아까운 것도 압니다. 머리카락이 빠져 머리가 휑해 봐야 머리카락의 소중함을 깨닫고, 한 올 한 올 소중히 다룹니다.

건강도 마찬가지입니다. 누구나 한 번쯤 독한 감기나 몸살에 걸려 죽도록 아파 본 적이 있을 겁니다. 그때의 소망은 오로지 낫기만을 바랄 뿐입니다. '빨리 나아서 맨밥이라도 잘 먹고, 으스스 춥지만 않으면 원이 없겠다'라고 우리는 모두 원합니다. 건강한 것만으로도 우리는 값진 재산을 소유한 것입니다. 하지만 많이 아프기 전에는 건강의 가치를 모릅니다. 아파 봐야만 건강의 귀함을 알게 됩니다.

직장생활은 어떤가요? 직장을 다닐 때는 고마움도, 소중함도 잘 모릅니다. 그래서 시도 때도 없이 불평불만을 늘어놓습니다. 그러다 홧김에 그만두거나 정리해고를 당하고 나면 마음이 확 달라집니다. 직장이 얼마나 귀하고, 소중했던 존재인지 뼈저리게 느끼게 됩니다.

우매한 사람은 가진 행복 못 느끼고, 누리지 못하는 사람입니다. 그러다가 그 행복들 잃어버린 후에야 깨닫는 사람입니다. 현명하게 사는 삶은 어렵지 않습니다. 무엇인가를 잃기 전에 그 행복 깨닫는 사람입니다. 무언가를 잃기 전에 그 행복 누리며 사는 사람입니다.

God is Love

Miracle
258

솔선수범은 말보다 영향력이 크다.
Lead by example is more influential than words.

이루고 싶은 오늘의 **비전** *(Vision)*

오늘을 살면서 누군가 또는 세상에 베푼 **사랑** *(Love)*

오늘을 돌아보며 부족했던 점에 대한 **반성** *(Reflection)*

오늘 나에게 행복이 되어 준 **감사** *(Thanks)*

년   월   일

God is Love

솔선수범은 말보다 영향력이 큽니다. 솔선수범은 언어로 가르치는 것보다 훨씬 더 큰 교육적 효과를 냅니다. 솔선수범은 말로 전하는 것보다 훨씬 더 잘 메시지를 전달합니다. 백 마디의 말보다 한 번의 본이 되는 행동이 더 큰 영향력을 행사합니다.

가르침이나 마음속 메시지를 남에게 전달하는 도구는 다양합니다. 책이나 판서 그리고 편지, 문자, 쪽지 같은 글의 형태로 가르치기도 하고 전하고 싶은 마음을 표현하기도 합니다. 강연과 상담, 대화나 전화 등과 같은 말을 통해서 누군가를 교육하기도 하고, 속마음을 전하기도 합니다. 또한, 그림과 사진 같은 이미지 그리고 유튜브나 TV, 영화 같은 영상을 통해서도 가르치고 마음을 전하기도 합니다. 하지만 가르침과 마음을 전달하는 최고의 도구는 뭐니 뭐니 해도 솔선수범의 행동입니다.

책을 읽지 않는 부모님이 자녀에게 독서의 중요성을 강조한다면? 그러면서 독서를 강요한다면? 과연 효과가 있을까요? 술과 담배에 찌든 선생님이 학생들에게 담배와 술의 폐해를 교육한다면? 그리고 금연과 금주를 설득한다면? 무슨 효과가 있을까요? 부동산투기와 편법의 탈세를 일삼는 판사님이 법과 질서를 강조한다면? 그러면서 공정한 판결을 운운한다면? 누가 그 판결을 신뢰할 수 있을까요?

말은 힘이 세지만 행동만큼 세지 못합니다. 말의 영향력은 크지만 솔선수범의 행동만큼 영향력이 크지 않습니다. 아무리 훌륭한 말도 모범이 되는 솔선수범의 행동만큼 감동을 주지 못합니다.

사람을 성장시키고 변화시키고 싶다면 말보다 솔선수범의 행동을 보이면 됩니다. 세상을 바꾸고 새롭게 하고 싶다면 화려한 언변보다 본이 되는 아름다운 행동을 먼저 행하고 쌓아가면 됩니다.

God is Love

Miracle
259

미래를 낙관적으로 준비하면 하루하루가 즐겁다.
Every day is fun when you prepare optimistically for the future.

<u>이루고 싶은 오늘의 **비전** *(Vision)*</u>

<u>오늘을 살면서 누군가 또는 세상에 베푼 **사랑** *(Love)*</u>

<u>오늘을 돌아보며 부족했던 점에 대한 **반성** *(Reflection)*</u>

<u>오늘 나에게 행복이 되어 준 **감사** *(Thanks)*</u>

년   월   일

God is Love

미래를 낙관적으로 준비하면 하루하루가 즐겁습니다. 낙관하면서 준비하는 것과 비관하며 준비하는 것의 성과는 많은 차이가 납니다. 낙관하며 준비하는 사람은 설렘과 희망으로 미래를 준비하기에 더 많은 성과를 냅니다. 낙관 속에서 준비하는 사람은 힘도 덜 들고, 고비도 잘 이겨냅니다. 반면 비관하며 준비하는 사람은 같은 시간을 투자해도 성과가 작고 아이디어를 내기도 어렵습니다. 비관 속에서 준비하는 사람은 과도한 스트레스로 에너지가 낭비되고 잠재력도 위축될 수 있습니다.

현재의 부족과 미숙함을 비관하며 준비하기보다 미래를 낙관하는 자세로 성장과 발전을 꾀해야 합니다. 뇌는 스트레스 받는 환경에서보다 즐거운 환경에서 더 좋은 결과물을 만들어 냅니다.

하지만 대책 없는 낙관, 준비 없는 낙관은 바람직하지 않습니다. 모든 상황을 무조건 좋게만 바라보는 사람은(낙관주의자) 성장하기 어렵고 목표에 도달하기 어렵습니다. 부족함과 미숙함을 대책 없는 낙관으로 일관한다면 결핍들에 대한 보완이나 개선을 느끼지 못할 것이고, 준비와 노력도 열심히 하지 않을 것이며, 그 결과로 성장과 발전 그리고 꿈을 이룰 확률은 줄어듭니다. 낙관만으로는 안 되며 준비하는 낙관이 필요한 이유입니다.

가난한 시절에는 부자들이 부럽습니다. 신입사원 시절에는 상사가 부럽고, 수험생 시절에는 합격한 사람이 부럽고, 꿈을 이루기 전엔 꿈을 이룬 사람이 그렇게 부러울 수 없습니다. 주위에는 나를 앞선 누군가와 나보다 높은 누군가가 늘 존재합니다. 이런 부러운 환경이 현실을 즐기며 미래를 낙관으로 준비하기 어렵게 만듭니다. 하지만 그럴수록 부러움의 대상이 내 미래라고 낙관해야 합니다. 낙관하며 준비해야 즐거운 현재와 설레는 미래로 행복을 키워갈 수 있습니다.

God is Love

Miracle
260

도움은 크기보다 타이밍이다.
Help is timing rather than size.

이루고 싶은 오늘의 **비전** *(Vision)*

오늘을 살면서 누군가 또는 세상에 베푼 **사랑** *(Love)*

오늘을 돌아보며 부족했던 점에 대한 **반성** *(Reflection)*

오늘 나에게 행복이 되어 준 **감사** *(Thanks)*

년   월   일

God is Love

도움은 크기보다 타이밍입니다. 찢어진 우산이라도 간절히 필요한 때가 있습니다. 우산 없이 나온 길 이슬비가 굵어지면 난감합니다. 손으로 가리고 뛰어도 보지만, 갈 길이 멀 때는 낡은 우산이라도, 토란잎이라도 있었으면 하는 마음이 간절합니다. 그러다가 누군가 다가와 낡은 우산이라도 건네주면 그렇게 고마울 수가 없습니다.

낡은 우산은 볼품이 없습니다. 구멍 난 우산은 사랑받지 못합니다. 누군가에게 주기도 민망하고, 공짜로 받아도 기분이 좋지 않습니다. 우산이 많을 때 낡은 우산은 쓰레기만도 못합니다. 하지만 우산이 없어 비를 맞을 땐 낡은 우산이라도 그렇게 반가울 수가 없습니다. 찢어진 우산이라도 그렇게 고마울 수가 없습니다. 타이밍이 맞으면 낡고 볼품없는 우산이라도 기쁨을 줍니다. 내게 있는 낡은 우산이 비를 맞고 있는 누군가에게는 벅찬 감동이 됩니다.

고난의 시절에는 사소한 관심과 보살핌이라도 받는 사람에게는 희망의 빛이 됩니다. 어려운 시기에는 작은 손길이라도 도움을 받는 이에게는 큰 용기가 됩니다. 내가 건넨 것이 비록 하찮다 하더라도 적절한 때라면 일어설 동력이 됩니다. 내가 돕는 힘이 비록 약하다 해도 도움이 절실한 때라면 태산보다 큰 힘이 됩니다.

귀찮다고 무심코 버리는 낡은 우산이 누군가에게는 미소가 될 수 있습니다. 배가 불러 먹다 남긴 음식이 누군가에게는 귀한 식량이 될 수 있습니다. 유행이 지났다며 내다 버린 옷가지가 누군가에게는 따뜻한 겨울을 날 수 있는 보호막이 될 수 있습니다.

넉넉하든 넉넉하지 않든 어려운 사람을 돌아보면서 살아야 합니다. 가난한 자, 헐벗은 자, 소외된 자를 돌아보는 마음을 갖는 사람은 그 마음으로 더 풍요로워지고, 더 보람된 삶을 살아갑니다.

God is Love

Miracle
261

기도는 마음의 갈증을 해결하는 마중물이다.
Prayer is a priming water that resolves the thirst of the mind.

이루고 싶은 오늘의 **비전** *(Vision)*

오늘을 살면서 누군가 또는 세상에 베푼 **사랑** *(Love)*

오늘을 돌아보며 부족했던 점에 대한 **반성** *(Reflection)*

오늘 나에게 행복이 되어 준 **감사** *(Thanks)*

년   월   일

God is Love

펌프가 수돗물의 역할을 대신하던 시절이 있었습니다. 펌프에 물을 한 바가지 넣고 펌프의 손잡이를 힘차게 내렸다 올렸다 하면 물이 나옵니다. 이때 넣는 한 바가지 물이 마중물입니다. 마중물이 없는 펌프는 땅속의 물을 한 방울도 끌어 올릴 수 없습니다. 반면에 한 바가지의 마중물만 있으면 펌프는 물을 시원하게 끌어 올립니다.

 마중물은 나의 갈증도 펌프의 갈증도 해결해 줍니다. 하지만 나의 갈증을 해결하려면 펌프의 갈증을 먼저 해결해야 합니다. 마중물로 펌프의 갈증을 해결하지 않으면 나의 갈증은 해결할 수 없습니다. 마중물로 갈증을 해소한 펌프는 신이 나서 물을 뿜어 나의 갈증도 해결해 줍니다.

 사람에게는 육체의 갈증이 있듯이 마음의 갈증도 있습니다. 육체의 갈증을 마중물로 해결한다면 마음의 갈증은 기도함으로써 해결할 수 있습니다. 육체의 갈증이 나와 펌프의 관계라면 마음의 갈증은 나와 하늘의 관계입니다. 하늘은 마중물이 되는 나의 기도를 애타게 기다립니다. 우리가 기도의 마중물로 하늘의 갈증을 먼저 해결하면 하늘은 우리 마음의 갈증을 해결해 주기 위해 하늘의 샘을 엽니다. 펌프가 땅속에 물을 준비하고 있는 것처럼 하늘은 나의 갈증, 나의 문제를 해결해 주기 위한 답을 준비하고 있습니다.

 하지만 여기서 꼭 명심해야 할 것은 기도로만 그쳐서는 안 된다는 것입니다. 펌프에 마중물을 넣은 후에 힘차게 펌프질을 했던 것처럼 기도 후에는 그에 맞는 힘찬 노력이 동반되어야 합니다.

 기도는 마음의 갈증을 해결하는 마중물입니다. 마음의 갈증이 있는 언제라도 간절히 기도하면 하늘이 준비한 샘물을 만날 수 있습니다. 목마른 누구라도 기도하면 마르지 않는 샘물과 살아갈 수 있습니다.

God is Love

Miracle
262

훌륭한 리더는 네 덕 내 탓이라고 말한다.
A good leader says that thanks to you and it's my fault.

이루고 싶은 오늘의 **비전** *(Vision)*

오늘을 살면서 누군가 또는 세상에 베푼 **사랑** *(Love)*

오늘을 돌아보며 부족했던 점에 대한 **반성** *(Reflection)*

오늘 나에게 행복이 되어 준 **감사** *(Thanks)*

년   월   일

God is Love

훌륭한 리더는 '네 덕 내 탓'이라고 말합니다. 반면 부족한 리더는 '남 탓 자기 덕'으로 말하는 습관이 있습니다. 옛날부터 내려오는 말에 '잘되면 자기 덕, 못되면 조상 탓'이란 표현이 있습니다. 잘된 일에 대해서는 스스로 자기 공(功)으로 치켜세우면서 잘못된 일에 대해서는 남의 탓으로 돌리는 것이 부족한 리더의 특성입니다.

사람들은 대부분 잘된 일에는 자기의 역할이 중요했다고 말하고 싶어 합니다. 반면에 잘못된 일의 책임에서는 빠져나가려는 심리가 작동됩니다. 그런 마음이 보통 사람들의 마음입니다. 하지만 최소한 리더만큼은 예외가 되어야 합니다. 또 앞으로 리더가 되고 싶어하는 사람은 예외가 되어야 합니다.

잘못된 일에 남 탓만 하는 리더를 그 누가 따를 겻이며, 잘된 일에 자기 공만 세우는 리더에게서 어떤 동기부여를 받을 수 있을까요? 리더로부터 동기부여가 잘 된 직원들은 더 열심히, 훨씬 신명나게 일합니다. 수동적이지 않고 자발적으로 일하며, 주인의식이 강하여 스스로 회사를 아끼고 사랑합니다. 자신의 숨겨진 잠재능력까지도 끌어 내려 애쓰며, 업무의 효율화나 신제품 개발을 위한 아이디어를 내려도 열심히 연구합니다. 이러한 엄청난 플러스 결과를 가져오는 동기부여기술이 바로 '네 덕 내 탓'입니다. 실수했을 때도 실수를 부각하기보다 오히려 격려와 힘을 주면 직원들은 힘이 납니다.

'네 덕 내 탓'을 실천하려면 마음 단단히 먹어야 합니다. 웬만한 용기 가지고는 실천하기 어렵습니다. 아직 익숙하지 않아서 상당히 어색할 것입니다. 하지만 그 용기를 가진다면 네 덕 내 탓의 정신은 자신과 남 그리고 기업과 사회의 성장을 이끄는 동력이 될 겁니다. '네 덕 내 탓'이 습관화되지 않은 현재의 리더라면, 그리고 미래의 리더가 되고자 하는 사람이라면 지금부터라도 잘 준비해야 합니다.

God is Love

Miracle
263

음식이 짠지 싱거운지는 먹어봐야 안다.
You have to eat food to know if its salty or bland.

이루고 싶은 오늘의 **비전** *(Vision)*

오늘을 살면서 누군가 또는 세상에 베푼 **사랑** *(Love)*

오늘을 돌아보며 부족했던 점에 대한 **반성** *(Reflection)*

오늘 나에게 행복이 되어 준 **감사** *(Thanks)*

년   월   일

God is Love

음식이 짠지 싱거운지는 먹어봐야 압니다. 음식의 갓을 보기 전에 이렇다 저렇다 말하기는 어렵습니다. 짜거나 싱거운 맛은 입속에서 느끼는 감각적인 판단이기 때문에, 혀로 경험하지 않고서는 그 맛을 온전히 구별하기가 어렵습니다. 특히나 맛은 개개인의 취향과 건강 상태 등의 상황에 따라 다르게 인식될 수 있기 때문에 정확한 맛을 알기 위해서는 직접 맛을 보고 판단해야 합니다.

물론 전문가라면 상황은 다를 수 있습니다. 하지만 요리 분야에서 전문가의 경지에 오른 사람이라도 시각으로나 후각 또는 경험상의 감각으로 맛을 예측할 수는 있겠지만 정확하게 알 수는 없습니다.

문학 작품을 읽어보기도 전에 본문 내용을 이해하거나 공감하기는 어렵습니다. 영화의 줄거리만 보고 영화를 온전히 느끼고 즐길 수 있다는 것도 불가능에 가깝습니다. 기업의 입장에서 자기소개서와 이력서만으로 인재를 가려내기가 어렵고, 지원자 입장에서는 광고와 기사만으로 기업의 비전을 예측하기도 어렵습니다.

경험은 이론의 부족과 한계를 채워줍니다. 경험은 사람과 세상을 깊이 이해하도록 돕고 사람의 성장을 이끄는 역할을 합니다. 경험은 이론의 번지르르한 의상만 입은 사람을 현장에서 살아있는 지식과 정보, 실감나는 앞과 뒷면, 아찔한 실패와 짜릿한 성공 등 다양한 상황들을 체험하게 함으로써 성숙한 패션모델로 재탄생시킵니다.

다만, 모든 경험이 이론의 한계를 보완하는 경험지식으로 전환되지 않는다는 점도 기억해야만 합니다. 현장의 경험들이 올바른 해석과 분석 없이 표면적으로만 받아들여질 경우, 그른 판단이나 결정으로 흘러갈 수 있습니다. 경험들이 정확하고 유효한 지식으로 전환되기 위해서는 반드시 비판적 사고와 냉철한 분석이 뒤따라야 합니다.

God is Love

Miracle
264

새로운 사람은 새로운 기회의 문을 열어준다.
A new person opens the door to new opportunities.

이루고 싶은 오늘의 **비전** *(Vision)*

오늘을 살면서 누군가 또는 세상에 베푼 **사랑** *(Love)*

오늘을 돌아보며 부족했던 점에 대한 **반성** *(Reflection)*

오늘 나에게 행복이 되어 준 **감사** *(Thanks)*

년   월   일

God is Love

새로운 사람은 새로운 기회의 문을 열어줍니다. 사람들은 대부분 낯선 사람과 만남을 주저하고 익숙한 사람과의 만남을 선호합니다. 어색함으로 인한 불편함과 새롭게 알아가야 하는 거추장스러움의 이유 때문인지 새로운 만남을 피하려는 경향이 있습니다. 편안함은 있을지 몰라도 새로운 만남에서 얻을 수 있는 기회는 사라집니다.

새로운 만남은 새로운 인간관계를 통해 많은 기회를 만들어냅니다. 자신의 지속적인 성장을 위해서는 기존의 소중한 인연을 유지하는 것이 무엇보다 중요합니다. 인연의 유지가 중요한 만큼이나 인연을 새롭게 맺는 인적네트워크전략도 중요하고 필수적인 활등입니다.

새로운 만남은 부족한 경험과 지식의 깊이를 더해줍니다. 새로운 만남은 타인에게 배우고 영감을 받는 학습의 효과를 얻게 해줍니다. 새로운 만남으로 전에는 몰랐던 다양한 관점과 색다른 접근방식을 배우기도 합니다. 이러한 혜택들은 창의적인 아이디어와 혁신적인 해결책을 발견하는 데 큰 도움을 줍니다. 유용한 배움들은 자신이 추진하고 있는 일에 새로운 방식을 접목할 수 있게도 하고, 전에는 생각하지 못했던 새로운 영역에 도전할 기회도 만들어 줍니다.

새로운 사람과 함께하는 활동이나 프로그램을 통해 상대의 강점을 발견하고, 자신의 역량을 발휘할 기회가 만들어집니다. 새로운 인적관계는 자연스럽게 사업적 연대의 기회로 이어지기도 합니다.

또 강조하면 '새로운 기회를 얻기 위해, 새로운 사람을 지속적으로 만나야 한다.'라는 사실입니다. 이미 아는 사람과의 관계만으로는 한정된 정보와 시각으로 드넓은 세상의 수많은 기회들을 만나기가 어렵습니다. 새로운 기회를 얻기 위해 보다 적극적인 자세로 새로운 사람을 만나고 교류하는 것을 게을리하지 말아야 합니다.

God is Love

Miracle
265

나쁜 말은 화를 부르고, 좋은 말은 복을 부른다.
Bad words bring anger, good words bring blessings.

이루고 싶은 오늘의 **비전** *(Vision)*

오늘을 살면서 누군가 또는 세상에 베푼 **사랑** *(Love)*

오늘을 돌아보며 부족했던 점에 대한 **반성** *(Reflection)*

오늘 나에게 행복이 되어 준 **감사** *(Thanks)*

년   월   일

God is Love

나쁜 말은 화를 부르고, 좋은 말은 복을 부릅니다. 말은 타인에게 자기의 생각과 감정을 전달하는 매우 강력한 의사 표현 도구입니다. 말에는 사람의 마음을 움직이는 힘과 영향력이 있기 때문에 말이 어떤 식으로 표현되느냐에 따라서 상대방의 반응은 현격히 달라질 수 있습니다. 나아가 자신이 내뱉은 말은 본인 스스로에게도 영향을 미쳐 화를 자초할 수도 있고, 복을 부를 수도 있습니다.

나쁜 말은 욕설과 비속어, 비하와 모욕적인 언어, 위협과 공격적인 언어 등으로 상대방을 불쾌하게 하거나 겁을 주며, 마음의 상처를 주는 말들을 의미합니다. 교묘한 거짓말, 헐뜯는 말, 불평의 말도 지양해야 할 나쁜 말들입니다. 이러한 나쁜 말들은 사람들의 갈등과 분열을 조장하고, 서로 간의 신뢰와 존중도 무너뜨립니다.

또한, 중요한 사실은 타인의 감정을 해치는 나쁜 말이 자신에게도 심각한 피해를 준다는 것입니다. 나쁜 말은 타인에게 전달되기 전에 나의 마음을 먼저 파괴합니다. 나쁜 말은 나의 정신을 오염시키고, 신체의 에너지를 고갈시킵니다. 나쁜 말은 타인에게 나의 이미지를 부정적으로 인식하도록 스스로 원인을 제공하는 꼴입니다. 못생긴 말은 스스로 자기의 화를 부르는 어리석은 언어입니다.

반면, 좋은 말은 상대를 격려하고 응원하는 매력적인 언어입니다. 좋은 말은 예와 배려로 상대를 존중해 상대에게 호감을 끌어냅니다. 상대가 느낀 호감은 호감에 그치지 않고 좋은 영향력으로 증폭되어 복으로 돌아옵니다. 좋은 말은 상대방에게 호감을 주기 전에 먼저 자신의 정신에 건강한 영향을 끼칩니다. 좋은 말은 남을 동기부여 하기 전에 먼저 자신의 신체에 긍정의 에너지를 공급합니다. 좋은 말은 보람과 만족을 통해 스스로 자존감을 높이는 역할도 합니다. 좋은 말은 자기의 복을 스스로 부르는 지혜로운 언어입니다.

God is Love

Miracle
266

권력은 유용하지만 남용하면 폭력이 된다.
Power is useful, but abuse becomes violence

이루고 싶은 오늘의 **비전** *(Vision)*

오늘을 살면서 누군가 또는 세상에 베푼 **사랑** *(Love)*

오늘을 돌아보며 부족했던 점에 대한 **반성** *(Reflection)*

오늘 나에게 행복이 되어 준 **감사** *(Thanks)*

년   월   일

God is Love

권력은 유용하지만 남용하면 폭력이 됩니다. 권력은 남이나 집단을 자신의 뜻대로 움직이게 하거나 지배할 수 있는 힘입니다. 권력을 좋은 방향으로 사용하면 사람들에게 기쁨과 혜택을 줍니다. 권력을 합리적이고 윤리적인 방식으로 사용한다면 개인, 집단, 기업, 사회, 국가의 성장에 크게 기여하는 강력한 추진력이 됩니다.

하지만 양날의 칼 같은 권력을 잘못된 생각과 방향으로 사용하고 남용하면 많은 사람에게 핍박과 위협, 시련과 고난을 주는 폭력으로 전락합니다. 타락한 권력은 집단과 사회의 갈등을 부추기고, 편을 가르게 하며 험악한 분쟁과 폭동을 일으키게도 합니다.

권력은 자신의 권위를 세우기 위해서 그리고 자기편의 이익만을 위해서 사용되면 안 됩니다. 권력은 다수의 이익과 다수의 행복을 추구하기 위해 사용되어야 합니다. 통제하지 못하는 욕심과 분노로 인해 누군가의 처벌과 응징의 수단으로 권력을 사용하면 안 됩니다. 권력은 자기 통제력과 냉철한 판단을 통해 화합과 협력으로 상생을 모색하고 공동의 비전을 위해 지혜롭게 사용되어야 합니다.

권력을 행사하려는 사람은 나보다 우리를 생각해야 합니다. 권위와 권한보다 책임과 윤리를 더 먼저 생각해야 합니다. 공정과 상호존중 원칙에 기반하여 일방의 승리보다 쌍방의 승리를 추구해야 합니다. 권력의 오용과 남용으로 인해 억울한 사람을 만들어내서는 안 되며, 부당한 통제, 강요, 차별, 학대 등의 폭력을 유발하면 안 됩니다.

권력은 스스로 만들어지지 않습니다. 권력의 소유자는 본인이지만 권력의 부여자는 타인입니다. 권력의 사용이 자신보다 남을 위해야 함을 뜻합니다. 남을 위해 사용되는 권력은 지지 않는 꽃이 됩니다. 그런 권력의 명성은 시간이 지나도 사라지지 않고 오래 빛납니다.

God is Love

Miracle
267

관심을 주면 고물도 보물이 된다.
If you give attention, even junk becomes a treasure

이루고 싶은 오늘의 **비전** *(Vision)*

오늘을 살면서 누군가 또는 세상에 베푼 **사랑** *(Love)*

오늘을 돌아보며 부족했던 점에 대한 **반성** *(Reflection)*

오늘 나에게 행복이 되어 준 **감사** *(Thanks)*

년   월   일

God is Love

고물은 보통 낡고 소모되어 가치가 없다고 여겨지는 물건입니다. 고물은 수명을 다해서 외면당하거나 버려지는 물건입니다. 아직도 경제적인 가치가 남아 있으며, 생활에서 쓸만한 활용가치가 여전히 남아 있다고 하더라도 소유자의 마음에서 멀어지면 고물이 됩니다. 소유자의 사랑과 관심을 잃은 물건은 처량한 신세의 고물이 됩니다.

하지만 고물이라 해도 다른 누군가에게는 의미 있는 존재가 될 수 있습니다. 하찮은 고물이 어느 누군가에게는 가치와 행복을 연결해주는 소중한 도구가 될 수 있습니다. 새로운 소유자에게 큰 관심과 애정을 듬뿍 받는 고물은 귀한 보물로 재탄생됩니다.

보물은 소중한 물건이나 사람을 의미합니다. 문화유산이나 역사적 유물뿐만 아니라 개인이 소장한 골동품과 보석, 예술품과 희귀품이 보물입니다. 보물은 큰 관심과 사랑으로 귀한 대접을 받습니다.

하지만 어떤 사람은 소중한 보물을 고물처럼 취급하기도 합니다. 물건을 처음 샀거나 선물로 받았을 때는 보물처럼 여기다가, 불과 얼마 지나지 않아서 싫증을 냅니다. 보물 같은 존재들을 창고에서 먼지를 뒤집어쓴 채 고물처럼 존재하도록 방치합니다.

심지어, 지금 자신 곁에 있는 보물 같은 사람을 몰라보고 고물로 대하는 어리석은 사람이 있습니다. 자신이 걸어온 인생 발자취들의 소중함을 몰라보고 고물로 취급하는 안타까운 사람들도 있습니다. 자신이 살아가는 오늘이 얼마나 큰 보물인지 몰라보고 고물로 보며 오늘을 대충 때우듯 살아가는 불쌍한 사람도 있습니다. 보물은 따로 없습니다. 귀한 것을 귀하게 볼 줄 아는 눈과 천한 것에서도 귀함을 찾을 수 있는 마음의 소유자라면 그 사람이 보물입니다. 그 사람이 살아가는 인생이 보물 인생입니다.

God is Love

Miracle
268

우연한 만남에도 필연적 인연이 있다.
Accidental encounters also have an inevitable ties.

이루고 싶은 오늘의 **비전** *(Vision)*

오늘을 살면서 누군가 또는 세상에 베푼 **사랑** *(Love)*

오늘을 돌아보며 부족했던 점에 대한 **반성** *(Reflection)*

오늘 나에게 행복이 되어 준 **감사** *(Thanks)*

년   월   일

God is Love

우연한 만남에도 필연적 인연이 있습니다. 우연한 만남에서 귀인을 만나는 사람도 있습니다. 누군가는 우연한 만남을 스쳐 가는 단발적 만남으로 끝내기도 하지만 또 다른 누군가는 우연한 만남을 소중한 인연으로 발전시키기까지 합니다. 처음에는 잘 모를 수도 있겠지만 우연한 만남 속에 삶을 반짝거리게 할 인연의 보석이 숨어 있을 수 있습니다. 누군가에게 우연한 만남은 인맥의 금광이 되기도 합니다.

우연한 만남에는 순수함이 있습니다. 우연한 만남은 주로 예기치 않았던 상황에서 시작되기 때문에 의도하거나 계획되는 것이 거의 없습니다. 사람에 대한 선입견도 거의 작용하지 않습니다. 그야말로 순백의 순수함으로 만남이 시작됩니다. 이런 이유로 인해 만남은 더 솔직하고 자연스러운 대화와 소통이 가능해집니다. 자연적으로 서로 더 잘 알아가는 기회가 주어집니다.

우리는 삶 가운데 우연한 만남을 끊임없이 경험하며 살아갑니다. 어떤 장소에서 우연히 같은 관심사로 만날 수도 있고, 어느 여행의 길에서 우연히 같은 목적지를 향해서 걸어갈 수도 있습니다. 그런 상황에서 우연한 만남은 새로운 만남을 만들고, 그 만남은 유의미한 인간관계의 씨앗을 싹틔우기도 하며, 나아가 열매를 맺게도 합니다.

어떤 만남이든 만남의 가치를 만들어내기 위해 스스로 노력해야 합니다. 만남의 의미를 발견하기 위해서 노력해야 합니다. 우연한 만남일지라도 단순한 소비의 시간이 아닌 투자의 결과로 바꿀 수 있으면 좋습니다. 만남의 의미와 가치는 발견하는 자의 몫입니다.

우연한 만남이라도 허투루 흘려보내면 손해입니다. 우연한 만남도 인생 여정에서 만날 필연적 존재들입니다. 우연한 만남에서 소중한 인연을 많이 발굴한다면 인생은 더 풍요로워집니다.

God is Love

Miracle
269

독서는 내면의 성장을 위한 필수 비타민이다.
Reading is an essential vitamin for inner growth.

이루고 싶은 오늘의 **비전** *(Vision)*

오늘을 살면서 누군가 또는 세상에 베푼 **사랑** *(Love)*

오늘을 돌아보며 부족했던 점에 대한 **반성** *(Reflection)*

오늘 나에게 행복이 되어 준 **감사** *(Thanks)*

년   월   일

God is Love

독서는 내면의 성장을 위한 필수 비타민입니다. 독서는 마음속의 건강을 지켜주고 내면의 힘을 기르게 하는 영양제 역할을 톡톡히 합니다. 독서라는 영양소를 전혀 섭취하지 못했거나 결핍의 상태로 내버려 두는 사람은 내면의 역량을 성장시키기 어렵습니다.

독서를 통해서 실제의 삶에서는 경험할 수 없는 유익하고 다양한 세계를 경험할 수 있습니다. 독서를 통해서 현실의 삶에서는 직접 만날 수 없는 사람도 얼마든지 만날 수 있습니다. 독서를 통해 가볼 수 없는 과거와 미래의 세상을 만날 수 있고, 세계 곳곳의 나라와 지역도 여행할 수 있습니다. 독서는 세상을 보는 시야를 넓혀주고 무궁무진한 배움의 기회를 열어줍니다. 독서를 통해서 얻은 풍부한 간접경험들은 사람의 내면을 성장시키는 필수 영양소입니다.

독서로 습득한 지식과 아이디어는 사고력과 창의력을 발전시키고 문제해결능력을 향상시킬 수 있습니다. 독서를 통해 장착한 새로운 아이디어와 관점들은 인생의 방향설정과 목표 달성에도 기여할 수 있습니다. 독서로 인해 자신을 깊숙하게 들여다보고 성찰의 시간을 가짐으로써 부족하고 나약한 내면의 근육도 강화시킵니다.

독서는 안정과 휴식을 제공하기도 합니다. 책 속에 몰입함으로써 일상생활에서 벗어나 여유와 쉼의 시간을 가질 수 있습니다. 예술적 문장이나 아름다운 이야기는 우리에게 위로와 영감을 주기도 하며 스트레스 해소와 긍정적인 감정 조절에도 도움이 됩니다.

독서는 정해진 방법이 없습니다. 남을 따라 할 필요도 없습니다. 처음부터 읽을 수도 있고 마음에 드는 곳부터 읽을 수도 있습니다. 중요한 것은 책을 가까이하는 것입니다. 언제 어디서든 책을 손에서 놓지 않으면 우리의 내면은 날마다 성장하고 강해집니다.

God is Love

Miracle
270

사색이 없는 여행은 이동일 뿐이다.
A journey without contemplation is only a movements.

이루고 싶은 오늘의 **비전** *(Vision)*

오늘을 살면서 누군가 또는 세상에 베푼 **사랑** *(Love)*

오늘을 돌아보며 부족했던 점에 대한 **반성** *(Reflection)*

오늘 나에게 행복이 되어 준 **감사** *(Thanks)*

년   월   일

God is Love

사색이 없는 여행은 이동일 뿐입니다. 아무런 사색 없이 여행하는 것은 이곳에서 저곳으로 돈을 낭비하며 이동하는 노동이 될 수도 있습니다. 인간의 특별한 권리이면서 선물인 사색을 빠뜨린 여행은 목적지를 운행하는 비행기, 배, 자동차의 이동과 다를 게 없습니다.

사색은 여행하는 장소의 특별한 가치들을 발견하게 하고, 자신과 자신을 둘러싼 상황의 가치들도 발견하게 합니다. 사색은 여행하는 시간 시간에 의미를 부여함으로써 소중한 추억을 남겨주고, 뜻깊은 여행 인생을 기억의 역사책에 기록하게 합니다. 사색은 여행지에서 만난 사람들의 다양한 인생을 깊이 있게 들여다보고 차분히 느끼게 해줌으로써 여행의 보람과 품질을 높여줍니다. 사색은 '보고, 듣고, 경험하면서 단순히 웃고 즐기는 여행'의 수준을 훌쩍 뛰어넘게 하여 여행의 참맛을 알게 하고, 인생 성장의 기회도 얻게 합니다.

여행은 새로운 세상을 만나면서 나를 만나는 시간이어야 합니다. 여행은 멋진 공간을 경험하면서 나를 돌아보는 시간이어야 합니다. 여행은 설렘의 시간을 누리면서 나 자신을 칭찬하기도 하고 반성도 하는 시간이어야 합니다. 여행 중에 하는 사색은 나를 키워줍니다. 여행하는 동안 이어가는 사색은 나를 만나고 돌아보게 하여 나를 성장하도록 도와줍니다.

여행이 단순한 이동에 그쳐서는 안 됩니다. 여행이 순간의 기쁨에 그쳐서는 안 됩니다. 여행이 쓰고 없어지는 소비의 행위에 그쳐서는 안 됩니다. 사색이 동반된 여행은 성장하는 여정이 됩니다. 사색과 함께 하는 여행의 기쁨은 기나긴 행복을 촉진하는 밑거름이 됩니다. 사색과 동행하는 여행은 효율적인 생산성을 견인해 냅니다. 여행의 공간과 시간 속에서 사색의 과정을 잊지 않는다면 여행은 기분을 좋게 하는 종합선물세트이자, 성장을 돕는 종합성장세트가 됩니다.

God is Love

Miracle
271

가까이 사는 자녀가 효도한다.
The offspring who live near are filial piety.

이루고 싶은 오늘의 **비전** *(Vision)*

오늘을 살면서 누군가 또는 세상에 베푼 **사랑** *(Love)*

오늘을 돌아보며 부족했던 점에 대한 **반성** *(Reflection)*

오늘 나에게 행복이 되어 준 **감사** *(Thanks)*

년   월   일

God is Love

가까이 사는 자녀가 효도합니다. 부모님 곁에 가까이 사는 자녀는 아무래도 부모님을 자주 찾아뵙게 됩니다. 매일 아침 문안 인사는 못하더라도, 매일 저녁 잠자리를 봐 드리지 못하더라도 가까이 살면 부모님을 더 챙기게 되고 더 신경을 쓰게 됩니다. 눈에서 멀어지면 마음에서도 멀어지지만, 반대로 부모님께서 눈에 가까우니 마음도 더 쓰게 되고, 더 가까워지기 마련입니다.

부모님은 자녀를 자주 볼 수 있는 것만으로도 행복을 느끼시지만, 가까이 사는 자녀는 시시때때로 부모님을 도와드리면서 부모님의 필요를 채워드립니다. 멀리 떨어져 사는 자녀는 부모님께서 곤란한 일이 있을 때나 도움이 필요할 때 발만 동동 구릅니다. 할 수 있는 일이라고는 전화 통화를 하거나, 용돈을 드리는 것밖에 없습니다.

부모님은 전화 통화로 자녀의 목소리를 듣는 것만으로도 기쁨을 얻습니다. 하지만 실제로 얼굴을 보면서 대화하는 것만큼의 기쁨을 주지는 못합니다. 부모님은 대개 자녀들이 주는 용돈을 좋아합니다. 하지만 용돈보다 자주 찾아오는 자녀를 통해 더 큰 힘을 얻습니다.

가까이 사는 자녀는 부모님에게 상처받는 일도 종종 겪게 됩니다. 자주 뵙다 보니 반가움이 크지 않습니다. 도움을 받는 데 익숙해져 고마움은 잘 못 느끼시고, 당연하게 여기시기도 합니다. 미안함에 무디시고, 서운함은 자주 느끼십니다. 그럼에도 가까이 사는 자녀는 서운함보다 감사를 훨씬 더 크게 느낍니다. 부모님이 살아 계신다는 이유만으로도 행복을 느끼며 큰 힘을 얻기 때문입니다.

고향을 떠나 타지에 살면 부모님을 뵙기가 쉽지 않습니다. 고국을 떠나 타국으로 이민을 떠나면 부모님께 효도하기가 쉽지 않습니다. 부모님 곁에 가까이 살면서 자주 찾아 뵙는 것은 큰 효도입니다.

God is Love

Miracle 272

아기는 하늘이 인간에게 주는 최고의 선물이다.
A baby is the best gift from heaven to man.

이루고 싶은 오늘의 **비전** *(Vision)*

오늘을 살면서 누군가 또는 세상에 베푼 **사랑** *(Love)*

오늘을 돌아보며 부족했던 점에 대한 **반성** *(Reflection)*

오늘 나에게 행복이 되어 준 **감사** *(Thanks)*

년   월   일

God is Love

아기는 하늘이 인간에게 주는 최고의 선물입니다. 아기는 하늘이 인간 세상에 가장 큰 가치로 공급하는 생명의 선물입니다. 아기는 인간이 살아가면서 끊임없이 행복을 누리며 살라고 하늘이 고르고 또 고른 행복의 선물입니다.

아기는 갖고 싶다고 해서 가질 수 있는 존재가 아닙니다. 아기는 하늘이 허락해야만 받을 수 있는 축복의 소유입니다. 아기는 착하고 아름답게 살아간다고 해서 맛볼 수 있는 기쁨의 대상이 아닙니다. 아기는 하늘이 인정해야 누릴 수 있는 기쁨의 혜택입니다.

아기의 앙증맞은 손가락과 발가락은 부모를 닮음으로 큰 웃음을 줍니다. 수정같이 맑은 아기의 눈은 사랑을 느끼기에 충분하며, 때 묻고 오염된 사람들의 마음까지도 맑게 합니다. 아기의 오똑한 코는 어떤 멋진 빌딩보다 자랑스러워서 부모의 어깨를 으쓱하게 합니다. 아기의 살갗은 뭉게구름보다 더 보드랍고, 아기의 살냄새는 세상의 어떤 향수보다 달콤한 향기를 전합니다.

아기는 결혼의 설렘을 기쁨으로 수확하는 첫 열매입니다. 아기는 무미건조한 결혼 생활의 권태감에 활력을 불어넣는 에너지입니다. 아기는 사회생활에 지쳐갈 때 참고 견디며 이겨내게 해주는 듬직한 지지자입니다. 아기는 늙고 병들어 초라해질 때 따뜻한 말벗이 되어 주는 노년의 친구입니다.

아기가 태어나는 날은 집안도 온 동네도 감격으로 떠들썩합니다. 아기가 자라는 동안에는 온갖 재롱과 이쁜 짓으로 기쁨과 재미를 줍니다. 아기는 성장하여 사회의 든든한 일꾼이 되며, 자손을 잇고 세상에 기여합니다. 하늘이 선물한 아기는 세상이 줄 수 없는 벅찬 기쁨과 감동을 세상과 사람들에게 선물하며 살아갑니다.

God is Love

Miracle

273

과거에 집착하면 남은 인생이 허무하게 사라진다.
If you stick to the past, the rest of your life disappears in vain.

이루고 싶은 오늘의 **비전** *(Vision)*

오늘을 살면서 누군가 또는 세상에 베푼 **사랑** *(Love)*

오늘을 돌아보며 부족했던 점에 대한 **반성** *(Reflection)*

오늘 나에게 행복이 되어 준 **감사** *(Thanks)*

년   월   일

God is Love

과거에 집착하면 남은 인생이 허무하게 사라집니다. 지나가 버린 인생에 미련을 두면 남아 있는 인생도 헛되게 지워집니다.

'인생(人生)은 무엇인가' 생각해보니 사람(人)의 삶(生)이었습니다. 사람의 삶은 무엇인가 들여다보았더니 생로병사(生老病死)였습니다. 생로병사를 하나하나 뜯어보니 태어나서 늙고 병들어 죽는 시간의 흐름 즉, 세월이었습니다. 시간이 흐르면 세월도 흘러갔고, 세월이 흐르면 인생도 함께 흘러갔습니다.

누구도 시간의 흐름을 막을 수는 없습니다. 진시황제도 도망가는 세월을 어찌 할 수 없었습니다. 세월은 진시황제의 기세도, 불로초도 모두 비웃으며 유유히 도망쳤습니다. 세월은 무정한 도망자입니다. 지난 세월에 미련을 두고 집착할수록 세월은 더 빠르게 도망칩니다. 이슬비처럼 슬며시 왔다가 바람처럼 홀연히 사라지는 세월은 지금 이 순간에드 큰 걸음으로 도망칠 준비가 되어 있습니다.

흐르는 물에 몸을 맡기면 물도 나도 함께 흘러가는 것처럼, 흐르는 시간에 내 삶을 맡기고 현재의 시간을 충실히 가꾸며 살면 시간은 도망자가 아니라 동반자가 되어 줍니다. 삶이 온전히 현재의 시간에 스며들어야 합니다. 현재의 시간과 내가 하나 되어야 합니다. 젊은 시절엔 젊은 시간에 내 삶을 맡기고, 중년의 시절엔 청년의 시간을 부러워하지 말고 중년의 지금에 온전히 삶을 맡겨야 합니다.

과거가 아닌 현재의 세월에 삶을 맡기면 세월은 시절마다 연인이 되어 줍니다. 과거에 집착하지 않고 현재의 시간을 충실히 가꾸면 세월은 때마다 풍성한 성장과 행복한 삶을 선물합니다. 지나가 버린 세월을 미련의 눈으로 바라보지 말고, 지금의 내 자리에서 지금의 내 세월을 아끼고 사랑하는 눈으로 바라보며 살아가야 합니다.

God is Love

Miracle 274

차별은 자연의 섭리에 대항하는 오만이다.
Discrimination is a arrogance against the providence of nature.

이루고 싶은 오늘의 **비전** *(Vision)*

오늘을 살면서 누군가 또는 세상에 베푼 **사랑** *(Love)*

오늘을 돌아보며 부족했던 점에 대한 **반성** *(Reflection)*

오늘 나에게 행복이 되어 준 **감사** *(Thanks)*

년   월   일

God is Love

차별은 자연의 섭리에 대항하는 오만입니다. 계곡의 물을 볼까요? 둥근 돌은 품에 안고 모난 돌 뱉어내는 그런 일을 본 적이 있나요? 바다의 물을 볼까요? 고래만 보살피고 새우는 팽개치는 그런 일을 본 적 있나요? 사람은 어떤가요? 이걸로 차별하고 저걸로 멸시하는 그런 일이 많지 않은가요? 제아무리 높다 해도 모두가 하늘 아래의 낮은 존재이고, 아무리 낮다 해도 모두가 땅 위의 귀한 존재입니다.

 차별이 수두룩한 세상입니다. 그나마 다행인 것은 옛날보다는 차별이 줄었다는 겁니다. 그 옛날 조선시대에는 천민은 절대로 양반을 넘볼 수 없었습니다. 신라시대에는 골품제로 사람을 차별했고, 인도에는 카스트가 있었습니다. 하지만 차별이 사라진 건 아닙니다. 신분제도 같이 눈에 보이는 차별은 사라졌지만 출신, 학벌, 부... 등 보이지 않는 계급제도 같은 차별이 분명히 존재하고 있습니다.

 차별이 문제가 되는 것은 차이를 구별하는 정도에서 끝나지 않고 멸시가 뒤따르기 때문입니다. 돈 많은 사람은 돈 없는 사람을, 가방끈이 긴 사람은 배움이 부족한 사람을 멸시합니다. 공부를 잘하면 공부 못하는 사람을, 잘난 사람은 못난 사람을 멸시합니다. 힘이 센 사람은 힘이 없는 사람을, 높은 자는 낮은 자를 멸시합니다. 차별이 서러운 것은 차별을 넘은 멸시와 천대를 감당해야 하기 때문입니다.

 사람은 자연과 떨어져서는 한시도 살 수 없습니다. 사람, 바다, 산, 동물, 비, 바람, 눈, 해, 달, 별들이 함께 사는 겁니다. 사람끼리도 이런 사람 저런 사람이 더불어 살아야 합니다. 귀족이 귀하다지만 세상천지에 귀족만 있다면 귀족의 존재 가치는 없는 겁니다. 수백 년을 살아온 고목이 대단한 이유는 어리고 작은 나무들과 못나고 병든 나무들 그리고 잡초까지 친구 하며 함께 살아가기 때문입니다. 사람도 나무처럼, 물처럼, 자연처럼 차별의 마음을 없애야 합니다.

God is Love

Miracle
275

지금 이 시대는 노인들이 이룬 업적이다.
The present era is an achievement made by the old man.

이루고 싶은 오늘의 **비전** *(Vision)*

오늘을 살면서 누군가 또는 세상에 베푼 **사랑** *(Love)*

오늘을 돌아보며 부족했던 점에 대한 **반성** *(Reflection)*

오늘 나에게 행복이 되어 준 **감사** *(Thanks)*

년   월   일

God is Love

지금 이 시대는 노인들이 이룬 업적입니다. 험난한 인생의 역경을 이겨내며 노인들이 흘린 땀은 오늘날 젊은이들이 누리는 풍족한 삶의 기반을 닦아놓았습니다. 오랜 세월 동안 노인들의 수고와 헌신 덕분에 젊은이들은 발전된 사회와 융성한 국가에서 살고 있습니다.

많은 노인은 현시대까지도 가족의 중심추 역할을 하고 있습니다. 그분들은 가족 구성원으로서 자녀나 손자, 손녀 등 다음 세대와의 연결고리를 형성하고 유지하는 역할을 합니다. 노인들은 한 집안의 어른으로서 연륜과 포용력을 통해 가족의 상호 이해를 돕고 갈등을 방지하며 문제를 해결하는 중요한 역할을 담당하기도 합니다.

사회적으로도 노인들은 경험의 전수와 봉사 활동으로 사회 전반에 많은 영향을 끼치고 있습니다. 노인의 다양한 경험과 지식은 현재를 살아가는 젊은이들에게 여전히 큰 가르침과 조언이 됩니다. 그들의 경험과 지식은 여전히 사회와 국가에 힘이 되고 있습니다.

이 시대의 젊은이들은 이 시대를 일구어 놓은 노인들의 헌신적인 삶의 발자취와 공헌에 감사하며 살아야 합니다. 그들의 수고와 땀이 오늘날 젊은이들이 누리는 많고도 많은 혜택의 결정적인 요소임을 반드시 기억해야 합니다.

노인은 젊은이에게 공경과 배려를 받을 자격이 충분한 존재입니다. 노인을 공경하는 것은 예절이 아닙니다. 노인을 공경함은 젊은이가 지켜야 할 마땅한 도리입니다.

노인은 젊은이의 미래 모습입니다. 젊어서 죽음을 맞이하지 않으면 모든 젊은이는 노인이 되는 것을 피할 수 없습니다. 어떤 젊은이도 언젠가는 노인으로 살아갑니다. 노인은 우리의 미래 모습입니다.

God is Love

Miracle
276

땀 흘리는 사람에게 행운이 찾아온다.
Good luck comes to those who sweat.

이루고 싶은 오늘의 **비전** *(Vision)*

오늘을 살면서 누군가 또는 세상에 베푼 **사랑** *(Love)*

오늘을 돌아보며 부족했던 점에 대한 **반성** *(Reflection)*

오늘 나에게 행복이 되어 준 **감사** *(Thanks)*

년   월   일

God is Love

땀 흘리는 사람에게 행운이 찾아옵니다. 맡겨진 일에 열심히 하지 않는 사람에게는 행운이 찾아올 확률이 거의 없습니다. 땀이 행운을 100퍼센트 보장하지는 못하지만 땀이 행운과 가까운 사이라는 것을 많은 사람이 느끼며 살아갑니다. 땀이 옥토로 일구어진 꽃밭이라면 행운은 바람 타고 날아온 아름다운 꽃씨들입니다.

열심과 열정을 불태우는 사람들이 성장과 성공으로 가는 길목에서 행운을 만나기 쉽습니다. 노력하고 땀 흘리는 사람들에게 긍정적인 결과와 기회가 주어질 가능성이 높습니다. 땀은 어려운 숙제나 목표 달성을 이끄는 뿌리임과 동시에 행운을 부르는 줄기이기도 합니다.

요행을 바라면 현재에 충실하기 어렵습니다. 요행을 바라면 환각의 상태처럼 기분이 들뜨게 됩니다. 요행을 바라면 미래의 좋은 일을 막연하게 기다리면서 현재의 삶에 소홀해도 괜찮다고 유혹됩니다.

땀은 단순히 육체의 노력을 통해 흘리는 피부의 땀만을 의미하지 않습니다. 오히려 정신의 노력을 통해 흘리는 마음의 땀방울에 더 가까운 의미가 있습니다. 평소에 자신이 잘 해내지 못한 마음가짐과 정신의 목표를 성취하기 위해 더 많은 정신무장의 노력을 기울여야 합니다. 내면의 목표 달성을 위해 흘리는 마음의 땀방울은 육체의 노동과 노력으로 흘리는 땀방울만큼이나 가치가 높습니다.

땀 흘리는 사람들은 요행을 바라지 않습니다. 열정으로 노력하는 사람은 요행을 기다리지도 않습니다. 요행을 바라고 기다린다는 것 자체가 현재에 충실하지 않다는 증거입니다. 행운은 마음의 간절한 바람으로 찾아오기보다는 현재에 충실함으로써 찾아옵니다. 행운은 바라고 원해서 오는 것이 아니라, 현재를 충실히 일구어가고 있음을 인정받음으로써 하늘이 덤으로 내리는 복입니다.

God is Love

Miracle
277

신문물을 배우면 노인도 신세대다.
The elderly are also a new generation when they learn new things.

이루고 싶은 오늘의 **비전** *(Vision)*

오늘을 살면서 누군가 또는 세상에 베푼 **사랑** *(Love)*

오늘을 돌아보며 부족했던 점에 대한 **반성** *(Reflection)*

오늘 나에게 행복이 되어 준 **감사** *(Thanks)*

년   월   일

God is Love

신문물을 배우면 노인도 신세대입니다. 신문물의 배움을 게으르게 하지 않으면 노인도 신세대로 살아갈 수 있습니다. 신문물을 배움은 노인이 경험하지 못했던 새로운 지식과 정보들을 습득하고, 디지털 시대로의 변화와 동참을 가능하게 하는 좋은 방법입니다. 신문물을 배우는 과정에서 노인은 신세대들의 감각을 익히게 되고, 신세대의 트렌드를 몸과 마음에 흡수하는 효과를 얻을 수 있습니다.

새롭게 등장하는 신문물을 배우지 않는 노인은 육체뿐만 아니라 정신의 노화도 빨라집니다. 반면, 새 시대에 필요한 다양한 학습과 지적 활동을 게을리하지 않는 노인은 정신을 청춘으로 부활시키고 유지하며, 뇌 기능은 새 시대에 적응하도록 활성화됩니다.

노인의 배움은 성형수술과 같습니다. 성형수술이 신체적인 젊음을 지켜주고 새로운 아름다움을 만들어 주듯이, 노인의 배움은 내면의 젊음을 지켜주고 새로운 정신의 매력을 장착시켜 줍니다. 적지 않은 사람이 성형수술을 통해 대인관계에 자신감을 얻는 것처럼, 노인의 배움은 새 시대에 대한 두려움을 없애고 자신감을 충전하게 합니다.

많은 노인은 새로운 스마트 기기를 두려워하거나 멀리합니다. 반면 진취적인 노인은 스마트 기기를 적극적으로 배우고 익힙니다. 금방 새로움에 익숙해지면 또 새로운 스마트 기기와 업그레이드 버전이 등장합니다. 이때 배움을 등한시하거나 외면한다면 스마트 시대의 문맹으로 살아갈 수도 있습니다. 신문물을 향한 한 걸음을 소홀히 하면 더 이상 따라갈 수 없는 퇴보의 길을 걷게 됩니다.

미래를 잘 살아가기 위해서는 현재의 한 걸음이 중요합니다. 지금, 신문물을 배우고 익히는 노인의 한 걸음은 신세대와 함께 미래를 즐겁게 살아갈 수 있도록 돕는 적응력을 길러줍니다.

God is Love

Miracle
278

인생의 전성기는 바로 오늘이다.
The best days of life are now.

이루고 싶은 오늘의 **비전** *(Vision)*

오늘을 살면서 누군가 또는 세상에 베푼 **사랑** *(Love)*

오늘을 돌아보며 부족했던 점에 대한 **반성** *(Reflection)*

오늘 나에게 행복이 되어 준 **감사** *(Thanks)*

년   월   일

God is Love

아무리 화려한 꽃도 만개한 전성기를 지나면 초라해집니다. 아무리 기대되는 꽃봉오리도 꽃으로 피어나는 미래의 전성기를 장담할 수 없습니다.

인생의 전성기는 바로 오늘입니다. 아무리 화려했던 지난 시절이 있더라도 오늘의 평범한 날보다 귀하지 않습니다. 아무리 기대되는 미래가 있다고 하더라도 확실히 존재하는 오늘의 가치와 비교할 수 없습니다. 지나버린 전성기는 그리워도 다시 불러낼 수 없습니다. 기대되는 미래의 전성기는 실재를 맛볼 수 있을지 없을지 확신할 수 없습니다.

인생의 전성기는 지금이어야 합니다. 살아있는 지금이 남아 있는 인생에서 최고로 젊은 날이기에 살아있는 오늘을 가장 젊고 가장 왕성하게 살아야 합니다. 인생의 전성기는 오늘이어야 합니다. 숨을 쉬며 살아가고 있는 오늘이 최고로 값비싼 날이기에 오늘의 호흡 하나하나에 금쪽같은 가치를 매기고, 오늘의 한걸음 한걸음에 귀한 흔적들을 남겨야 합니다.

오늘의 전성기는 오늘을 향한 기대로 시작됩니다. 오늘의 전성기는 오늘 하루를 향한 열정으로 만들어 냅니다. 오늘의 전성기는 오늘의 순간순간들에 대한 감사로 완성됩니다.

오늘을 인생의 전성기로 기대하는 사람은 번뜩이는 생각과 설레는 가슴으로 오늘을 기다립니다. 오늘의 시간 시간을 인생의 전성기로 만들어 가는 사람은 반짝이는 눈으로 오늘을 환영하고 맞이합니다. 오늘의 순간순간을 인생의 전성기로 만들어 낸 사람은 오늘을 만든 부지런한 손과 발에 감사를 전합니다. 오늘의 전성기는 오늘을 향한 기대와 열심 그리고 감사로 누릴 수 있습니다.

God is Love

Miracle
279

실력과 인성을 겸비하면 국보급 인재가 된다.
If you combine skills and personality, you become a competent person like a national treasure.

이루고 싶은 오늘의 **비전** *(Vision)*

오늘을 살면서 누군가 또는 세상에 베푼 **사랑** *(Love)*

오늘을 돌아보며 부족했던 점에 대한 **반성** *(Reflection)*

오늘 나에게 행복이 되어 준 **감사** *(Thanks)*

년   월   일

God is Love

실력과 인성을 겸비하면 국보급 인재가 됩니다. 실력과 인간성을 겸비한 인재는 국가와 세상을 빛나게 하는 샛별이 됩니다.

실력을 해와 달과 별이라고 한다면, 인성은 이들을 빛나게 해주는 하늘과 같습니다. 하늘을 무대 삼아 해와 달과 별이 존재를 뽐내듯 인성을 무대 삼아 실력은 가치를 뽐냅니다. 인성을 '베를 짜기 위해 세워진 날실'이라고 한다면 실력은 '날실을 가로지르며 베를 만드는 씨실'과 같습니다. 날실과 씨실이 서로 균형과 조화를 이뤄야 멋진 작품이 나오듯이 인성과 실력도 한 몸이 되어야 인재라는 훌륭한 작품이 탄생합니다.

실력은 좋은 씨앗이 되고 인성은 기름진 밭이 됩니다. 아무리 좋은 씨앗이라도 척박하고 황폐한 땅에서는 제대로 자라기 어렵습니다. 실력은 설렘의 꽃이 되고 인성은 든든한 뿌리가 됩니다. 제아무리 예쁘고 향기가 가득한 꽃이라도 뿌리가 부실하면 탐스럽고 풍성한 열매로 성장할 수 없습니다.

인성이 실력을 뒷받침하지 못하면 진정한 인자라 할 수 없습니다. 실력은 좋은데 인성이 갖추어지지 않으면 많은 문제를 일으킵니다. 겸손하지 못하고 교만하여 함께 하는 구성원들을 존중하기보다는 무시하는 일이 많습니다. 이기적인 습관으로 구성원들과 어울리지 못하며 팀워크를 방해합니다. 리더의 자리에 오르더라도 솔선수범의 모습을 보여주지 못하고 조직을 이끄는 힘과 영향력이 부족합니다. 공공의 이익보다는 사적인 이득을 추구하기에 기업과 사회, 국가와 세상에 심각한 피해를 주기도 합니다.

인성의 바탕 위에 실력을 갖춘다면 기업, 사회, 국가가 인정하는 인재가 됩니다. 인성과 실력을 겸비한 인재는 세상의 보배입니다.

God is Love

Miracle
280

작은 바람이 큰 바람을 만든다.
A small wind makes a big wind.

이루고 싶은 오늘의 **비전** *(Vision)*

오늘을 살면서 누군가 또는 세상에 베푼 **사랑** *(Love)*

오늘을 돌아보며 부족했던 점에 대한 **반성** *(Reflection)*

오늘 나에게 행복이 되어 준 **감사** *(Thanks)*

년   월   일

God is Love

나비의 펄럭임이 태풍을 만들고 나비의 날갯짓이 우주를 흔듭니다. 뒤꼍의 작은 꽃씨가 화단을 물들이고 마당의 완두 한 알이 텃밭을 일굽니다. 어느 한 사람의 작은 몸짓이 만인을 잠 깨우고 어느 한 사람의 몸부림이 세상을 깨웁니다.

나비의 날갯짓으로는 태풍을 만들기는커녕 나뭇잎 하나도 흔들기 어렵습니다. 하지만 나비의 힘찬 날갯짓은 변화를 일으키는 씨앗이 되어 변화를 확산하는 도화선이 되고, 도미노가 됩니다. 그러다가 결국은 엄청난 에너지를 만드는 태풍의 진원지가 되는 것입니다.

오늘날 많은 기업과 사람들이 혁신을 부르짖습니다. 하지만 혁신은 어려운 일입니다. 한순간에 변화되는 혁신은 쉽지 않을 뿐 아니라, 한순간에 이룬 혁신은 대부분 득(得)보다는 실(失)이 많습니다. 짧은 시간, 한꺼번에 이뤄낸 혁신보다는 조금씩의 변화들이 모여서 일궈낸 혁신이 좋습니다. 혁신은 작은 변화의 조각들이 쌓이고 쌓여 만들어진 정성스러운 작품이어야 합니다.

변화를 이끌고 싶다면 내가 먼저 변화를 시작하면 됩니다. 꽃밭이 온통 풀밭이 되었다면 나부터 꽃씨가 되어 꽃으로 피면 됩니다. 한 알의 밀은 땅에서 썩어짐으로써 많은 결실을 얻습니다. 한 사람의 꽃씨도 바람에 날려 세상을 온통 꽃 천지로 만들 수 있습니다.

'티끌 모아 태산'이라는 말처럼, 위대한 성취들도 시작은 그렇게 미약했습니다. '천 리 길도 한 걸음부터'라는 표현처럼, 한 방울 한 방울의 물이 내를 이루고 강을 이루며 바다가 됩니다. 어떤 변화든 변화의 시작은 작은 것부터, 작은 발걸음부터 출발합니다. 아무리 큰 열매도 작은 씨앗에서 출발합니다. 나비의 여린 날갯짓이 태풍을 만들 듯, 작은 바람이 큰 바람을 만듭니다.

God is Love

Miracle
281

술에 취하면 정신도 비틀거린다.
When drunk, the mind stumbles.

이루고 싶은 오늘의 **비전** *(Vision)*

오늘을 살면서 누군가 또는 세상에 베푼 **사랑** *(Love)*

오늘을 돌아보며 부족했던 점에 대한 **반성** *(Reflection)*

오늘 나에게 행복이 되어 준 **감사** *(Thanks)*

년   월   일

God is Love

알코올은 중추 신경을 둔화시키고 뇌의 활성화된 신호를 방해하는 역할을 합니다. 이런 이유로 술 취한 사람은 말이 더뎌지고 행동의 민첩성도 떨어집니다. 또한, 알코올은 우리의 근육 조절에도 영향을 줍니다. 술에 취하면 근육 조절 능력이 저하되어 걸음걸이가 자신의 의지대로 되지 않거나 몸의 균형을 잡기도 어려워집니다.

알코올은 중추 신경계에 영향을 주는 신경독성 물질로 작용합니다. 이로 인해 술을 마시면 인지 기능이 약해집니다. 시각, 청각, 후각, 미각, 촉각 등의 감각들도 기능이 떨어집니다. 정신이 혼미해져서 이성적인 판단과 흥분된 감정의 억제가 어려워집니다. 술에 취하면 신체가 비틀거리듯이 정신도 비틀거립니다. 신체의 비틀거림보다도 정신의 비틀거림이 더 큰 문제를 초래할 수 있습니다.

술에 취하면 잃는 게 많습니다. 지나친 음주는 위험한 간 질환과 만성피로의 원인이 됩니다. 술에 취하면 판단과 자제력이 저하되고 말실수, 충동적 행동, 폭력성으로 대인관계에도 문제가 발생합니다. 사회적으로는 음주운전이 타인의 생명과 안전을 위협할 수 있으며, 폭력과 범죄로 이어져 큰 문제를 일으킬 수도 있습니다.

과한 음주는 경제적 손실도 만만치 않습니다. 자신의 성장과 발전 측면에서도 자기계발에 투자할 시간을 뺏깁니다. 술에 의존하거나 중독이 되면 자존감도 떨어집니다. 술에 종속된 상황은 패배의식을 심화시키고, 변화와 성장을 향한 자신감도 떨어뜨립니다.

폭음도 문제지만 잦은 음주 또한 문제입니다. 술을 마시고 취하다 보면 절제가 어렵습니다. 폭음을 예방하기 위해서는 술자리 자체를 줄여야 합니다. 정신건강과 육체의 건강을 잃기 전에 술의 유혹을 이겨내야 합니다. 술에게 보낸 미소는 깊은 눈물로 돌아옵니다.

God is Love

Miracle
282

국가의 글자는 국민의 정신이다.
The letter of the nation is the spirit of the people.

이루고 싶은 오늘의 **비전** *(Vision)*

오늘을 살면서 누군가 또는 세상에 베푼 **사랑** *(Love)*

오늘을 돌아보며 부족했던 점에 대한 **반성** *(Reflection)*

오늘 나에게 행복이 되어 준 **감사** *(Thanks)*

년   월   일

God is Love

국가의 글자는 국민의 정신입니다. 글자는 읽고 쓰는 도구이기 이전에 국민의 삶과 정신을 담고 있습니다. 민족의 정신이나 생각은 말로 표현되고 글자로 기록됩니다. 글자로 국가 역사가 시작됩니다. 나라의 역사는 글자로 새겨지고 후대로 전해집니다. 글자는 무형의 정신이 유형의 기록으로 남겨지는 정신 유산입니다. 나라의 글자는 그 나라 국민의 정신을 꽃피우는 금쪽같은 씨앗입니다.

세종대왕의 애민정신은 한글을 만든 핵심적 이유였습니다. 한글을 창제한 세종대왕은 훈민정음이라는 글자에 백성을 불쌍히 여기고 사랑하는 마음을 담았습니다. 양반이 독점한 한자는 엘리트 문자가 되어 백성 위에서 군림하는 무기로 사용되었습니다. 소수 양반에게 천대받던 다수의 백성은 누구나 쉽게 읽고 쓸 수 있는 민주 문자의 시대를 연 한글의 탄생에 환호했습니다. 세종대왕은 애민정신으로 한글을 창제하였고, 창제된 한글은 조선 땅에 살아가던 백성의 삶과 정신을 고스란히 담을 수 있게 되었습니다.

글자를 단순히 문서나 책, 신문과 기록 같은 글을 쓰고 인쇄하기 위한 단편적인 도구로 바라봐서는 안 됩니다. 한글의 'ㄱ' 'ㄴ' 'ㅏ' 'ㅑ'.. 등의 자음과 모음을 단순한 선의 연결로 치부하면 안 됩니다. 글자는 사람과 사람의 정신을 소통시키면서 마음과 마음의 단절을 이어줍니다. 글자는 사람과 세상을 이어주는 정신적인 끈입니다.

대한민국은 자국 글자가 있는 자랑스러운 나라입니다. 대한민국은 글자를 만든 역사를 정확히 아는 대단한 나라입니다. 국가의 글자는 국민의 자부심입니다. 한글은 대한민국의 소중한 자산이며, 한글은 대대손손 후손들에게 물려주어야 하는 정신의 유산입니다. 한글을 함부로 변형시키거나 훼손하면 안 됩니다. 한글을 아끼고 사랑하며, 한글에 감사하는 삶은 훌륭한 애국자의 삶입니다.

God is Love

Miracle
283

제2의 운명은 스스로 만들 수 있다.
A second fate can be made by itself.

이루고 싶은 오늘의 **비전** *(Vision)*

오늘을 살면서 누군가 또는 세상에 베푼 **사랑** *(Love)*

오늘을 돌아보며 부족했던 점에 대한 **반성** *(Reflection)*

오늘 나에게 행복이 되어 준 **감사** *(Thanks)*

년   월   일

God is Love

오늘, 우리의 삶이 행복하다면 그것은 우리가 지난 어제를 열심히 일구었기 때문입니다. 오늘, 우리의 삶이 초라하다면 그것은 우리가 귀한 어제를 허비했기 때문입니다. 어제를 일군 삶이 오늘의 기쁨이 되고, 어제를 일군 삶이 오늘의 가치를 만듭니다.

내일, 우리의 모습이 기대되고 기다려진다면 그것은 우리가 선물 같은 오늘을 열심히 가꾸었기 때문입니다. 내일, 우리에게 다가올 모습이 걱정되고 두렵다면 그것은 우리가 소중한 오늘에 충실하지 못했기 때문입니다. 오늘을 가꾼 삶이 내일의 희망이 되고, 오늘을 가꾼 삶이 내일의 행복을 만듭니다.

태어나는 것은 운명입니다. 하지만 타고난 운명은 아주 어릴 적에 끝이 납니다. 운명의 노예가 되지 않겠다는 의지가 있다면 운명의 시간을 짧게 끝낼 수 있습니다. 좋은 운명을 타고났든 나쁜 운명을 타고났든 타고난 운명은 아주 짧은 유아기를 지나면서 서서히 끝을 맺습니다. 운명에 끌려다니며 살아가지 않겠다는 자신감과 노력이 있다면 운명의 인생을 짧게 마무리할 수 있습니다.

타고난 운명 끝에서, 새로운 제2의 운명이 시작됩니다. 출발점은 비록 다르지만 불리함에 유리함이 있고, 유리함에도 불리함이 있는 세상의 이치를 볼 때 출발 지점은 그다지 중요하지 않습니다. 좋은 운명을 만들어가려는 의지와 노력이 훨씬 중요합니다. 미래의 설레는 운명을 만들어가려는 오늘의 자세가 더 중요합니다. 그렇게 제2의 운명은, 그렇게 길고 긴 제2의 운명은 스스로 만들 수 있습니다.

타고난 삶이 힘들었다고 해도 오늘의 삶에 충실하면 밝은 미래의 삶을 기대할 수 있습니다. 내게 주어지는 삶을 어떻게 살아가느냐에 따라서 제2의 운명을 희망으로 만들어 갈 수 있습니다.

God is Love

Miracle
284

오르막은 느리고 내리막은 빠르다.
The uphill is slow and the downhill is fast.

이루고 싶은 오늘의 **비전** *(Vision)*

오늘을 살면서 누군가 또는 세상에 베푼 **사랑** *(Love)*

오늘을 돌아보며 부족했던 점에 대한 **반성** *(Reflection)*

오늘 나에게 행복이 되어 준 **감사** *(Thanks)*

년   월   일

God is Love

꿈꾸는 목표와 성취의 자리에 도달하기 위해서는 생각보다 많은 시간이 필요합니다. 높은 자리에 오르기 위해서 수많은 경쟁과 힘든 노력이 뒤따라야 합니다. 어느 분야에서든 정상에 오르는 일은 끝이 없는 고난의 길이기도 합니다. 정상에 오른 자리를 지키는 일 또한 정상에 오르는 것만큼이나 힘든 일입니다.

하지만 어렵게 이룬 목표와 성취한 무엇도 잃는 것은 순간입니다. 오르막은 느리고 내리막은 빠릅니다. 사소한 실수나 브주의로 인해 감격적인 자리를 허무하게 잃을 수 있습니다. 힘들게 이룬 성과라고 할지라도 한 번의 방심으로 무너질 수 있습니다.

자랑스러운 성취의 자리를 유지하기 위해 지속적인 노력과 긴장이 필요합니다. 높은 위치에 있을 때 더 많은 책임과 연구가 필요함을 명심해야 합니다. 성공의 위치에 있어도 겸손으로 배우며 지속적인 개선을 추구해야 합니다. 이러한 부분을 소홀히 하거나 우선순위에 두지 않으면 공든 탑은 순식간에 무너질 수 있습니다.

성취의 자리에 있을 때 과도한 성장과 승승장구를 추구하는 것은 화를 부를 수 있습니다. 과한 욕심으로 난관에 부딪힐 수 있습니다. 과욕은 금물입니다. 과속도 조심해야 합니다. 고난의 때에 기회가 있듯이 잘나갈 때 위험이 있습니다. 잘나갈 때일수록 속도 조절이 필요합니다. 안정적인 발전과 균형 있는 성장을 추구해야 합니다.

오르막 정상에 있을수록 타인과의 교류를 통해 새로운 아이디어를 얻고, 다양한 관점을 간접적으로 경험해야 합니다. 개인적인 지식과 경험에는 한계가 있습니다. 혼자 모든 역량을 갖출 수 없고, 혼자서 모든 전문성을 갖출 수 없습니다. 겸손한 자세로써 다른 사람과의 소통과 협력을 통해 내리막길로 빠지지 않도록 늘 힘써야 합니다.

God is Love

Miracle
285

말을 아끼면 귀가 열심히 일한다.
If you don't talk much, your ears work hard.

이루고 싶은 오늘의 **비전** *(Vision)*

오늘을 살면서 누군가 또는 세상에 베푼 **사랑** *(Love)*

오늘을 돌아보며 부족했던 점에 대한 **반성** *(Reflection)*

오늘 나에게 행복이 되어 준 **감사** *(Thanks)*

년   월   일

God is Love

말을 아끼면 귀가 열심히 일합니다. 입이 말을 아끼면 귀는 신체의 중요한 감각기관이자 소통기관으로서 들어야 할 책임감이 강해져서 듣는 일에 더 집중하게 됩니다. 말을 아끼게 되면 듣는 감각이 더 발달합니다. 입에 사용하려고 했던 에너지와 관심을 귀로 몰아주기 때문에 청각이 더 발달하게 됩니다.

말을 아끼면 눈이 열심히 일합니다. 내 입술의 말을 아끼면 말하는 상대방을 바라봐야 하는 내 눈은 활성화됩니다. 눈동자는 맑아지고 눈빛은 생기가 돕니다. 듣는 사람으로서 시선을 말하는 상대방에게 고정해야 하기에 제스처나 표정, 자세 등 눈으로 입수되는 정보들이 상대방의 말을 더 선명하고, 더 입체적으로 들리게 합니다.

말을 아끼는 것은 사람들에게 마음으로 다가가는 행위입니다. 말을 아끼고 상대의 말을 잘 들어주는 사람은 그의 말만 귀하게 여기는 사람이 아닙니다. 상대의 존재 자체를 존중하는 것이며 그가 말하는 말의 흔적까지 존중하는 것입니다. 말을 아끼는 것은 사랑을 전하는 따뜻한 행위입니다. 말을 아끼고 경청하는 모습은 그 자체만으로도 훌륭한 사랑의 표현입니다. 높고 낮음과 귀천을 따지지 않고 듣는 귀를 가진 사람은 백 마디 말로 자랑하고, 천 마디 말로 우쭐대는 사람이 누릴 수 없는 사랑을 경험하게 됩니다.

말을 아끼고 듣기를 많이 한다는 것은 결코, 쉬운 일이 아닙니다. 사람들은 자신의 입장을 내세우며 강조하고 싶어 합니다. 대부분이 자신의 강점을 어필하고 싶어 합니다. 누구라도 자신이 가진 약점을 대변하고 싶어 합니다. 그래서 말이 많아집니다. 그래서 듣기보다는 말로서 설득하고 주장하는 쪽을 선호합니다. 하지만 결과는 반대로 나옵니다. 말이 많을수록 불리합니다. 말이 많으면 손해를 봅니다. 귀가 열심히 일할 수 있도록 말을 아껴야 합니다.

God is Love

Miracle
286

반성의 결과는 개선이어야 한다.
The result of reflection should be improvement.

이루고 싶은 오늘의 **비전** *(Vision)*

오늘을 살면서 누군가 또는 세상에 베푼 **사랑** *(Love)*

오늘을 돌아보며 부족했던 점에 대한 **반성** *(Reflection)*

오늘 나에게 행복이 되어 준 **감사** *(Thanks)*

년   월   일

God is Love

반성의 결과는 개선이어야 합니다. 반성으로만 끝나면 반성은 별로 의미가 없습니다. 오히려 시간 낭비입니다. 반성한 후에는 당면한 문제를 해결하거나 이전보다 나아지기 위한 조치를 취해야 합니다. 반성의 결과로 실질적인 개선과 변화를 이끌어내야 합니다. 개선된 행동과 태도를 바탕으로 1mm라도 성장해야 합니다.

반성은 과거의 생각, 태도, 행동 등을 돌아본 후 부족하고 잘못된 부분에 대한 평가와 대책을 세우는 과정입니다. 반성을 통해 얻은 깨달음과 다짐을 개선과 성장의 연결고리로 만들어내야만 합니다. 반성한 것을 다시 되풀이하지 않도록 단단히 마음먹어야 합니다.

반성은 개인마다 각기 다른 방식이 있을 수 있습니다. 중요한 점은 주어진 시간과 공간에서 조용히 자신의 내면 속에 들어가 정직하게 스스로와 대화해야 한다는 것입니다.

그러기 위해서는 먼저, 시간을 내야 합니다. 바쁘다고 해도 시간을 내야 합니다. 그것이 반성의 출발입니다. 어떤 말과 태도, 어떠한 행동과 결정이 문제였는지 돌아보는 시간을 꼭 가져야 합니다.

일과 중에 또는 저녁이나 취침 전에, 발생한 문제에 대해 돌아보는 시간을 반드시 가져야 합니다. 어떤 부분이 문제이며, 어떤 부분을 개선해야 할지 생각하고 정리할 시간을 가져야 합니다. 그런 점에서 일기 같은 기록은 반성의 좋은 도구가 됩니다. 일기는 잘못된 감정, 생각, 행동들에 대해 차분히 돌아보고 반성하게 합니다.

반성을 위해서는 주변 사람들의 조언에도 귀를 기울여야 합니다. 다른 사람들의 관점과 견해는 자신이 미처 생각하지 못했거나 볼 수 없었던 부분을 경험하게 하는 좋은 기회입니다.

God is Love

Miracle
287

나쁜 지식인보다 착한 바보가 낫다.
Better a good fool than a bad intellectual.

이루고 싶은 오늘의 **비전** *(Vision)*

오늘을 살면서 누군가 또는 세상에 베푼 **사랑** *(Love)*

오늘을 돌아보며 부족했던 점에 대한 **반성** *(Reflection)*

오늘 나에게 행복이 되어 준 **감사** *(Thanks)*

년   월   일

God is Love

나쁜 지식인보다 착한 바보가 낫습니다. 나쁜 지식인은 스스로의 능력으로 사회와 사람에게 해를 끼치는 사람입니다. 나쁜 지식인은 자기 이득을 위해 남을 희생시킵니다. 반면 착한 바보는 의도적으로 남에게 피해를 주지 않습니다. 착한 바보는 나를 위해 남을 속이지 않고, 겉과 속이 다르지 않아서 가식적이지 않습니다.

학력과 지식은 자신의 성장과 세상에 기여하는 좋은 도구입니다. 하지만 그것은 좋은 방향으로 사용될 때에 해당하는 이야기입니다. 학력과 지식을 나쁜 방향으로 사용하면 끔찍한 무기로 바뀝니다.

높은 학력과 깊은 지식을 가진 어떤 사람이 나쁜 마음을 먹으면 사회적으로 큰 문제와 위험을 초래할 수 있습니다. 지식인의 생각과 행동이 악의적일 경우 그의 지식과 능력은 세상을 위협하는 총과 칼이 됩니다. 그에 대한 인정과 존경은 순식간에 사라집니다.

반면에 학문적으로 미천하거나 지식이 부족한 사람일지라도 그가 선한 생각과 행동을 보인다면, 그 사람은 학력과 지식에 상관없이 인정과 존경을 받을 수 있습니다.

유용한 정보의 전문가가 진실이 아닌 정보들을 퍼뜨린다면 그는 나쁜 지식인입니다. 사실과 다른 정보로 타인을 혼란에 빠뜨리고 속이기 때문입니다. 정치, 경제, 사회, 종교 등에서 극단적 식견을 전하는 사람도 나쁜 지식인입니다. 이런 사람은 분열과 분쟁을 조장합니다. 기술적 능력이나 전문지식을 악용하는 사람도 나쁜 지식인입니다. 이들은 해킹, 사기 등 부정한 방법으로 기술과 지식을 사용합니다.

많은 배움에도 윤리의식이 없다면 나쁜 지식인입니다. 많은 능력과 지식을 양심의 가책 없이 악용하는 사람은 나쁜 지식인입니다.

God is Love

Miracle
288

체육은 몸으로 배우는 즐거운 공부다.
Physical education is a fun study to learn with your body.

이루고 싶은 오늘의 **비전** *(Vision)*

오늘을 살면서 누군가 또는 세상에 베푼 **사랑** *(Love)*

오늘을 돌아보며 부족했던 점에 대한 **반성** *(Reflection)*

오늘 나에게 행복이 되어 준 **감사** *(Thanks)*

년   월   일

God is Love

자라나는 어린이, 청소년들은 체육을 좋아합니다. 아이들은 체육 활동을 통해서 쌓인 스트레스도 해소하고 넘치는 에너지를 마음껏 발산하기도 합니다. 그들은 체육 수업을 설렘으로 기다립니다. 체육 수업은 그 자체로 즐겁고, 친구들과의 우정도 끈끈하게 만들어 줍니다.

체육은 몸으로 배우는 즐거운 공부입니다. 체육은 신체 단련에만 머무르지 않습니다. 생각의 깊이와 마음 성장에도 큰 도움을 주는 유용한 교육 도구입니다. 집중력과 인내력을 향상시키고 판단력을 길러줍니다. 체육은 단순한 놀이에 그치지 않습니다. 놀이를 통해 일상에서 필요한 다양한 인격적, 사회적 역량을 키웁니다.

체육 수업은 근본적으로 어린이 청소년에게 다양한 운동 기술과 근력, 체력, 유연성 등의 신체 능력을 길러줍니다. 축구, 야구, 농구 같은 단체 종목에서는 리더십, 팀워크, 전략적 사고, 의사소통능력, 동기부여, 문제해결 등의 역량들을 자연스럽게 익히게 됩니다.

체육 활동은 성인들에게도 유익합니다. 성인들의 체육 활동은 건강관리의 시작입니다. 꾸준한 운동은 비만이나 각종 질병을 예방하여 삶의 질을 높여줍니다. 일터와 사회적 인간관계의 스트레스 해소와 정서 조절에도 체육 활동은 큰 도움이 됩니다. 체육 활동은 신체의 독소를 뿜어내고 오염된 마음을 정화함으로써 새로운 마음가짐으로 새로운 출발을 하게 하는 동력이 됩니다.

체육은 신체를 움직이는 활동에 그치지 않습니다. 체육은 단순히 즐기고 스트레스를 푸는 것 이상의 가치를 가진 즐거운 공부입니다. 체육은 심신의 에너지입니다. 매일 끼니를 먹듯이 매일매일 하루에 필요한 체육 활동의 에너지를 섭취해야 합니다. 수업시간에도 쉬는 시간이 필요하듯 하루의 일과에도 체육 활동의 쉼을 가져야 합니다.

God is Love

Miracle
289

선물처럼 사는 사람은 누구나 산타클로스가 된다.
Anyone who lives like a gift becomes Santa Claus.

이루고 싶은 오늘의 **비전** *(Vision)*

오늘을 살면서 누군가 또는 세상에 베푼 **사랑** *(Love)*

오늘을 돌아보며 부족했던 점에 대한 **반성** *(Reflection)*

오늘 나에게 행복이 되어 준 **감사** *(Thanks)*

년   월   일

God is Love

아이들은 산타클로스를 좋아합니다. 산타클로스라는 이름만 들어도 기뻐서 뜁니다. 왜일까요? 산타클로스가 선물을 주기 때문입니다. 아이들은 '산타클로스 = 선물'이라고 일치시켜 버립니다. 아이들은 선물 때문에 산타클로스를 좋아하고 산타클로스를 기다리는 겁니다.

아이들만이 아니라 사람은 누구나 선물을 주는 사람을 좋아합니다. 선물하면 떠오르는 것들이 많이 있습니다. 장난감, 인형, 옷, 신발, 핸드폰, 반지... 등등 이런 유형의 선물들은 사람을 기쁘게 합니다. 그렇다고 이렇게 눈에 보이는 유형의 선물만 있는 것은 아닙니다. 눈에 보이지 않는 무형의 선물도 있습니다. 어찌 보면 눈에 보이지 않는 무형의 선물이 더 소중할지도 모릅니다. 눈에 보이지 않는 그 무형의 선물들은 축복, 기쁨, 지혜, 사랑... 과 같은 것들입니다.

누구나 유형의 선물이 아닌 무형의 선물을 주는 산타클로스가 될 수 있고, 그런 기쁨의 산타클로스로 살아갈 수도 있습니다 그것은 어려운 일이 아닙니다. 나를 통해서 산타클로스가 생각나면 됩니다. 나로 인해 축복과 기쁨, 지혜와 사랑이 사람에게 전해지면 됩니다. 나의 삶이 축복과 기쁨 그리고 지혜와 사랑을 주는 산타클로스의 삶이 되면 됩니다.

선물처럼 사는 사람은 누구나 산타클로스가 됩니다. 세상 멸시 다 받는 이에게, 세상 존귀 하나 없는 사람에게 축복의 선물을 전하며 살면 됩니다. 쓰러져 고난 당하는 이에게, 좌절로 웃음을 잃어버린 사람에게 기쁨의 선물을 전하며 살아가면 됩니다. 무지로 고통받는 이에게, 배움을 갈구하는 사람에게 지혜를 공급하며 살면 됩니다. 미움과 질투가 가득한 이에게, 이기와 교만에 찌든 사람에게 나로 인해 사랑이 전해지도록 살아가면 됩니다. 산타클로스로 살아가는 삶은 날마다 사람들에게 선물 보따리를 푸는 삶입니다.

God is Love

Miracle
290

내일을 안다면 오늘에 충실하기 어렵다.
It's hard to be faithful to today if you know tomorrow.

이루고 싶은 오늘의 **비전** *(Vision)*

오늘을 살면서 누군가 또는 세상에 베푼 **사랑** *(Love)*

오늘을 돌아보며 부족했던 점에 대한 **반성** *(Reflection)*

오늘 나에게 행복이 되어 준 **감사** *(Thanks)*

년   월   일

God is Love

내일을 안다면 오늘에 충실하기 어렵습니다. 미래에 무슨 일들이 일어날지 안다면 현재 상황에 집중하기 어렵습니다. 오히려 미래를 알거나 예측할 수 없기 때문에 현재를 땀 흘려 살아갈 수 있습니다.

'아는 것이 힘'이란 말은 교육의 중요성을 설명할 때 사용됩니다. 물론 보통은 '아는 것이 힘'이지만 때로는 '모르는 게 약'이 될 때가 있습니다. 알아서 좋을 것이 없다면 차라리 모르는 게 낫습니다. '알면 다친다.'라는 표현도 있습니다. 알아서 충격받는다거나 공포와 위험에 빠지는 일이 발생한다면 차라리 모르는 편이 좋습니다.

발전적인 사람은 모름의 상태일 때 호기심과 탐구심이 발동합니다. 아직 알지 못한다는 사실이 오히려 학습 욕구를 자극합니다. 미지의 세계가 새로운 경험과 발견에 대한 설렘을 제공합니다. 이런 미지의 환경이 사람의 창의성을 끌어내고 주어진 오늘에 땀 흘리게 합니다.

미래에 자신에게 좋은 일이 발생할 것을 안다면 열심히 노력하지 않을 겁니다. 게으름에 빠질 수 있습니다. 지나친 낙관으로 인해서 오히려 큰 손해를 입을 수 있습니다. 반대로 미래에 자신에게 나쁜 일이 발생할 것을 미리 안다면 포기가 빨라질 겁니다. 노력해봐야 아무 소용없다고 생각할 겁니다. 도전은 생각하지도 않을 겁니다.

사람의 성장과 성취와 성공은 땀과 노력에 의해 결실을 맺을 때 가치가 있습니다. 불확실한 미래가 우리들을 초조하게도 만들지만 그렇기 때문에 더 열심히 공부하고 일해야 함을 다짐하게 됩니다.

미래를 모르기에 불안하고 초조해하는 사람들이 있습니다. 미래를 모르기 때문에 현재에 충실하고 현재의 삶에 더 많은 땀을 흘리는 사람들도 있습니다. 현재에 충실한 사람이 현명한 사람입니다.

God is Love

Miracle
291

지혜로운 비교가 성장과 행복을 이끈다.
A wise comparison leads to growth and happiness.

이루고 싶은 오늘의 **비전** *(Vision)*

오늘을 살면서 누군가 또는 세상에 베푼 **사랑** *(Love)*

오늘을 돌아보며 부족했던 점에 대한 **반성** *(Reflection)*

오늘 나에게 행복이 되어 준 **감사** *(Thanks)*

년   월   일

God is Love

많은 사람이 비교를 싫어합니다. 그래서일까요? 비교라는 단어는 마치 짜증이나 미움처럼 나쁜 단어로 인식되기도 합니다. 그렇지만 지혜로운 사람은 비교를 통해서 성장과 행복을 얻습니다. 지혜로운 비교가 성장과 행복을 이끌어냅니다. 자신에게 유리한 비교를 하기 때문입니다. 자신에게 도움이 되는 비교를 하기 때문입니다.

성취를 이룬 경험이 없는 사람과 높은 위치에 오르지 못한 사람은 대개 정상의 자리에 우뚝 선 사람들을 보고 부러워합니다. 거기에 '나보다 특별히 잘난 것도 없는 것 같은데...'라는 생각이 들기라도 하면 부러움을 넘어 억울함의 지경에 이르기까지 합니다.

하지만 그것은 외면의 관찰과 외면의 비교에 그치기 때문입니다. 타인의 눈부신 성장이 나를 초라하게 만들고, 남의 빛나는 성취가 나를 억울하게 만드는 것은 겉으로 보이는 겉모습만을 바라보았기 때문입니다. 겉으로 보이는 외면만을 비교했기 때문입니다.

나의 성장을 위해서라면! 성공인의 노하우를 배우기 위해서라면! 그들의 외면만을 보아서는 안 됩니다. 그들의 외면과 나의 외면만을 비교해서는 안 됩니다. 그들의 튼실한 내면과 나의 허술한 내면을 비교해봐야 합니다. 그들의 피땀 흘린 내면과 게으르고 부족한 나의 내면을 비교해야 합니다. 그들이 이룬 외면의 성취는 그 사람들이 피땀 흘려 가꾼 내면의 준비와 노력 덕분이기 때문입니다.

정중동(靜中動)이라는 말이 있습니다. 호수에서 떠다니는 백조는 우아한 자태를 뽐내지만, 수면 아래의 발 갈퀴는 쉴 틈이 없습니다. 성공한 사람의 외면이 부러우면 그들의 내면에 있는 철학과 목표, 열정과 인내를 나의 내면에 있는 그것들과 비교해야 합니다. 내면의 비교는 반성하는 시간이 되며, 나를 살찌우는 기회가 될 테니까요.

God is Love

Miracle
292

유혹은 이성을 잃게 할 만큼 탐스럽고 달콤하다.
Temptation is coveted and sweet enough to make you lose your head.

이루고 싶은 오늘의 **비전** *(Vision)*

오늘을 살면서 누군가 또는 세상에 베푼 **사랑** *(Love)*

오늘을 돌아보며 부족했던 점에 대한 **반성** *(Reflection)*

오늘 나에게 행복이 되어 준 **감사** *(Thanks)*

년   월   일

God is Love

독버섯은 화려합니다. 아름답기로 치자면 독버섯은 압도적입니다. 송이버섯도, 영지버섯도, 표고버섯도 독버섯이 가진 화려한 모양과 자태를 따라갈 수 없습니다. 하지만 그 독버섯은 사람에게 이롭지 않습니다. 오히려 큰 해를 끼칩니다. 섬뜩하고 음흉한 독버섯처럼 유혹이라는 녀석도 겉은 아름답지만, 속에는 독을 품고 있습니다.

유혹은 이성을 잃게 할 만큼 탐스럽고 달콤합니다. 아담과 하와는 탐스러운 선악과의 유혹을 이기지 못해 인류를 죄에 빠뜨렸습니다. 아담과 하와는 뱀의 유혹에 넘어가 먹음직스럽고, 보기에도 좋으며 지혜의 눈을 갖게 해줄 것 같은 선악과를 따먹는 범죄를 저지르고 말았습니다. 그 유혹에 빠진 죄로 인류의 비극이 시작되었습니다.

어린이들을 유혹하는 과자는 화려한 색깔과 달콤한 맛을 가지고 있습니다. 그런 특성을 가진 과자는 대개 어린이들의 건강을 해치는 불량식품입니다. 공부보다 게임에 더 빠져 있는 학생들이 있습니다. 공부를 멀리하고 게임에만 몰두하는 학생의 미래는 불투명합니다. 마약은 황홀함으로 사람들을 유혹하지만, 인체와 정신에 치명적인 손상을 입힙니다. 유흥과 알콜의 유혹에 빠지면 삶이 피폐해집니다. 도박의 유혹에서 벗어나지 못하면 몰락의 길을 걷습니다. 이 모든 유혹들이 눈과 마음을 빼앗을 정도로 그럴싸하고 구미가 당깁니다. 하지만 유혹은 순간적인 달콤함을 주는 대가로 긴 시간의 고통을 남겨줍니다.

수많은 사람이 유혹에 넘어가 후회를 합니다. 유혹은 아름답기에 미혹되기 쉽습니다. 사회적인 지위와 명예를 얻은 사람들이 유혹에 이끌려 수모와 고통을 당하기도 합니다. 정신 바짝 차리지 않으면 누구도 빠져나오기 힘든 유혹의 수렁에 빠질 수 있습니다. 끔찍하고 무서운 불행의 시작이 달콤한 유혹에서 시작됨을 기억해야 합니다.

God is Love

Miracle
293

좋은 습관은 2세를 위한 훌륭한 유전자다.
A good habit is a great gene for a second generation.

이루고 싶은 오늘의 **비전** *(Vision)*

오늘을 살면서 누군가 또는 세상에 베푼 **사랑** *(Love)*

오늘을 돌아보며 부족했던 점에 대한 **반성** *(Reflection)*

오늘 나에게 행복이 되어 준 **감사** *(Thanks)*

년   월   일

God is Love

이 세상의 어떤 부모도 자녀교육에 관심을 갖지 않을 수는 없을 겁니다. 그중에서도 자녀교육에 관심이 많은 부모는 유아 시절부터 신경을 씁니다. 더 극성인 부모는 영아 교육에 열을 올리고, 그보다 더 앞서가는 부모는 태교부터 철저히 준비합니다.

하지만 태교보다 선행되어야 할 교육은 유전자 교육입니다. 좋은 습관은 2세를 위한 훌륭한 유전자입니다. 진정한 교육의 출발점은 유전자 교육입니다. 미래에 잉태의 축복을 기원하는 예비부부들이 삶의 변화를 통하여서 자신들의 세포와 유전자를 좋게 변화시키는 작업이 바로 유전자 교육입니다. 유전은 부모의 모습뿐만이 아니라 부모의 성향까지도 포함하기에 중요한 교육입니다.

사람들은 겉모습을 말합니다. 걸음걸이도, 뒤통수도, 자기 아빠를 빼닮았다고. 하지만 사람들이 속은 잘 모릅니다. 말씨도, 마음씨도 아빠를 닮는 것을. 사람들은 표면을 말합니다. 손가락도, 쌍꺼풀도 엄마를 빼닮았다고. 하지만 사람들이 내면은 잘 모릅니다. 솜씨도, 맵시도 자기 엄마를 닮는 것을. 유전되는 것들은 육체의 닮음만이 아닙니다. 엄마의 온유함이나 인색함도 좋든지 싫든지 닮게 됩니다. 아빠의 열정이든 무뚝뚝함이든 의지와 상관없이 닮게 됩니다.

엄마 아빠의 좋은 모습을 닮은 아이 갖고 싶다면 아이가 뱃속에 잉태되기 전부터 유전자 교육이 시작되어야 합니다. 잉태의 씨앗이 만들어지기 전부터 엄마 아빠의 몸과 마음이 아름다워야 합니다.

유아교육, 영아교육, 태교도 유전자 교육만큼 빠를 수는 없습니다. 부모가 되기 전 어떻게 살아온 사람이냐에 따라서 유전자는 잉태될 아이에게 자산이 될 수도 있고 부채가 될 수도 있습니다. 자녀에게 물려줄 거라면 부채보다는 자산을 물려줘야겠지요.

God is Love

Miracle
294

잡초가 화초의 가치를 높여준다.
Weeds increase the value of the flowering plants.

이루고 싶은 오늘의 **비전** *(Vision)*

오늘을 살면서 누군가 또는 세상에 베푼 **사랑** *(Love)*

오늘을 돌아보며 부족했던 점에 대한 **반성** *(Reflection)*

오늘 나에게 행복이 되어 준 **감사** *(Thanks)*

년   월   일

God is Love

모든 사람에게 칭찬받을 수 있는 사람은 없습니다. 칭찬받을 만한 삶을 살더라도 비난하는 사람이 숨어 있기 때문입니다. 모든 사람이 축하해 주길 바라는 것은 욕심입니다. 크게 축하받을 만한 일이라도 질투하는 사람이 생겨나기 때문입니다. 아무리 인기가 많고 훌륭한 사람이라 해도 비난하고 싫어하는 사람은 있게 마련입니다. 아무리 뛰어나고 자랑스러운 성취를 이루었다고 하더라도 시기하고 헐뜯는 사람은 존재하기 마련입니다.

화초 속에 잡초가 함께 살아가듯 칭찬과 비난은 함께 존재합니다. 화초를 괴롭히는 잡초가 오히려 화초의 가치는 높여주듯이 칭찬을 깎아내리는 못난 비난이 오히려 칭찬의 가치를 높여줍니다.

알곡이 익어가는 곳에 가라지도 함께 자라나듯이 축하와 질투는 공존합니다. 알곡의 무르익음을 막으려는 가라지가 오히려 알곡의 소중함을 깨닫게 하듯이 축하를 방해하려는 질투가 오히려 축하의 영광을 더 빛나게 합니다.

살아가다 보면 칭찬을 들을 때도 있고 비난을 들을 때도 있습니다. 칭찬의 때에는 겸손해야 하고, 비난의 때에는 뒤돌아봐야 합니다. 칭찬의 때에는 함께한 사람들을 떠올리며 공(功)을 공유해야 하고, 비난의 때에는 나를 비난하는 사람이 아니라, 나를 응원하는 사람을 떠올리며 더 씩씩해져야 합니다. 스스로 생각하기에 잘 살아왔다면 나를 비난하는 사람보다 나를 응원하는 사람들이 더 많다는 것을 굳고 확신하면서 자신 있게 살아가야 합니다.

비난하는 사람은 자신의 부족함은 잘 모릅니다. 질투하는 사람은 인정받지 못하는 경우가 많습니다. 못난 사람의 비난과 질트에 신경 쓰기보다는 칭찬과 축하로 힘을 내며 살아가는 삶이 현명합니다.

God is Love

Miracle
295

'아니오' 라고 말할 수 있는 사람은
대단한 용기를 가진 사람이다.

A man who can say 'no' is a man of great courage.

이루고 싶은 오늘의 **비전** *(Vision)*

오늘을 살면서 누군가 또는 세상에 베푼 **사랑** *(Love)*

오늘을 돌아보며 부족했던 점에 대한 **반성** *(Reflection)*

오늘 나에게 행복이 되어 준 **감사** *(Thanks)*

년   월   일

God is Love

민주주의의 의사결정은 다수의 의견과 선택에 달려 있지만, 다수가 다 옳은 것만은 아닙니다. 소수는 다수의 결정을 인정하고 따라야 할 의무가 있지만, 다수에게는 소수의 의견을 존중하고 살펴야 할 책임이 있습니다. 소수가 다수에게 존중받아야 하는 이유는 소수의 생각과 판단이 다수의 의견만큼이나 존중받을 가치가 있고, 나아가 소수의 의견이 더 적합하고 옳을 때도 있기 때문입니다.

다수가 '예'라고 할 때, 당당히 '아니오'라고 말할 수 있는 사람은 대단한 용기를 가진 사람입니다. 의사결정의 대세가 'yes'를 향하고 있을 때 'no'라고 자신 있게 말할 수 있는 사람은 성장의 잠재력을 가진 사람입니다. 아름답지 않은 세상 풍조가 '찬성'하는 방향으로 흘러갈 때, 소신을 굽히지 않고 '반대' 의견을 말할 수 있는 사람은 사익을 희생하고 공익을 추구하는 성숙한 인물일 확률이 높습니다.

무언가를 계획할 때 의견을 하나로 모으는 것은 중요한 일입니다. 무언가를 결정할 때 뜻을 하나로 합치는 것은 아름다운 작업입니다. 하지만 다양한 문화와 환경 속에서 다양한 가치관을 가지고 살아온 각양각색의 사람들이 한 방향의 생각과 의견으로 결론을 낸다는 건 참으로 어려운 일입니다. 다양한 의견을 억지로 하나가 되게 하는 것은 지양해야 할 일이기도 합니다. 다른 생각과 의견이 있음에도 불구하고 내 생각을 무조건 희생하고 다수를 따르는 것은 자랑이 아닙니다.

때로는 '아니오'라고 말할 수 있는 용기가 있어야 합니다. 다수의 사람이 그들의 방향으로 선택과 결정을 몰아가더라도, 생각이 다를 때는 당당하게 나의 의견을 제시할 용기가 필요합니다. '아니오'는 단순한 반대의 의미가 아닙니다. 개선과 보완을 위한 의견입니다. '아니오'는 '더 나음'을 향한 진취적이고 주도적인 용기입니다.

God is Love

Miracle
296

시냇물은 시끄럽게 흐르고, 강물은 조용히 흐른다.
The stream flows noisily, and the river flows quietly.

이루고 싶은 오늘의 **비전** *(Vision)*

오늘을 살면서 누군가 또는 세상에 베푼 **사랑** *(Love)*

오늘을 돌아보며 부족했던 점에 대한 **반성** *(Reflection)*

오늘 나에게 행복이 되어 준 **감사** *(Thanks)*

년   월   일

God is Love

시냇물은 시끄럽게 흐르고, 강물은 조용히 흐릅니다. 양철 지붕은 요란한 소리로 생색을 내며 빗방울을 반기지만, 기와지붕은 듬직한 가슴과 소리 없는 미소로 빗방울을 안아줍니다. 아궁이의 잔가지는 타닥타닥 아프다고 몸부림을 치며 타지만, 큰 몸뚱이를 통째로 내준 통나무는 빨갛게 숯이 될 때까지도 고통을 내색하지 않고 탑니다.

 호수에 던져진 돌멩이는 조용히 가라앉지만, 작은 웅덩이에 던져진 돌멩이는 웅덩이를 발칵 뒤집어 놓습니다. 마음이 큰 사람은 작은 일에 웬만해서는 요동하지 않지만, 속이 좁은 사람은 사소한 일에도 사사건건 폭발합니다.

 대개는 내세울 것이 없는 사람들이 시끄럽게 자랑합니다. 보통은 별 볼 일 없는 사람들이 잘난 체합니다. 봉사가 몸에 밴 사람들은 봉사를 당연한 것으로 여기면서 은밀하게 봉사하기를 좋아합니다. 어쩌다 봉사하는 사람들은 그렇지 않습니다. 봉사의 순수성이 없어 뭔가를 바라는 게 많고, 봉사를 자랑하고 생색내기에 바쁩니다.

 아름다운 희생에는 고통이 따릅니다. 타인과 세상을 위한 희생에는 손실이 뒤따를 수밖에 없습니다. 하지만 진정으로 희생하는 사람은 희생을 고통으로만 느끼지 않습니다. 희생의 고통을 기쁨과 보람의 감정으로 변환시킵니다. 억지로 희생하는 사람은 그렇지 않습니다. 희생이 선물하는 다양한 가치들을 잘 모르기에 희생의 크기와 양을 강조하면서 자신의 고통을 알리기에 바쁩니다.

 큰 사람은 바다처럼 마음이 깊고 넓습니다. 기분 나쁘게 돌멩이를 던져도 조용히 품어줍니다. 큰 사람은 큰 업적을 남겨도 자랑하지 않으며, 희생의 고통을 기쁨과 보람으로 승화시킵니다. 큰 사람은 자신의 존재와 업적을 부각하는 것보다 마음 키우기에 힘을 씁니다.

God is Love

Miracle
297

부지런한 개미는 환경을 탓하지 않는다.
A diligent ant does not blame the environment.

이루고 싶은 오늘의 **비전** *(Vision)*

오늘을 살면서 누군가 또는 세상에 베푼 **사랑** *(Love)*

오늘을 돌아보며 부족했던 점에 대한 **반성** *(Reflection)*

오늘 나에게 행복이 되어 준 **감사** *(Thanks)*

년   월   일

God is Love

부지런한 개미는 환경을 탓하지 않습니다. 미래를 준비하는 개미는 불리하고 힘겨운 환경을 탓하지 않습니다. 개미는 먹이를 운반하는 거리가 멀다고 해서 해야 할 일을 앞에다 두고 게으름을 피우거나 불평하지 않습니다. 개미는 이글거리는 태양 빛이 내리쬐는 날에도 미래 준비의 일을 소홀히 하거나 미루지 않습니다. 게으른 사람들이 환경 탓을 많이 합니다. 미래를 준비하는 데 소홀한 사람들이 환경 탓을 하는 경우가 많습니다.

환경을 탓하는 사람은 무슨 일을 하든 성취에 이르기 어렵습니다. 이래서 어렵다고 핑계를 대고, 저래서 힘들다고 핑계를 대는 사람은 행복에 이르기 어렵습니다.

어려운 환경 속에도 세상을 잘 살아가는 사람들이 많습니다. 어릴 적부터 어려운 가정환경 속에서 살면서도 착하고 열심히 살아가는 아이들이 있습니다. 청소년, 청년기에 예기치 않은 고통을 겪어도 꿋꿋이 이겨내고 듬직하게 살아가는 젊은이들이 있습니다. 무수한 좌절과 실패 속에서도 그때마다 일어서서 끝까지 해내는 중장년의 어른들이 있습니다.

세상은 예기치 않은 일들이 수없이 일어납니다. 누구도 내일 일을 알지 못하며, 잠시 후의 일조차 예상하기 어렵습니다. 원하지 않는 상황을 언제든지 만날 수 있습니다. 내가 원하는 조건이 만들어지지 않을 수 있습니다. 그런 상황과 조건일 때마다 환경을 탓하고 남을 탓한다면 보람된 성과와 멋진 성취를 이루기 어렵습니다. 자신에게 이득 될 것이 없습니다. 어떤 상황에서도 그 상황을 탓하기보다는 받아들이는 게 좋습니다. 어떤 환경에서도 그 환경에 불만을 갖기 보다 환경을 극복하려는 자세가 필요합니다. 환경을 탓하면 환경에 지배되고, 환경에 순응하면 환경을 지배하게 됩니다.

God is Love

Miracle
298

독도는 대한민국의 영토다.
Dokdo is the territory of the Republic of Korea.

이루고 싶은 오늘의 **비전** *(Vision)*

오늘을 살면서 누군가 또는 세상에 베푼 **사랑** *(Love)*

오늘을 돌아보며 부족했던 점에 대한 **반성** *(Reflection)*

오늘 나에게 행복이 되어 준 **감사** *(Thanks)*

년   월   일

God is Love

독도는 한국 땅입니다. 독도는 우리의 선조들이 살던 대한민국의 고유 영토입니다. 대한민국은 역사적으로 독도를 영유해왔습니다. 역사적인 기록과 문헌들은 한국이 독도를 영유해왔음을 증명하고 있습니다. 현재도 독도는 대한민국이 점유하고 있습니다. 과거부터 현재까지 한국인의 삶이 녹아 있는 한국의 영토입니다. 미래까지도 대한민국의 후손들이 지키고 가꾸어갈 대한민국의 고유 영토입니다.

일본이 어떤 나라였습니까? 제국주의의 정신세계에 빠져 사는 나라 아니었습니까? 힘없는 나라들을 군사적으로나 경제적으로 정복하여 자기들만의 큰 나라를 만들려는 피가 그들의 세포 가운데 흐르고 있지 않겠습니까? 상식적으로 힘없는 나라가 힘 있는 나라의 땅을 차지하고 있었다는 것은 앞뒤가 맞지 않습니다. 일본이라는 나라가 자기의 땅을 남의 나라가 점유하도록 내버려 둘 국가였을까요?

하지만 안타깝게도 일본이 독도에 대한 주권을 주장하고 있습니다. 일본은 전략적으로 독도를 한일 간의 영토 분쟁 지역으로 만들어 가고 있습니다. 독도를 한국과 일본 간의 분쟁 지역으로 만들려는 것은 일본의 교활한 전략입니다. 엄연한 대한민국 땅을 독도 분쟁 지역으로 만들어 호시탐탐 독도를 빼앗으려는 전략입니다.

대한민국의 독도 주권 주장은 국제사회도 인정하는 분위기입니다. 명백한 대한민국의 땅임에도 일부 인정받는다는 자체가 안타까운 일이 아닐 수 없습니다. 독도는 대한민국에 중요한 전략적 가치가 있습니다. 독도는 경제적 자원의 가치와 군사적 가치뿐만이 아니라 대한민국 국민의 정신적 유산과 자긍심을 포함하고 있습니다.

국민이 독도를 지켜야 합니다. 정부가 적극적으로 독도를 지켜야 합니다. 대한민국 모든 국민이 하나가 되어 독도를 지켜야 합니다.

God is Love

Miracle
299

낭비보다는 보관하는 게 좋고,
보관보다는 사용하는 게 좋다.

It's better to keep it than waste, and it's better to use it than to keep it.

이루고 싶은 오늘의 **비전** *(Vision)*

오늘을 살면서 누군가 또는 세상에 베푼 **사랑** *(Love)*

오늘을 돌아보며 부족했던 점에 대한 **반성** *(Reflection)*

오늘 나에게 행복이 되어 준 **감사** *(Thanks)*

년   월   일

God is Love

낭비보다는 보관하는 게 좋고, 보관보다는 사용하는 게 좋습니다. 낭비하는 것보다는 절약하는 것이 훨씬 더 좋고, 절약하는 것보다는 활용하는 것이 훨씬 더 좋습니다.

무엇이든 낭비하는 사람은 아끼는 사람을 이기기 어렵고, 아끼는 사람은 사용하는 사람을 넘어서기 어렵습니다. 무엇이든 낭비하는 사람은 아끼는 사람의 풍요로움을 경험하기 어렵고, 아끼는 사람은 활용하는 사람의 성장과 발전을 따라잡기 어렵습니다.

헤프게 쓰는 돈은 가치가 떨어집니다. 헤프게 써버린 돈으로 인해 머지않은 미래에 고통을 받을 수 있습니다. 헛되게 보내는 시간은 허송세월입니다. 헛되게 흘려 보내버린 시간 때문에 후회의 인생이 길어질 수 있습니다. 쓸데없는 일에 쏟아붓는 열정은 비싼 에너지를 낭비하는 것입니다. 쓸데없이 소모해버린 열정 때문에 정작 열정이 필요할 때 제대로 쏟아붓지 못할 수 있습니다.

가정마다 장롱 속에 아끼고 입지 않는 옷들이 있습니다. 그 옷들은 옷 주인이 입어주기를 학수고대하고 있을 겁니다. 하지만 옷 주인은 옷들을 아끼느라 1년이 지나고 3년이 지나도 장롱 밖으로의 외출을 허락하지 않습니다. 그렇다면 이 옷들은 행복할까요? 과연 이 옷의 주인은 이 옷들과 함께 행복을 누리고 사는 걸까요? 옷을 입으려고 산 것이지 보관하려고 산 것은 아닐 텐데 말입니다. 비단 장롱 속의 옷들뿐이겠습니까? 살면서 아끼느라 사용하지 않는 것들이 있다면 이제라도 꺼내서 유용하게 사용하고 활용해야 합니다.

낭비하는 것보다 아끼고 절약하며 저축하는 것이 좋습니다. 하지만 그냥 묵혀두는 건 발전적이지 못합니다. 낭비를 자제하는 게 지킴의 지혜라면, 가진 것을 제대로 활용하는 것은 나아감의 지혜입니다.

God is Love

Miracle
300

약속을 지키지 않는 사람은 시간 도둑이다.
A man who doesn't keep his appointment is a time thief.

<u>이루고 싶은 오늘의 **비전** *(Vision)*</u>

<u>오늘을 살면서 누군가 또는 세상에 베푼 **사랑** *(Love)*</u>

<u>오늘을 돌아보며 부족했던 점에 대한 **반성** *(Reflection)*</u>

<u>오늘 나에게 행복이 되어 준 **감사** *(Thanks)*</u>

년   월   일

God is Love

인생은 시간의 합입니다. 하루 24시간이 365일 동안 쌓이고 쌓여 1년이라는 삶이 됩니다. 또 그 1년의 삶들이 시간의 열차를 타고 가다 보면 10년이라는 간이역에 도착합니다. 나아가 10년 10년의 세월이 이어져서 100년이라는 인생의 종착역에 도착합니다. 결국, 인생은 시간의 합이며, 인생 마디마디를 채워가는 시간은 누구에게나 소중할 수밖에 없습니다. 누구에게도 시간은 다시 돌아오지 않습니다.

하지만 어떤 이는 이 귀한 시간을 허무하게 흘려보내기도 합니다. 심지어 자신의 시간도 아닌 남의 시간을 뻔뻔하게 훔치는 사람도 있습니다. 남의 시간을 훔치는 사람은 다름이 아닌 약속을 어기는 사람입니다. 타인과 약속을 어기는 사람은 보석과 금보다 더 소중한 타인의 시간과 인생을 빼앗는 나쁜 사람입니다.

약속을 어김으로써 타인의 시간을 빼앗는 사람은 큰 도둑입니다. 약속을 지키지 않아 남의 시간을 빼앗는 사람은 상대의 인생이라는 시간을 갉아먹는 고약한 해충과 다를 바 없습니다.

시도 때도 없이 약속을 어기는 사람은 남을 존중하려 하지 않는 사람입니다. 충분한 이유 없이 약속을 지키지 않는 사람은 상대방의 시간과 인생을 소중히 여기지 않는 사람입니다. 습관적으로 약속을 어기는 사람은 마음속에 이기심과 무례함이 가득한 사람입니다.

크든 작든 도둑질은 비난받아 마땅합니다. 어쨌든 도둑은 좀도둑과 큰 도둑으로 구별됩니다. 물건을 훔쳐 가는 사람이 바늘 도둑이라면 시간을 훔치는 사람은 소도둑입니다. 물건을 훔치는 것도 나쁘지만 시간을 훔치는 행위는 더 나쁩니다. 물건을 훔치는 도둑은 보상할 기회가 있지만 남의 시간을 훔친 도둑은 보상이 불가합니다. 약속을 지킴으로써 남의 귀한 인생을 갉아먹지 않아야 합니다.

God is Love

Miracle
301

못생긴 원숭이가 거울 탓을 한다.
The ugly monkey blames the mirror.

이루고 싶은 오늘의 **비전** *(Vision)*

오늘을 살면서 누군가 또는 세상에 베푼 **사랑** *(Love)*

오늘을 돌아보며 부족했던 점에 대한 **반성** *(Reflection)*

오늘 나에게 행복이 되어 준 **감사** *(Thanks)*

년   월   일

God is Love

거울은 보이는 대상을 있는 그대로 보여줍니다. 실제보다 멋지게 보여주는 요술 거울은 없습니다. 거울은 현실의 참모습을 보여주는 도구지 소망의 모습을 보여주는 도구가 아닙니다. 거울에 등장하는 모습이 아름답지 못하다면 그것은 거울 탓이 아닙니다. 거울 속에 존재하는 그 대상이 아름답지 못한 이유입니다.

기술이 부족한 사람이 자신의 서툰 것은 생각하지 않고 연장 탓을 합니다. 입맛을 잃은 사람이 음식 맛이 없다며 음식을 만든 사람을 탓합니다. 안전운전을 하지 않는 사람이 위험한 상황에 직면했을 때 상대방 운전자를 비난합니다. 시험을 친 후 좋은 결과를 얻지 못한 사람이 공부하지 않은 자신을 돌아보지 않고 갖가지 핑계를 댑니다.

모든 원인은 자신에게 있습니다. 뭔가 잘못되었을 때 모든 원인을 자신에게서 먼저 찾아야 합니다. 내가 바뀌면 거울 속의 내 모습도 바뀝니다. 거울 속 모습이 맘에 들지 않으면 먼저 나를 바꿔야 합니다. 나의 헤어스타일이 맘에 들지 않으면 미용실에 가야 합니다. 머리를 정성스럽게 가꾸고 나면 거울은 멋진 헤어스타일을 연출합니다.

거울이 냉정하듯 현실도 냉정합니다. 거울이 현재 모습을 반영하듯 현실도 현재의 노력을 반영합니다. 거울이 가꾸어졌든지 가꾸어지지 않았든지 있는 그대로의 모습을 보여주듯, 현실은 현재에 땀방울을 흘리지 않았든 열심히 땀을 흘렸든 결실로 증명해 줍니다.

거울은 과거를 보여주지 않습니다. 거울은 미래도 보여주지 않습니다. 거울은 오직 현재를 보여줍니다. 거울은 오직 현재만을 반영합니다. 거울은 우리가 만드는 오늘 순간순간의 모습을 그대로 보여줍니다. 오늘을 멋지게 살면 거울은 우리 삶을 멋지게 반영합니다. 때마다 순간순간마다 충실하게 살면 거울은 순간순간을 멋지게 보여줍니다.

God is Love

Miracle
302

꿈이 있는 사람은 스스로 움직인다.
He who has a dream moves himself.

이루고 싶은 오늘의 **비전** *(Vision)*

오늘을 살면서 누군가 또는 세상에 베푼 **사랑** *(Love)*

오늘을 돌아보며 부족했던 점에 대한 **반성** *(Reflection)*

오늘 나에게 행복이 되어 준 **감사** *(Thanks)*

년   월   일

God is Love

꿈이 있는 사람은 스스로 움직입니다. 마음속에 꿈이 있는 사람은 누군가 시켜서 하는 일을 좋아하지 않습니다. 머릿속이 온통 꿈으로 가득한 사람은 해야 할 일을 스스로 찾고, 스스로 시작합니다. 꿈이 있는 사람은 해야 할 무언가를 하고 싶어서 가만히 있지 못합니다. 무슨 일이든 계획 없이 진행하는 것을 싫어합니다. 실행한 후에는 스스르 돌아보고 피드백을 합니다. 시간의 중요성을 잘 알기에 의미 없이 버려지는 자투리 시간에도 생산적인 일을 찾아내고 해냅니다.

꿈을 가진 사람은 자존감이 높습니다. 스스로 자신이 꿈꾸는 멋진 꿈을 잘 해낼 수 있는 사람이라고 인정하기 때문입니다. 꿈을 가진 사람은 자신을 비하하지 않습니다. 자신을 비하하는 사람은 자신의 무능과 못남에 짓눌려 설레는 꿈을 꿀 능력이 안 된다고 생각하기 때문입니다. 꿈을 가진 사람은 어떤 상황에도 주눅 들지 않습니다. 꿈은 해낼 수 있다는 자신감과 해내고자 하는 의지에서 출발하기 때문에 현재의 불리한 상황과 실패, 실수 등에 주눅 들지 않습니다.

꿈을 꾸는 사람은 현재를 즐길 줄 압니다. 오늘 걷는 한 걸음 한 걸음이 꿈의 무대로 향하는 뜻깊은 걸음임을 알기에 두엇을 하든지 즐겁게 느껴집니다. 꿈을 꾸는 사람은 싫증과 지루함을 느낄 겨를이 없습니다. 꿈으로 향하는 순간순간의 발걸음에서 기쁨을 누리기에도 시간이 부족합니다. '꿈과 희망의 성'을 완성하기 위해 오늘 쌓아 올린 벽돌 한 장 한 장에서 보람을 느끼기에도 시간이 부족합니다.

꿈을 확신하는 사람은 인내력이 강합니다. 힘들고 포기하고 싶을 때마다 성취된 꿈을 상상하고 확신하기에 현재의 고난을 대수롭지 않게 생각합니다. 꿈을 확신하는 사람은 끝까지 참아냅니다. 잠시의 인내와 견딤은 누구나 할 수 있지만, 끝까지 참아내는 사람은 많지 않습니다. 끝까지 참아내는 사람이 세상의 주인공으로 살아갑니다.

God is Love

Miracle
303

애정이 식으면 단점만 보인다.
When affection cools, only the shortcomings are visible.

이루고 싶은 오늘의 **비전** *(Vision)*

오늘을 살면서 누군가 또는 세상에 베푼 **사랑** *(Love)*

오늘을 돌아보며 부족했던 점에 대한 **반성** *(Reflection)*

오늘 나에게 행복이 되어 준 **감사** *(Thanks)*

년   월   일

God is Love

애정이 가득할 때는 좀처럼 단점이 보이지 않습니다. 설령 단점이 보여도 애정으로 인해 중요하게 생각되지 않습니다. 애정은 긍정의 눈을 뜨게 하고 긍정의 감정을 깨웁니다. 애정이 있을 때는 상대의 성격, 조건, 능력, 상황 등 모든 것이 매력으로 느껴집니다.

하지만 애정이 식으면 단점만 보입니다. 애정이 식으면 자연스럽게 부정적인 모습들에 더 눈과 마음이 갑니다. 애정이 식으면 자꾸만 비판하게 됩니다. 이러한 현상은 연인 관계에서만 있지 않습니다. 대인관계나 일에서도 마찬가지입니다. 사람이나 일에 대해 애정이 식으면 긍정의 감정은 사라지고 부정의 마음이 활개를 칩니다.

애정이 식으면 먼저 관심이 줄어듭니다. 애정이 식으면 상대방에 관한 관심이 급격히 감소합니다. 상대방의 새로운 소식이나 일상적 얘기가 점점 관심에서 멀어집니다. 애정이 식으면 무관심과 회피의 영역도 늘어납니다. 대화를 피하고 만남 자체도 피합니다.

애정이 식으면 공감 능력이 떨어지거나 공감의 횟수도 줄어듭니다. 상대방의 감정이나 상황에 공감하기가 어려워지고 냉담한 반응을 보이는 횟수가 늘어납니다. 상대방이 고민이나 어려움을 이야기할 때 무관심하게 대응하거나, 감성적인 자극들을 제공하지 않습니다. 오히려 상대방의 단점이나 실수만을 강조합니다. 심지어 상대방을 비난하거나 공격하는 발언이 늘어나기도 합니다.

애정이 식기 전에 예방해야 합니다. 소 잃고 외양간을 고치는 것은 차선책이지 최선책이 아닙니다. 최선의 방법은 예방입니다. 애정이 식지 않도록 소통과 경청 그리고 이해와 존중을 습관화해야 합니다. 권태로운 패턴을 벗어나 새로운 루틴을 만드는 방법도 필요합니다. 미래를 준비하는 노력이나 모습도 효과적인 예방주사가 됩니다.

God is Love

Miracle
304

가을의 낙엽은 봄의 새잎을 준비한다.
Fall leaves prepare new leaves for spring.

이루고 싶은 오늘의 **비전** *(Vision)*

오늘을 살면서 누군가 또는 세상에 베푼 **사랑** *(Love)*

오늘을 돌아보며 부족했던 점에 대한 **반성** *(Reflection)*

오늘 나에게 행복이 되어 준 **감사** *(Thanks)*

년   월   일

God is Love

마지막은 새로운 시작입니다. 마지막은 신성장의 계기가 되며, 새 목표와 새로운 여정의 출발점이기도 합니다. 실패와 이별은 아픔을 주지만, 배움과 성장의 기회 또한 줍니다. 마지막을 아쉬워하기보다 새로운 도전과 새로운 시작을 기대하는 편이 훨씬 지혜롭습니다.

가을은 낙엽이 떨어지는 계절입니다. 나무는 겨울을 대비하기 위해 줄기에 영양분을 저장합니다. 그리고 봄이 되면 그 양분으로 새잎이 돋아나게 합니다. 가을 낙엽은 생명의 끝을 향한 몸짓이 아닙니다. 가을의 낙엽은 봄을 향한 새로운 시작의 몸부림입니다.

가을에 나뭇잎이 떨어지는 이유는 나무가 추운 겨울철에 생존하기 위함입니다. 겨울을 준비하는 나무는 에너지를 절약하기 위해 잎을 떨어뜨립니다. 잎은 광합성으로 태양 에너지를 흡수하여 영양분을 생산하지만, 겨울 동안은 태양이 부족하고 기온이 낮아서 광합성이 어렵기 때문에 나무는 에너지를 절약하기 위해 잎을 줄여나갑니다.

또한 나무는 잎을 떨어뜨려서 물의 증발을 줄이고 수분의 손실을 최소화합니다. 나뭇잎은 추위에도 취약합니다. 혹독하게 추운 겨울 극한의 상황에 저항하기 어렵습니다. 따라서 나무는 잎을 떨어뜨려 추위로부터 몸을 보호하기도 합니다.

가을의 낙엽은 봄의 새잎을 준비합니다. 끝은 새 시작을 준비하는 출발입니다. 무언가 끝나면 그것으로부터 배운 교훈과 경험을 통해 새로운 도전과 기회도 시작됩니다. 끝은 종료됨이 아닙니다. 끝은 새로운 가능성과 희망을 향해 달리는 전진의 발걸음입니다. 시월의 마지막 밤은 십일월의 첫날 아침을 향한 희망의 걸음입니다. 시월의 마지막 밤은 지나간 날들에 대한 아쉬움과 슬픔이 아닙니다. 시월의 마지막 밤은 다가올 날들에 대한 기대와 설렘입니다.

God is Love

Miracle
305

시도하지 않으면 성취도 없다.
If you don't try, there is no achievement.

이루고 싶은 오늘의 **비전** *(Vision)*

오늘을 살면서 누군가 또는 세상에 베푼 **사랑** *(Love)*

오늘을 돌아보며 부족했던 점에 대한 **반성** *(Reflection)*

오늘 나에게 행복이 되어 준 **감사** *(Thanks)*

년   월   일

God is Love

시도하지 않으면 성취도 없습니다. 성취를 이루기 위해서는 일단 시도해야 합니다. 시도하지 않으면 실패도 없겠지만 뜻깊은 성취의 결과도 얻을 수 없습니다. 시도하지 않으면 아무것도 변화시킬 수 없습니다. 시도하지 않으면 성장할 기회조차 주어지지 않습니다.

물론, 시도에는 실패의 두려움도 동반됩니다. 그것은 자연스러운 현상이지만 이겨내야 합니다. 성장과 성취를 원하면 나태한 영역을 벗어날 용기를 내야 합니다. 시도는 불확실성과 위험을 안고 있지만 용기와 결단으로 이겨야 합니다. 걷지 않은 길을 걸어봐야 합니다. 오르지 않은 산도 올라 봐야 합니다. 그 과정에서 두려움과 실패를 이겨내면 새로운 성장과 성취의 기회를 만날 수 있습니다. 시도하지 않는 사람은 자신의 한계를 넘어설 수 없습니다.

'원샷(one shot) 원킬(one kill)'은 없습니다. 단 한 번의 시도로 한 방에 성공해 내는 것은 드라마에서나 있는 일입니다. 멋져 보일 수는 있지만 현실에서는 거의 없는 일입니다. 성취를 위해서는 계속 시도해야 합니다. 포기하지 않고 끊임없이 시도해야 합니다.

시도하는 사람은 진취적인 사람입니다. 진취적인 사람들은 편안한 영역에서 벗어나는 것을 두려워하지 않습니다. 진취적인 사람들은 현실에 안주하지 않으며 변화와 성장을 추구합니다. 그들은 새로운 경험과 기회를 탐색하며 자신의 한계를 넘어서기 위해 노력합니다.

진취적인 사람은 과거의 흔적에 집착하지 않고 미래를 바라봅니다. 진취적인 사람은 이미 지나간 과거에 에너지를 소모하지 않습니다. 진취적인 사람은 과거보다는 미래에 초점을 맞추며, 비전과 목표를 향한 전진의 발걸음을 좋아합니다. 진취적인 사람은 전진의 인생을 위해 시도하는 것을 즐기며 시도하는 것을 쉬지 않습니다.

God is Love

Miracle
306

철저히 계획된 거짓말도 허술하게 들통난다.
A thoroughly planned lie is also caught sloppy.

이루고 싶은 오늘의 **비전** *(Vision)*

오늘을 살면서 누군가 또는 세상에 베푼 **사랑** *(Love)*

오늘을 돌아보며 부족했던 점에 대한 **반성** *(Reflection)*

오늘 나에게 행복이 되어 준 **감사** *(Thanks)*

년   월   일

God is Love

거짓말은 남보다 먼저 자신을 속이는 행위입니다. 거짓말은 자신의 실수, 부족함, 원하지 않는 현실을 피하기 위해서 선택하는 비겁한 자기방어 도구입니다. 거짓말은 자신을 보호하거나 상황을 유리하게 해주는 신약처럼 보이지만 오히려 내면을 파괴하는 독약이 됩니다.

거짓말은 자신과의 신뢰를 훼손하고 정신세계마저 오염시킵니다. 거짓말을 통해 자신을 속이는 것은 단기적 해결책이 될지는 모르나 장기적으로는 죄를 만들고 악을 키우는 수렁에 빠집니다. 거짓말은 또 다른 거짓말을 만들어내 진실된 삶에서 점점 멀어지게 합니다. 언젠가 진실이 드러날지도 모른다는 불안과 공포로 살아가게 합니다.

당장 고통이 따르더라도 나와 남을 속이는 대신, 진실을 선택하고 꾸밈없이 행하는 것이 바람직한 삶입니다. 거짓의 씨앗은 처음부터 키우지 말아야 합니다. 진실은 자신과 타인 사이의 신뢰를 형성하게 하고 건강한 관계를 유지하게 하는 보약입니다.

철저히 계획된 거짓말도 허술하게 들통납니다. 거짓은 진실을 덮을 수 없습니다. 어둠이 빛을 가릴 수 없습니다. 악은 선을 이길 수도 없습니다. 거짓말은 어떻게든 표가 납니다. 거짓말하는 사람의 신체 언어, 표정, 눈빛, 목소리, 행동, 습관 등 거짓말을 감지할 수 있는 요소가 정말 많습니다. 거짓말을 언제나 흔적을 남깁니다. 거짓말은 지나가는 모든 발자취에 어두운 그림자의 흔적을 남깁니다.

선한 사람은 거짓 없는 사람입니다. 좋은 사람은 속이지 않으려는 사람입니다. 아름다운 사람은 내면이 건강하고 진실된 사람입니다. 거짓이 없는 세상에 진정한 평화가 찾아옵니다. 속임이 없는 세상은 따뜻하고 행복한 세상을 만들어 줍니다. 진실이 가득한 세상은 나와 너 그리고 우리의 마음과 마음이 평안한 천국과 다름없습니다.

God is Love

Miracle
307

존경은 쇠락이 없는 권력이다.
Respect is a power without decline

이루고 싶은 오늘의 **비전** *(Vision)*

오늘을 살면서 누군가 또는 세상에 베푼 **사랑** *(Love)*

오늘을 돌아보며 부족했던 점에 대한 **반성** *(Reflection)*

오늘 나에게 행복이 되어 준 **감사** *(Thanks)*

년   월   일

God is Love

영원히 지속되는 권력은 없습니다. 권력은 유한하고 무상합니다. 쇠락한 권력은 바람에 나는 재와 같이 쓸쓸히 사라집니다. 화려했던 꽃이 땅바닥으로 떨어질 때 더 추해 보이듯이 강력했던 권력일수록 쇠락의 모습은 더 초라하고 더 비참합니다.

하지만 쇠락하지 않는 권력도 있습니다. 오히려 시간이 흐를수록 더욱 강해지는 권력이 있습니다. 못된 권력은 다수의 대중으로부터 외면받지만, 많은 이에게 진심 어린 환호를 받는 권력이 있습니다. 스스로 만든 권력이 아닌 타인이 만들어 준 권력이 있습니다. 그건 바르 존경의 권력입니다. 존경의 권력은 존경의 삶을 통해 대중에게 열렬한 지지와 응원으로 부여받은 특별한 권력입니다.

보통의 권력은 위에서 강압적으로 누르는 하향식 권력입니다. 반면 존경의 권력은 아래에서 자발적으로 떠받드는 상향식 권력입니다. 보통의 권력자는 언제 어디서든 도사리는 위험을 경계해야 하지만 존경의 권력자는 수많은 사람이 든든한 방패가 되어 줍니다.

존경받는 삶은 나이와 상관이 없습니다. 훌륭한 가치관을 소유한 사람이라면 어린이라도 존경받아 마땅합니다. 존경은 배움의 유무와 배움의 길이와도 상관이 없습니다. 배움이 없거나 짧은 사람이라도 삶이 아름다운 사람은 얼마든지 존경받을 수 있습니다. 존경은 부와 명예에 의해 영향을 받지 않습니다. 이름도 없고 빛도 없는 사람도 사랑으로 베풀고 섬기며 살면 존경의 자격은 충분합니다.

존경의 삶은 목표가 되면 안 됩니다. 존경이 목표가 되면 가식과 으스댐이 난무합니다. 존경의 삶은 목표가 아닌 자연스러운 생활의 습관이 되어야 합니다. 언제 어디서 누구를 만나든, 그리고 무엇을 하든지 숨 쉬는 호흡처럼 자연스러운 일상이 되어야 합니다.

God is Love

Miracle
308

교만은 사과의 마음을 가로막는다.
Arrogance interferes with the heart of apology.

이루고 싶은 오늘의 **비전** *(Vision)*

오늘을 살면서 누군가 또는 세상에 베푼 **사랑** *(Love)*

오늘을 돌아보며 부족했던 점에 대한 **반성** *(Reflection)*

오늘 나에게 행복이 되어 준 **감사** *(Thanks)*

년   월   일

God is Love

교만은 사과의 마음을 가로막습니다. 교만은 사과의 행위를 강하게 싫어합니다. 그래서 교만한 사람은 자기 실수나 잘못을 인정하거나 사과하기를 주저하는 경우가 많습니다. 교만한 사람은 사과함으로 인하여 자신의 자존심과 자부심이 무너질까를 걱정합니다.

하지만 실제는 다릅니다. 사과하는 사람은 오히려 지지받습니다. 사과의 행위가 실수나 잘못으로 끊긴 관계를 회복하고 개선합니다. 사과하는 사람의 자존감은 오히려 이전보다 더 강화됩니다.

사과는 상대방을 높이는 훌륭한 겸손의 자세입니다. 사과는 자신의 잘못을 인정하는 용기 있는 태도입니다. 사과는 상대방에게 사랑과 존중의 마음을 전하는 따뜻하고 아름다운 진심의 선물입니다.

사과는 크게 3가지의 효과가 있습니다. 첫 번째로, 사과는 존중의 마음을 전달합니다. 누군가에게 실수를 저질렀다거나 잘못했을 때, 사과를 통해 그 상황을 인정하고 미안함을 표현함으로써 진심 어린 존중의 마음을 전할 수 있습니다. 존중의 마음을 담은 사과는 마음 깊이 새겨진 상처나 불편한 마음까지도 깨끗하게 치료합니다.

사과의 두 번째 효과는 신뢰 회복과 관계 개선의 역할입니다. 마음 깊은 사과는 상대방과의 갈등이나 불화 상태를 진정시킵니다. 또한 사과는 서로의 상황을 공감하게 함으로써 상호간의 이해와 소통을 촉진하여 신뢰 회복과 관계 개선에 중요한 역할을 합니다.

세 번째, 사과는 자신을 성장시키는 양분이 됩니다. 실수와 잘못에 대한 인정과 사과는 성찰의 과정이 됩니다. 비슷한 실수를 반복하지 않겠다는 다짐도 됩니다. 사과를 통한 과거의 성찰과 미래의 다짐은 내면의 성장과 성숙을 수확하게 하는 좋은 밑거름이 됩니다.

God is Love

Miracle
309

지나친 자존심은 교만이다.
Too much self-respect is arrogance.

이루고 싶은 오늘의 **비전** *(Vision)*

오늘을 살면서 누군가 또는 세상에 베푼 **사랑** *(Love)*

오늘을 돌아보며 부족했던 점에 대한 **반성** *(Reflection)*

오늘 나에게 행복이 되어 준 **감사** *(Thanks)*

년   월   일

God is Love

자존심은 자신의 가치를 스스로 인정하고 존중하려는 마음입니다. 자존심은 남에게 굽히거나 지지 않고 스스로의 존재감이나 품격을 어떻게든 지키려는 마음입니다. 자존심은 자신에 대한 긍정적이고 매력적인 이미지를 강하게 보호하려는 마음입니다.

자존심은 정신적으로 건강한 정도의 수준에서 지켜지면 좋습니다. 자존심은 객관적으로 인정할 수 있을 만한 선에서 유지해야 합니다. 지나친 자존심은 교만입니다. 지나치게 보호하려는 자존심은 타인의 존재감은 깎아내리고 인정하지 않으려는 욕심쟁이의 마음보입니다. 지나친 자존심은 자기중심적이며 자만심이 강한 태도입니다.

지나친 자존심은 합리적인 판단을 방해하고 오만한 행동을 유발할 수 있습니다. 지나친 자존심은 나의 능력과 가치를 과신하여 타인의 조언이나 의견을 무시할 수 있습니다. 지나친 자존심은 사람들과의 관계를 손상시켜 인간관계에도 부정적인 영향을 미칠 수 있습니다. 지나친 자존심으로 자신을 너무 완벽하게 여기거나 자신의 한계를 인정하지 않는다면 성장과 관계의 좋은 기회를 놓칠 수 있습니다.

반면에 너무 낮은 자존감도 문제가 됩니다. 자존감이 너무 낮으면 자신을 과소평가하게 되고 자신을 향한 믿음과 자신감을 상실합니다. 너무 낮은 자존감은 자기에 대한 부정적인 자아 이미지를 형성하여, 자기 비하와 자기 비난에 빠지기 쉽습니다. 나 자신을 믿지 못하고 자신의 가치를 인정하지 않는다면, 새로운 도전을 망설이고 자신의 잠재력을 충분히 발휘하지 못합니다.

적절한 수준의 자존심을 유지하는 것이 중요합니다. 자신의 가치를 존중함과 함께 타인을 존중하고 배려하는 삶이 필요합니다. 균형이 잡힌 자존심은 자신과 타인 모두를 지켜주는 보약이 됩니다.

God is Love

Miracle
310

좋은 목적이 멋진 목표를 만든다.
A good purpose makes a great goal.

이루고 싶은 오늘의 **비전** *(Vision)*

오늘을 살면서 누군가 또는 세상에 베푼 **사랑** *(Love)*

오늘을 돌아보며 부족했던 점에 대한 **반성** *(Reflection)*

오늘 나에게 행복이 되어 준 **감사** *(Thanks)*

년   월   일

God is Love

목표는 걷고자 하는 길이요, 오르고자 하는 산이며, 닿고자 하는 별입니다. 목표는 달성하고자 하는 무언가 즉, 무엇(what)입니다. 목표는 도달하고자 하는 구체적인 결과물이나 상태입니다. 목표는 보이지 않는 언덕 너머의 비전을 위해 현재를 일구게 해줍니다.

목적은 목표를 달성하려는 동기가 되는 것 즉, 이유(why)입니다. 목적은 그 목표를 왜 달성하려고 하는지, 달성한 목표의 결과물을 가지고 무엇을 하려고 하는지에 해당하는 출발입니다. 목적은 벌과 나비가 꽃으로 날아가는 이유입니다. 성공이 목표라면 성공하려는 이유가 목적입니다. '성공이라는 결과물들을 가지고 무언가 하려고 하는 것' 바로 이것이 성공의 목적입니다.

목표를 달성한 사람은 대개 박수를 받습니다. 하지만 달성된 모든 목표에 박수를 보낼 수는 없습니다. 아무리 힘들고 대단한 목표를 달성했다고 하더라도 목적이 좋지 않으면 좋은 목표라고 할 수는 없습니다. 달성한 목표에 악한 목적이 숨어있다면 박수 아닌 지탄을 받아야 합니다. 성공의 목표가 나의 행복만을 위한 목적이라면 목표 그 자체도, 목표 달성 후의 상황에서도 박수받을 수 없습니다.

선한 목적이 선한 목표를 만듭니다. 남을 돕고자 하는 선한 목적은 달성하려는 목표에 선한 영향력을 전파합니다. 달성된 목표가 선한 방향과 선한 방법으로 쓰이도록 길을 열어줍니다. 좋은 목적은 좋은 목표의 어머니입니다. 좋은 목적은 좋은 목표를 세우고 달성하도록 도와주며 세상과 사람들을 좋은 목표의 수혜자로 초대합니다.

우리는 목표를 세울 때 가장 먼저 목적을 생각해야 합니다. 목표를 세울 때 목적이 선한지, 목적이 아름다운지 먼저 살펴봐야 합니다. 좋은 목적은 멋진 목표를 풍성하게 수확하게 하는 귀한 씨앗입니다.

God is Love

Miracle
311

경험은 인생의 미로에서 만나는 반가운 이정표이다.
Experience is a welcome milestone in the maze of life

이루고 싶은 오늘의 **비전** *(Vision)*

오늘을 살면서 누군가 또는 세상에 베푼 **사랑** *(Love)*

오늘을 돌아보며 부족했던 점에 대한 **반성** *(Reflection)*

오늘 나에게 행복이 되어 준 **감사** *(Thanks)*

년   월   일

God is Love

경험은 인생의 미로에서 만나는 반가운 이정표입니다. 인생은 때로 복잡하고 어려운 여정이지만, 지난 경험을 통해서 가야 할 방향과 나아갈 해법을 찾기도 합니다. 경험은 지혜와 통찰력을 제공합니다. 성공과 실패, 기쁨과 슬픔을 경험하면서 자신의 역량을 더 강화하게 되고 미래와 세상을 통찰하는 식견도 갖추어 갑니다.

경험에는 좋은 경험도 있고 쓰라린 경험도 있습니다. 좋은 경험은 성장과 성취, 기쁨과 만족으로 지혜와 도약의 에너지를 공급합니다. 반면에 쓰라린 경험은 고난과 실패, 아픔과 슬픔으로 자신의 약점을 인식하는 계기가 되고, 얻은 교훈으로 한 뼘 더 성장하게 합니다. 좋은 경험은 힘이 되고, 아픈 경험은 깨달음이 됩니다.

엉성했던 경험이라도 탄탄한 인생길의 밑거름이 될 수 있습니다. 때로는 철저한 계획과 분석만으로는 예측할 수 없는 상황이 발생할 수 있습니다. 비록 엉성하더라도 다양한 상황에서의 실패와 성공의 경험은 다가올 수많은 상황에서 판단과 대응의 힘이 되어 줍니다. 엉성한 경험이라도 세밀한 구상과 설계의 기초가 될 수 있습니다.

하지만 경험만으로는 한계가 있습니다. 경험은 과거 사건과 상황을 기반으로 하기 때문에 미래를 완벽하게 예측한다거나 대응할 수는 없습니다. 미래를 계획하고 설계할 때는 다가올 미래를 준비하는 데 유용하게 쓰일 새로운 지식과 다양한 정보들을 접목해야만 합니다. 경험으로 얻은 지혜와 통찰력을 바탕으로 새 시대에 맞는 새로운 지식과 정보를 한 몸으로 조화롭게 융합해야 합니다.

사소한 경험도 허투루 여기지 않아야 합니다. 일상의 작은 경험이 삶의 중요한 부품으로 쓰일 수 있습니다. 사소한 경험이라도 우리가 헤쳐가야 할 인생길에 중요한 이정표가 될 수 있습니다.

God is Love

Miracle
312

나를 변화시키면, 세상도 변화시킬 수 있다.
If you change yourself, you can change the world.

이루고 싶은 오늘의 **비전** *(Vision)*

오늘을 살면서 누군가 또는 세상에 베푼 **사랑** *(Love)*

오늘을 돌아보며 부족했던 점에 대한 **반성** *(Reflection)*

오늘 나에게 행복이 되어 준 **감사** *(Thanks)*

년   월   일

God is Love

나를 변화시키면 세상도 변화시킬 수 있습니다. 나의 생각과 말, 행동과 태도의 변화는 가장 먼저 자신의 능력과 자신의 삶을 한층 더 업그레이드시킵니다. 또한 나의 변화는 주변 사람에게 긍정적인 영향과 영감을 공급하여 그들에게 의미 있는 변화를 이끌어 내게 하는 계기가 되기도 합니다. 나아가 한 사람의 변화는 사회변화와 세상의 변화까지 견인하는 파급효과를 만들어 냅니다.

아득히 높아 보이는 변화라는 나무에 오르려 할 때 두려운 마음이 엄습하기도 하지만 설렘도 웃으며 찾아옵니다. 변화를 두려워하는 사람은 언제까지나 울퉁불퉁한 비포장의 도로의 삶을 살아갑니다. 반면에 변화를 설렘으로 받아들이고 극복해 낸 사람은 탄탄대로의 삶을 선물로 받게 됩니다. 변화를 피하고 굴복하는 사람도 있지만 변화의 어려움을 극복하고 성취를 이룬 사람도 많습니다.

변화를 어렵게 생각하는 마음도 이해는 갑니다. 변화는 불확실성과 불편함을 동반하기 때문에 반가운 손님은 아닙니다. 변화는 새로운 시도나 방식을 통해 익숙한 영역에서 벗어나는 것이므로 불편할 수밖에 없습니다. 또한, 예상치 못한 상황이나 도전에 직면하는 것이 변화의 속성이기 때문에 어렵게 느끼는 것도 당연합니다.

하지만 변화는 그런 어려움과 두려움을 이겨낸 대가로 성장이라는 커다란 선물을 주기 때문에 외면해서는 안 됩니다. 변화는 어려움과 불편함을 동반하지만, 그 안에는 많은 보물과 같은 선물들이 가득 숨어있습니다. 새로운 가능성과 기회, 성장과 발전, 풍요로운 삶과 만족감, 긍정적인 영향력과 사회를 향한 기여… 등 귀하고 흐뭇한 선물들에 속합니다. 변화를 통해 우리는 더욱 풍요로운 삶을 살아갈 수 있고, 주변 사람들과 사회 그리고 세상에 긍정적인 영향을 미칠 수 있습니다. 지금, 이 순간! 변화의 발걸음을 시작해야 합니다.

God is Love

Miracle
313

험담은 내 영혼을 먼저 더럽힌다.
To speak ill of someone makes my soul dirty first.

이루고 싶은 오늘의 **비전** *(Vision)*

오늘을 살면서 누군가 또는 세상에 베푼 **사랑** *(Love)*

오늘을 돌아보며 부족했던 점에 대한 **반성** *(Reflection)*

오늘 나에게 행복이 되어 준 **감사** *(Thanks)*

년   월   일

God is Love

험담은 부정적인 표현으로 다른 사람을 헐뜯는 비굴한 말입니다. 험담은 비난적인 내용을 담아 다른 사람을 비하하는 나쁜 말입니다. 험담은 사람을 세워주는 생산적인 말이 아니라, 사람을 넘어뜨리는 파괴적인 언어입니다. 험담은 밝은 곳에서 오가는 맑은 말이 아니라, 어두운 곳에서 오가는 음흉하고 탁한 언어입니다.

험담은 고약한 중독의 언어입니다. 의지가 약한 어린이들은 사탕이 이를 썩게 한다는 것을 알면서도 계속 먹습니다. 험담을 끊으려는 의지가 약한 사람은 나쁜 것을 알면서도 계속합니다. 중독은 무서운 결과를 초래합니다. 중독은 예방이 최선이지만, 이미 시작되었다면 확산을 막아야 합니다. 지금부터라도 필사적으로 막아야 합니다.

험담이 무서운 것은 상대방에게도 독이 되지만 자신에게도 독이 되기 때문입니다. 험담을 자제해야 하는 것은 상대에게도 상처지만 자신의 마음에도 상처를 주기 때문입니다. 험담은 사람들의 마음을 오염시키기 전에 나 자신의 마음과 영혼을 먼저 더럽힙니다. 험담은 부정적인 감정과 에너지에 사로잡혀 자신의 내면을 병들게 합니다.

대체로 자존감이 낮은 사람이 험담을 많이 합니다. 자존감은 낮은 사람은 험담을 통해 자신의 존재감을 인위적으로 띄우려고 합니다. 상대를 깎아내림으로써 본인의 자존감이 높아진다고 착각합니다.

험담은 가정, 학교, 회사, 사회에서 조직력을 약화시킵니다. 험담은 공동체에서 상호간의 신뢰를 훼손시킵니다. 험담은 대화와 소통을 방해함으로써 공동체의 갈등을 일으킵니다. 험담은 일방의 공격적인 언어로 팀워크를 무너뜨립니다. 험담은 신속하고 정확한 의사결정에 부정적 영향을 미칩니다. 험담은 공동체의 길을 막을 수 있습니다. 험담은 다수가 쌓은 업적을 한순간에 무너뜨릴 수 있습니다.

God is Love

Miracle
314

전쟁 중에도 꽃이 피고 아기가 태어난다.
Even in war, flowers bloom and babies are born.

이루고 싶은 오늘의 **비전** *(Vision)*

오늘을 살면서 누군가 또는 세상에 베푼 **사랑** *(Love)*

오늘을 돌아보며 부족했던 점에 대한 **반성** *(Reflection)*

오늘 나에게 행복이 되어 준 **감사** *(Thanks)*

년   월   일

God is Love

전쟁 중에도 꽃은 꿋꿋이 핍니다. 전쟁과 폭력의 어둠 가운데서도 아름다움과 희망은 존재합니다. 전쟁이 고통과 비극을 가져오지만, 자연은 그 속에서도 삶의 아름다움을 계속해서 표현하고 있습니다. 꽃은 순수하고 아름다운 모습으로 희망과 위로를 전해줍니다.

전쟁 속에서도 아기는 탄생합니다. 전쟁이라는 혼란과 위험한 상황 속에서도 인간의 생명과 희망은 이어집니다. 아기의 탄생은 새로운 시작을 의미하며, 희망과 미래를 품고 있습니다. 전쟁으로 인하여 어려움과 고통은 있지만, 아기의 탄생은 새로운 비전을 제시합니다.

고난 속에서도 희망은 여전히 존재합니다. 어려운 상황에도 희망을 품고, 더 나은 미래를 향해 전진해야 합니다. 힘과 용기를 전하는 희망은 어둠 속에서도 빛을 비춰줍니다. 고난은 성장하고 강해지는 기회이기도 합니다. 어려움을 극복하면서 희망을 향해서 나아가는 과정에서 더욱 강해지고, 새로운 가능성도 찾을 수 있습니다.

고난의 때라도 포기하면 안 됩니다. 고난의 때라도 고난의 어둠과 고달픈 두려움에 제압당하면 안 됩니다. 어려운 상황이라도 끝까지 포기하지 않고 끈기와 투지로 이겨내야만 합니다. 문제를 해결하고 목표를 이루기 위해 더욱더 노력해야 합니다. 고난의 때에는 극복할 수 있는 더 큰 힘이 발휘될 수 있습니다.

고난의 때라도 희망을 바라봐야 합니다. 전쟁 속에서도 꽃이 피고 아기가 태어난다는 진리를 기억해야만 합니다. 희망은 강풍을 뚫고 하늘을 날 수 있는 날개를 달아줍니다. 희망을 품은 사람은 고난을 이기고 꿈을 향해 비상할 수 있습니다. 고난 중에 절망을 바라보면 안 됩니다. 고난 가운데 절망을 바라보면 있는 날개도 부러집니다. 고난의 때에 희망을 품으면 누구라도 다시 일어설 힘이 생깁니다.

God is Love

Miracle
315

농부의 땀방울은 국민 건강의 원천이다.
Farmers' sweat is a source of the people's health.

이루고 싶은 오늘의 **비전** *(Vision)*

오늘을 살면서 누군가 또는 세상에 베푼 **사랑** *(Love)*

오늘을 돌아보며 부족했던 점에 대한 **반성** *(Reflection)*

오늘 나에게 행복이 되어 준 **감사** *(Thanks)*

년   월   일

God is Love

농부의 땀방울은 국민 건강의 원천입니다. 농부가 땀 흘려 생산한 농산물들은 사람을 성장시키고 사람의 건강을 지켜주는 핵심적인 먹거리가 됩니다. 농부가 흘리는 땀은 국민의 건강한 피가 됩니다. 농부가 부르는 풍년가는 국민의 건강과 행복을 지켜주는 애국가가 됩니다. 식사나 간식을 먹을 때 농부들의 힘겨운 노동과 땀방울에 감사의 마음을 가져야 함은 우리들의 당연한 자세입니다.

농사는 힘든 노동의 여정입니다. 농부들은 일 년 내내 날씨 변화와 자연의 영향을 받으며 작물을 키우기 위해 수고를 아끼지 않습니다. 농사는 많은 노동과 노력이 필요하며, 체력과 인내력이 요구됩니다. 농사는 새벽의 별을 보며 일을 시작하기도 하고, 밤의 달을 보면서 일을 마치기도 합니다. 농부가 작물을 소중히 여기고 정성으로 가꾼 결과로 국민은 안전하고 건강한 식품을 먹고 즐길 수 있습니다.

농부는 자식을 낳고 기르는 어머니의 마음으로 농사를 짓습니다. 농부는 마치 어머니가 자식을 키우듯 작물을 돌보고 가꾸어 갑니다. 농부는 작물의 성장과 건강을 위해 귀한 시간과 노력을 투자합니다. 농부는 안전하고 맛있는 식탁을 자녀에게 차리듯, 자식처럼 소중한 국민에게 맛있는 밥상을 차려준다는 생각으로 농사를 짓습니다.

농부의 삶을 보호하고 국민의 건강을 보호하기 위해 우리가 해야 할 숙제도 있습니다. 환경 보호입니다. 농사는 환경의 영향을 많이 받습니다. 기후, 토양, 수자원 등 자연환경은 작물의 성장과 생산에 큰 영향을 미칩니다. 무섭게 오염되는 자연환경은 농작물의 생육과 건강, 품질과 수확에 크나큰 타격을 입히고 있습니다. 환경과 기후 변화에 대한 지속적인 관심과 대비는 농업의 지속가능성을 위해서 매우 중요합니다. 건강하고 안전한 먹거리를 지속적으로 공급받기 위해서 모두가 환경 보호에 앞장서고 동참해야 합니다.

God is Love

Miracle
316

좋은 선생님은 눈높이에 맞춰 가르친다.
A good teacher teaches at eye level.

이루고 싶은 오늘의 **비전** *(Vision)*

오늘을 살면서 누군가 또는 세상에 베푼 **사랑** *(Love)*

오늘을 돌아보며 부족했던 점에 대한 **반성** *(Reflection)*

오늘 나에게 행복이 되어 준 **감사** *(Thanks)*

년   월   일

God is Love

좋은 선생님은 눈높이에 맞춰 가르칩니다. 좋은 선생님은 가르칠 때 학생들을 자기 수준에 맞추려는 오류를 범하지 않습니다. 배우는 학생의 수준을 최대한 빨리 파악하려고 해야 좋은 선생님이 됩니다. 학생의 마음과 수준을 잘 헤아려서 그들의 눈높이에 맞춰 가르쳐야 좋은 선생님이 됩니다. 학생 수준에 맞는 가르침의 도구를 발견하고 개발하기 위해 부단히 노력해야 좋은 선생님이 될 수 있습니다.

보유한 실력은 대단한데 가르치기에는 부족한 선생님이 계십니다. 엄청난 스펙을 가졌음에도 배우는 사람의 입장을 헤아리지 못하는 선생님이 계십니다. 아무리 대단한 실력을 보유했더라도 가르침의 능력이 부족하면 좋은 선생님이라 할 수 없습니다. 아무리 엄청난 스펙을 가졌더라도 학생 눈높이에 맞는 유연하고 적절한 교수법을 개발하고 활용하지 못하면 훌륭한 선생님이라 말하기 어렵습니다.

가르치는 사람에게 '무엇을 가르칠 것인가?'도 중요하지만 '어떻게 가르칠 것인가?'도 중요합니다. '무엇을 가르칠 것인가?'를 가야 할 목적지라고 한다면, '어떻게 가르칠 것인가?'는 목적지에 도착하게 하는 다양한 루트입니다. '산 정상 = 목적지'라고 가정할 때, 정상에 오르는 방법은 다양한 루트가 있을 수 있습니다. 가르치는 사람은 정상으로 안내하는 길라잡이의 역할입니다. 산에 잘 오르는 사람은 힘든 루트로 안내해도 아무 상관이 없습니다. 하지만, 산에 오르는 것을 어려워하는 사람은 길라잡이가 쉬운 루트로 안내해야 합니다.

배우는 사람의 수준을 초과한 가르침은 답답하고 머리만 아프게 합니다. 유의미한 성과를 기대하기가 쉽지 않습니다. 배우는 사람의 수준에 미치지 못하는 가르침은 시간 낭비에 불과합니다. 차라리 그 시간에 다른 걸 한 것만도 못합니다. 좋은 선생님은 배우는 사람의 눈높이에 맞추는 것을 즐거움이자 보람으로 생각합니다.

God is Love

Miracle
317

성공한 사람처럼 살면 성공한 사람이 된다.
If you live like a successful person, you become a successful person

이루고 싶은 오늘의 **비전** *(Vision)*

오늘을 살면서 누군가 또는 세상에 베푼 **사랑** *(Love)*

오늘을 돌아보며 부족했던 점에 대한 **반성** *(Reflection)*

오늘 나에게 행복이 되어 준 **감사** *(Thanks)*

년 월 일

God is Love

성공한 사람처럼 살면 성공한 사람이 됩니다. 성공에 도달한 듯이 현재를 살면 미래에 성공한 사람으로 살아갈 수 있습니다. 성공한 사람처럼 목표를 세우고 열정적인 노력으로 최선을 다하면 성공한 사람이 됩니다. 성공한 사람처럼 용기와 결단으로 도전하고 실패를 두려워하지 않으면 됩니다. 성공을 이룬 것처럼 지속적으로 역량을 개발하고 끊임없이 자신을 동기부여 하면 됩니다. 성공한 사람처럼 행동하는 것은 성공을 이루기 위한 훌륭한 전략이 됩니다.

멋진 사람처럼 살면 멋진 사람이 됩니다. 스스로가 멋진 사람으로 생각하고 멋진 사람으로 살면 실제로 멋진 사람이 될 수 있습니다. 모습과 행동 그리고 태도가 타인들에게 멋진 인상을 준다면 멋진 존재로 인정받을 수 있습니다. 멋진 스타일과 멋진 걸음걸이 그리고 멋진 능력으로 자신을 관리한다면 실제로 멋진 사람이 됩니다.

좋은 사람처럼 살면 좋은 사람이 됩니다. 좋은 사람인 듯 타인을 배려하고 존중하며 예의와 도덕을 지키며 살면 좋은 사람이 됩니다. 좋은 사람처럼 정직하고 약속을 잘 지키면 좋은 사람으로 인정을 받을 수 있습니다. 좋은 사람처럼 도움을 좋아하며 타인의 성공과 행복을 응원하면 실제로 좋은 사람이 되는 겁니다.

미래의 성공을 꿈꾼다면 성공한 사람처럼 현재를 살아가야 합니다. 멋진 사람이 되고 싶다면 멋진 사람의 모습으로 오늘을 근사하게 살아가야 합니다. 훗날 좋은 사람이었다고 평가를 받고 싶다면 바로 지금을 좋은 사람들이 살아가는 방식으로 살아가야만 합니다.

미래는 현재라는 땅 위에 열매를 맺는 나무입니다. 미래의 희망과 꿈은 그가 살아가는 현재의 삶 속에서 미리 볼 수 있습니다. 이루고 싶은 미래가 있다면 현재의 삶에서 그 미래를 보여줘야 합니다.

God is Love

Miracle
318

새벽에 일어나면 반나절을 더 산다.
You live another half day when you wake up at dawn.

이루고 싶은 오늘의 **비전** *(Vision)*

오늘을 살면서 누군가 또는 세상에 베푼 **사랑** *(Love)*

오늘을 돌아보며 부족했던 점에 대한 **반성** *(Reflection)*

오늘 나에게 행복이 되어 준 **감사** *(Thanks)*

년   월   일

God is Love

새벽에 일어나면 반나절을 더 삽니다. 새벽에 기상하면 금쪽같은 시간을 덤으로 얻기 때문에 훨씬 풍요로운 인생을 살 수 있습니다. 새벽에 잠을 깨워 기도와 명상, 독서와 계획의 시간을 즐기는 삶은 인생을 빛나게 가꾸는 탁월한 습관이 됩니다.

새벽 기상은 새날의 시작부터 승리감을 선물합니다. 잠과 피곤함을 물리치고 다른 사람보다 앞서서 오늘의 삶을 시작한다는 뿌듯함은 생각보다 큰 성취감을 줍니다. 새벽부터 기분 좋게 충전된 성취감은 하루를 멋지게 일구어 가게 하는 훌륭한 에너지가 됩니다.

새벽은 조용하고 평화로운 시간입니다. 조용하고 평화로운 새벽의 시간은 집중력이 높기 때문에 생산성도 높아집니다. 공부든 일이든 똑같은 시간을 투여해도 더 많은 성과로 시간의 효율이 높습니다. 새벽 기상으로 얻게 된 집중력의 선물은 창조적인 작업에도 활기를 불어넣어 평범한 시간을 황금의 시간으로 변화시켜 줍니다.

새벽 기상은 잠을 자는 시간과 '바늘과 실' 같은 관계입니다. 취침 시간이 늦어지면 새벽 기상은 허상일 뿐입니다. 늦지 않은 시간에 잠자리에 들어야 새벽 기상이 가능합니다. 늦게 자고 일찍 일어나면 좋을 것 같지만 그건 나무를 얻기 위해 하루라는 숲을 망가뜨리는 어리석은 전략입니다. 수면 부족은 더 많은 것을 잃게 합니다.

새벽 기상을 위해서 늦은 취침을 유혹하는 TV와 SNS를 이겨내야 합니다. 술과 게임의 유혹을 이겨내야 합니다. TV와 SNS의 유혹, 술과 게임의 유혹을 이겨내지 못하면 그 무대에 등장하는 사람들을 주인공으로 만들어 주고, 자신은 언제나 구경꾼으로 살게 됩니다. 새벽 기상은 자기 자신을 주인공으로 만들어 줍니다. 내가 내 삶의 주인공으로 살면 세상도 나를 주인공으로 멋지게 세워줍니다.

God is Love

Miracle
319

약점이 강점으로 변할 수 있다.
Weakness can turn into strength.

이루고 싶은 오늘의 **비전** *(Vision)*

오늘을 살면서 누군가 또는 세상에 베푼 **사랑** *(Love)*

오늘을 돌아보며 부족했던 점에 대한 **반성** *(Reflection)*

오늘 나에게 행복이 되어 준 **감사** *(Thanks)*

년   월   일

God is Love

약점이 강점으로 변할 수 있습니다. 스펀지는 구멍이 있기 때문에 물을 흡수할 수 있습니다. 자기 스스로 구멍이라고 생각하는 자신의 약점을 부끄럽게 생각할 수 있지만, 어떤 사람에게는 그런 모습이 인간미를 느끼게 하는 매력 포인트로 느껴질 수도 있습니다. 시작은 결핍의 매력이지만 나중에는 풍요의 매력으로 변할 수 있습니다.

약점은 성장할 잠재력과 가능성을 갖고 있다는 반증이기도 합니다. 어떤 부분이 약하고, 개선이 필요한지를 인식하고 인정함으로써 더 나은 성장과 성숙의 길로 나아갈 수 있게 됩니다. 약점을 보완하고 강점으로 발전시켜 나가는 과정을 통해서 새로운 버전의 자신이나 한 층 업그레이드된 자신의 역량을 만들어 갈 수 있습니다.

나 자신에게 있는 약점의 존재는 인정할 수밖에 없고, 또 인정해야 하지만 약점을 방치하면 안 됩니다. 약점을 방치하게 되면 나에게 존재하는 자랑스러운 강점마저 약점이 갉아먹게 됩니다. 약점들이 강점을 덮어버리면 자신의 존재감마저 약해집니다. 약점을 인정한 사람은 약점의 개선을 위해 노력하겠다는 의지도 갖춰야 합니다.

약점을 방치하지 않으면서 개선에 힘을 쓰면 빛나는 자기 계발의 성과를 얻게 됩니다. 약점들을 인정하고 개선하는 노력은 솔직함의 마음 밭에 땀으로 씨를 뿌리는 작업입니다. 약점을 방치하게 되면 성장을 제한하고, 새로운 희망을 애초부터 차단하게 됩니다.

약점은 또 다른 기회의 문일 수 있습니다. 약점은 걸어가지 않은 또 다른 희망의 길일 수 있습니다. 약점은 지금껏 관심받지 못했던 숨은 보석일 수 있습니다. 약점을 부끄러워하는 대신 약점에 관심을 갖는 자세가 필요합니다. 약점을 홀대하는 대신 약점에도 가능성이 있음을 믿고 기대하며 가꾸어 가는 정성이 필요합니다.

God is Love

Miracle
320

커튼 뒤의 행동이 그의 진짜 모습이다.
The behavior behind the curtain is what he really is.

이루고 싶은 오늘의 **비전** *(Vision)*

오늘을 살면서 누군가 또는 세상에 베푼 **사랑** *(Love)*

오늘을 돌아보며 부족했던 점에 대한 **반성** *(Reflection)*

오늘 나에게 행복이 되어 준 **감사** *(Thanks)*

년   월   일

God is Love

커튼 뒤의 행동이 그 사람의 진짜 모습입니다. 외부의 사람들에게 노출되지 않는 곳에서 자연스레 표출되는 모습이 그 사람의 진짜 모습입니다. 외부로 보이는 이미지와는 전혀 다른 모습과 전혀 다른 행동을 하는 사람들이 많습니다. 물론 외부로 보이는 모습과 내면의 모습이 일치하는 겉과 속이 같은 사람도 있습니다.

안타깝게도 현실에서는 보이는 모습과 실제의 도습이 다른 사람이 더 많은 것 같습니다. 보이는 모습은 멋지고 아름다운데 드러나지 않은 감추어진 곳에서는 추한 모습으로 살아가는 사람이 많습니다. 외부의 삶에서는 이타적인 사람처럼 행동하는데 실제로는 이기적인 사람이 그런 사람입니다. 앞에서 볼 때는 선한 사람처럼 보이는데 뒷모습에는 악함이 가득한 사람이 그런 사람입니다.

훌륭한 사람은 보이지 않는 곳에서도 훌륭하게 행동합니다. 훌륭한 사람은 타인의 시선과는 상관없이 언제 어디서든 도덕적인 행동을 추구하며, 정직한 행동을 합니다. 훌륭한 사람은 보는 이가 없어도 아무 곳에나 쓰레기를 버리지 않고, 신호등도 잘 지킵니다. 훌륭한 사람은 보이지 않는 곳에서도 생각과 말과 행동이 아름답습니다.

아름다운 가치를 품고 있는 원석을 가공해야 보석이 탄생합니다. 돌덩이 그 자체인 돌멩이는 아무리 가공해도 보석으로 태어날 수 없습니다. 내면에 죄와 어둠이 가득한 사람은 아무리 갈고 닦아도 빛의 존재가 될 수 없습니다. 이미지 메이킹만으로 자신에게 있는 본래의 모습을 언제까지나 감추고 위장할 수 없습니다.

산속 홀로 핀 꽃은 보는 이가 없어도 향기를 내려놓지 않습니다. 숲속 이름이 없는 나무는 찾는 이가 없다 해도 꼿꼿한 자태를 잃지 않습니다. 멋진 사람은 보이지 않는 곳에서도 스스로 멋집니다.

God is Love

Miracle
321

자기 사랑은 이웃 사랑의 연습이 된다.
Self-love becomes an exercise of neighborhood love.

이루고 싶은 오늘의 **비전** *(Vision)*

오늘을 살면서 누군가 또는 세상에 베푼 **사랑** *(Love)*

오늘을 돌아보며 부족했던 점에 대한 **반성** *(Reflection)*

오늘 나에게 행복이 되어 준 **감사** *(Thanks)*

년   월   일

God is Love

사랑의 출발점은 나 자신이어야 합니다. 자신을 사랑하지 못하는 사람이 남을 사랑한다는 것은 이치에 맞지 않습니다. 자기 사랑은 이웃 사랑의 연습이 됩니다. 나를 사랑함은 남을 사랑하는 훌륭한 준비 과정이 됩니다. 그래서 나를 먼저 사랑하고 아껴줘야 합니다. 나를 사랑하는 것으로 타인의 소중한 존재 가치를 깨달아야 합니다. 나를 사랑함으로 남도 나와 같이 소중한 존재임을 깨달아야 합니다.

성경은 '네 이웃을 네 자신 같이 사랑하라'라고 가르칩니다. 이웃 사랑의 출발점은 나 자신임을 전제하고 있습니다. 이웃을 사랑하고 싶다면 나를 사랑하는 것이 먼저입니다. 자신조차 사랑하지 못하는 사람이 남을 사랑한다는 것은 마치 애향심이 없는 사람이 애국심을 갖는다는 것과 같은 억지 이치입니다. 나를 사랑하는 철저한 연습은 남을 사랑해야 하는 이유를 자연스럽게 깨닫게 해줍니다.

다이아몬드와 진주가 아무리 귀하다 해도 세상에는 많이 있습니다. 하지만 '나'라는 사람의 존재는 유일합니다. 지혜로운 머리와 뜨거운 심장을 가진 나는, 이 세상에 오직 하나뿐입니다. 세상의 어떤 것과 귀함을 비교할 수가 없고, 우주의 어떤 것과 대체할 수도 없습니다.

세상에는 순서가 있습니다. 순서는 세상의 이치이자 순리입니다. 먼저 줄을 선 사람이 먼저 혜택을 받듯 사랑에도 순서가 있습니다. 숫자도 1을 쓰고 2를 쓰는 순서가 있듯 사랑에도 순서가 있습니다.

남을 사랑하려는 마음이 강할수록 나 자신을 더 사랑해야 합니다. 타인에게 사랑을 베풀고자 하는 마음이 가득할수록 더더욱 자신을 사랑해야 합니다. 온 세상과 온 세상 사람에게 사랑의 씨를 뿌리고 싶거든, 사랑의 열매를 거두고 싶거든, 나 자신을 먼저 사랑해야만 합니다. 나를 먼저 사랑함이 세상을 사랑하는 시작이 됩니다.

God is Love

Miracle
322

영원한 동지도 없고, 영원한 적도 없다.
There is no eternal comrade, and there is no eternal enemy.

이루고 싶은 오늘의 **비전** *(Vision)*

오늘을 살면서 누군가 또는 세상에 베푼 **사랑** *(Love)*

오늘을 돌아보며 부족했던 점에 대한 **반성** *(Reflection)*

오늘 나에게 행복이 되어 준 **감사** *(Thanks)*

년   월   일

God is Love

영원한 동지도 없고, 영원한 적도 없습니다. 전쟁터 같은 치열한 삶의 현장에서 어제의 동지가 오늘의 적이 될 수 있고, 오늘의 적이 내일의 동지가 될 수 있습니다. 함께하는 동지라 해서 나의 약점과 사적인 정보들을 모두 노출하고 공유하는 것은 위험합니다. 반대로 현재 시점에서 나와 등을 지고 있는 적이며 치열한 경쟁 상대라고 해서 철저히 배척하고 미워하는 것은 현명하지 못합니다.

가까운 동지에게 마음의 문을 열어주는 것은 좋은 일이지만 안방 문까지 활짝 열어줄 필요는 없습니다. 적의 침투와 공격에 대비하기 위해 경계의 문을 빈틈없이 단속해야 하지만 변화와 발전을 위한 대화와 소통의 문까지 닫는 것은 좋지 않습니다.

동지에게도 거리를 두어야 할 때가 있습니다. 동지라도 조심하고 걸러내야 할 것이 있습니다. 적에게도 친밀감을 유지해야 할 때가 있습니다. 적이라도 배워야 할 것이 있습니다.

무조건적인 판단은 좋지 않습니다. 동지는 모두 옳고, 적은 모두 그르다는 판단은 좋지 않습니다. 맹목적인 결정은 좋지 않습니다. 동지의 생각과 주장에는 사리판단이 없이 찬성의 결정을 내리면서, 적이 내놓는 의견과 뜻에는 생각의 여지도 없이 반대하는 결정은 좋지 않습니다.

식물이 가진 독성이 약이 되기도 하고, 때로는 약성이 독이 되기도 합니다. 기르던 애완동물이 주인을 물기도 합니다. 사람과의 관계도 참으로 변화무쌍합니다. 가까운 사이였다가 멀어지기도 하고, 원수 같은 사이였다가 가까워지기도 합니다. 가까운 사이라도 긴장감을 가져야 합니다. 등을 지고 있는 사이라도 단절의 마음을 갖는 것은 좋지 않습니다. 사람의 마음은 언제 어떻게 변할지 모릅니다.

God is Love

Miracle 323

유년기의 학대는 성인이 되어도 아프다.
Childhood abuse is painful even in adulthood.

이루고 싶은 오늘의 **비전** *(Vision)*

오늘을 살면서 누군가 또는 세상에 베푼 **사랑** *(Love)*

오늘을 돌아보며 부족했던 점에 대한 **반성** *(Reflection)*

오늘 나에게 행복이 되어 준 **감사** *(Thanks)*

년   월   일

God is Love

유년기의 학대는 성인이 되어도 아픕니다. 유년기의 학대 경험은 성인이 되어서도 깊은 상처로 남을 수 있습니다. 유년기에 경험한 학대는 충격이 크기 때문에 학대의 기억이 쉽게 잊히지 않습니다. 학대의 공포에서 쉽게 빠져나오지 못합니다.

유년기의 학대는 힘없는 약자로서 방어할 수 없고 피할 수도 없는 일방적인 학대 피해이기 때문에 더 공포스럽게 느껴지고, 억울함의 감정도 클 수밖에 없습니다. 그래서 유년기의 학대 경험은 지워지지 않는 트라우마가 되어 아주 오랜 시간 동안 심리적 안정과 평안을 방해하고, 일상에서의 평범한 행동조차 어렵게 만듭니다.

유년기에 경험한 학대는 신체적인 측면에서나 정신적인 측면에서 나아가 사회적인 측면에서 상당히 부정적인 영향을 미치게 됩니다. 신체적으로는 만성 통증과 약물 남용 그리고 장애 등으로 이어질 수 있고, 정신적으로는 불안과 우울, 비관과 낮은 자존감 등 심리적 어려움을 겪을 수 있습니다. 사회적으로는 반항과 일탈, 범죄 등에 노출될 확률이 높으며 대인기피증, 의심과 경계 등으로 대인관계의 어려움에 직면하게 됩니다.

유년기의 학대가 더 위험한 건 학대의 피해자가 학대의 가해자가 될 가능성이 높기 때문입니다. 어릴 적 부모로부터 구서운 학대를 경험한 자녀는 결혼 후 자신의 자녀에게 언어적, 정서적, 신체적인 폭력과 방임 등 심각한 아동학대를 대물림할 가능성이 높습니다.

유년기의 학대는 주로 가정에서 시작됩니다. 가정에서 자녀들에게 어떤 형태의 학대도 노출되지 않도록 부모는 철저히 신경을 써야 합니다. 부부싸움이나 갈등, 도를 넘는 자녀 훈계와 질책 등 가정 폭력은 학대의 대를 잇는 위험한 출발이 됨을 명심해야 합니다.

God is Love

Miracle
324

현명한 선택들이 성공한 인생을 만든다.
Wise choices make a successful life.

이루고 싶은 오늘의 **비전** *(Vision)*

오늘을 살면서 누군가 또는 세상에 베푼 **사랑** *(Love)*

오늘을 돌아보며 부족했던 점에 대한 **반성** *(Reflection)*

오늘 나에게 행복이 되어 준 **감사** *(Thanks)*

년   월   일

God is Love

인생은 선택의 연속입니다. 매일의 삶에서 순간순간마다 선택하며 살아가고 그 선택은 인생의 결과물로 나타납니다. 좋은 선택을 하게 되면 주로 보람된 결과로 웃음 짓게 되고, 좋지 않은 선택을 하게 되면 주로 후회로 눈물짓게 됩니다.

아침에 눈을 뜨면 일어날지 잠을 더 잘지, 아침밥을 먹을지 거를지 선택의 기로에 섭니다. 어떤 선택을 하든 결과는 자신의 몫입니다. 학창시절 열심히 공부할지 아니면 공부가 아닌 다른 일에 정신을 팔 것인지도 선택의 대상이며 선택에 대해서 책임을 지는 사람도 자신입니다. 성인이 되어 사귀는 사람과 결혼할 것인지 말 것인지를 선택하는 것도 자신의 몫이며 결과의 책임을 지는 것도 자신입니다.

현명한 선택이 성공한 인생을 만들어 갑니다. 현명한 선택은 보통 지금 당장은 자신에게 편한 선택이 아닌 경우가 많습니다. 현명한 선택은 단기적인 유혹이나 이익에 휩쓸리지 않고 장기적인 목표와 가치를 중요하게 생각합니다. 현명한 선택은 멋진 미래를 대비하게 하고, 성공한 삶의 방향으로 나아갈 수 있게 도와줍니다.

물론 현명한 선택이 늘 좋은 결과를 보장하지는 않습니다. 현명한 선택에도 실패와 어려움이 따를 수 있습니다. 그런 경우에는 실패를 통해 배우고 깨달으면 됩니다. 중요한 것은 현명한 선택을 하려는 노력을 게을리하지 않고, 현명한 선택을 계속 쌓아가는 것입니다.

선택은 인생에 큰 영향을 끼칩니다. 삶의 길에서 신중히 고민하고 현명하게 선택하는 습관을 들여야 합니다. 자신의 비전과 꿈에 맞는 선택을 하도록 노력해야 합니다. 인생은 선택이라는 돌로 쌓아가는 탑이기에, 좋은 돌을 고르는 것이 중요합니다. 좋은 돌을 선택해야 멋진 인생의 탑을 만들어 갈 수 있습니다.

God is Love

Miracle
325

사랑으로 꾸짖는 것은 약이다.
Scolding with love is medicine.

이루고 싶은 오늘의 **비전** *(Vision)*

오늘을 살면서 누군가 또는 세상에 베푼 **사랑** *(Love)*

오늘을 돌아보며 부족했던 점에 대한 **반성** *(Reflection)*

오늘 나에게 행복이 되어 준 **감사** *(Thanks)*

년   월   일

God is Love

사랑으로 꾸짖는 것은 약입니다. 사랑의 마음으로 쓴소리하는 것은 게으름과 안일함을 물리치게 하는 보약이 됩니다. 사랑하는 사람을 위해 때때로 질책하고 꾸중하는 것은 당근만큼이나 중요한 채찍이 됩니다. 나의 마음과 상대의 마음이 함께 아프더라도 사랑의 훈계를 하는 것은 격려와 위로만큼이나 큰 효과가 있습니다.

'꾸짖음'이라는 표현은 좋지 않은 느낌입니다. 꾸짖음을 환영하는 사람은 아마도 없을 겁니다. 꾸짖음에도 마음이 상하지 않는 사람은 드물 겁니다. 꾸짖음은 아무리 예쁜 포장지에 싸서 아무리 친절하게 건네주더라도 받기 싫은 선물입니다.

꾸짖음이 환영받지 못하는 손님일지라도 존재할 필요는 있습니다. 꾸짖음이 비록 모두가 꺼리는 가시의 모습일지라도 존재할 이유는 있습니다. 뭐든 일방적이고 한쪽으로 치우친 것은 좋지 않습니다. 뭐든 균형이 필요합니다. 흰쌀밥만 먹으면 밥맛은 좋겠지만 몸에는 해롭습니다. 흰쌀밥에 잡곡을 섞어야 건강에 좋듯이 칭찬하더라도 때로는 꾸짖음이 필요합니다. 찌는 햇볕에 단비가 필요하듯 주로는 격려하더라도 때로는 엄하게 지적하며 나무랄 필요가 있습니다.

사탕을 좋아한다고 해서 아이에게 사탕을 계속 줄 수는 없습니다. 몸에 좋은 음식이라고 해서 계속해서 그것만 먹을 수는 없습니다. 칭찬이 훌륭한 동기부여의 도구라고 해서 동기부여를 위해 칭찬만 계속할 수는 없습니다. 칭찬만 한다면 부작용이 생길 수 있습니다. 칭찬만 받으면 교만해질 수 있습니다. 자신의 부족함과 개선해야 할 점을 모르고 살아갈 수 있습니다.

큰 피해를 주는 태풍이 바다 밑을 건강하게 만들기도 합니다. 듣기 싫은 사랑의 꾸짖음이 좋은 약이 될 때가 있습니다.

God is Love

Miracle
326

뿌리는 꽃과 열매의 숨은 공로자다.
Roots are hidden contributors to flowers and berries.

이루고 싶은 오늘의 **비전** *(Vision)*

오늘을 살면서 누군가 또는 세상에 베푼 **사랑** *(Love)*

오늘을 돌아보며 부족했던 점에 대한 **반성** *(Reflection)*

오늘 나에게 행복이 되어 준 **감사** *(Thanks)*

년   월   일

God is Love

뿌리는 꽃과 열매의 숨은 공로자입니다. 꽃과 열매가 자식이라면 뿌리는 부모입니다. 사람들이 살아가는 세상에서의 부모처럼 뿌리는 꽃피고 열매가 맺힐 수 있도록 보이지 않는 땅속에서 헌신합니다. 뿌리는 생장과 발달에 필요한 양분과 수분을 흡수하여 본능적으로 자신의 입으로 넣지 않고 줄기와 꽃과 열매에 끊임없이 공급합니다. 뿌리는 토양을 고정시켜 식물이 꼿꼿이 살아갈 수 있도록 든든한 기반도 되어 줍니다.

 뿌리는 땅에 묻혀 살면서 소리 없이 묵묵합니다. 뿌리는 땅 밑에서 낮음을 자처합니다. 사람들로부터 받는 격려와 찬사와 영광은 꽃과 열매에 아낌없이 양보합니다. 하지만 잊지는 말아야 합니다. 비록 뿌리가 가장 낮은 자리에서 일하는 모습마저 보이지 않는다고 해도 그 가치는 결코, 천하지 않다는 것을 말입니다. 잎과 꽃과 열매의 영광은 결국 뿌리의 아름답고도 숭고한 희생 덕분임을 가슴 깊이 새겨야 합니다.

 나무의 뿌리처럼 보이지 않는 곳에서 소리 없이 일하는 사람들이 많습니다. 있는지 없는지도 모르는 분야에서, 직군에서, 부서에서, 업무에서 묵묵히 일하는 사람들이 그런 사람입니다. 노출되지 않고 보이지 않기 때문에 이들의 노고와 기여가 간과되기 쉽지만, 그들의 공로가 무시되거나 저평가되어서는 안 됩니다.

 한 그루의 나무 가장 낮은 자리에는 뿌리가 있습니다. 뿌리를 딛고 우렁찬 줄기가 솟고 가지들은 신난 팔을 벌립니다. 뿌리가 보내준 양식으로 꽃은 함박웃음 짓고 열매는 우쭐댑니다. 뿌리 없는 나무는 생명이 없는 장작입니다. 뿌리 없는 나무는 엄마 잃은 아기입니다. 뿌리의 묵묵한 헌신으로 인해 나무도, 사람도, 세상도 기쁨을 함께 얻습니다. 뿌리는 그렇게 이름 없이, 빛도 없이 우주를 지킵니다.

God is Love

Miracle
327

젊음은 현재에 존재한다.
Youth exists in the present.

이루고 싶은 오늘의 **비전** *(Vision)*

오늘을 살면서 누군가 또는 세상에 베푼 **사랑** *(Love)*

오늘을 돌아보며 부족했던 점에 대한 **반성** *(Reflection)*

오늘 나에게 행복이 되어 준 **감사** *(Thanks)*

년   월   일

God is Love

젊음은 현재에 존재합니다. 젊음은 현재를 기반으로 존재합니다. 아무리 멋지고 가슴 벅찼던 젊음이라도 지나가 버린 과거의 젊음은 지금 존재하지 않습니다. 아무리 자랑스럽고 행복했던 젊음이라도 흘러가 버린 과거의 젊음은 떠오르는 기억이요, 추억일 뿐입니다. 지난 젊음은 다시 돌아오지 않는 떠나버린 청춘입니다.

하지만 가버린 젊음에 눈물을 흘릴 필요는 없습니다. 지난 과거의 젊음은 떠나갔더라도 오늘의 젊음이 새롭게 탄생하기 때문입니다. 젊음은 떠나가면 없어지는 것이 아닙니다. 과거의 젊음은 떠나가도 매일매일 새로운 오늘의 젊음이 다시 선물처럼 찾아옵니다. 오늘도 여전히 내게 온 젊음을 반갑게 맞이하고, 제대로 누리면 됩니다.

오늘을 사는 사람은 오늘이 가장 젊은 날입니다. 오늘을 선물 받은 사람은 오늘이 가장 뜻깊은 청춘의 날입니다. 오늘의 삶에서 늙음을 바라볼 필요가 없습니다. 선물로 다가온 오늘의 젊음을 느끼기에도 아까운 시간입니다. 오늘의 삶에서 늙음을 서러워할 필요 없습니다. 고맙게 다가온 오늘의 청춘을 누리기에도 부족한 시간입니다.

지난 세월을 아쉬워하면서 '10년만 젊었어도'라고 생각하면서 사는 사람들이 있습니다. 그런 사람들은 10년 후에도 같은 말을 반복할 확률이 높습니다. 자기보다 젊은 사람을 보면서 '참, 좋은 때다'라고 부러워하면서 사는 사람들이 있습니다. 그런 사람들은 자기가 살고 있는 현재도 좋은 때라는 것을 알지 못하는 사람입니다.

지나간 젊음을 아쉬워하기보다는 우리에게 주어진 오늘의 젊음에 감사하는 삶이 현명한 삶입니다. '자신 있다'고 생각해야 자신감이 생기는 것처럼, 젊다고 생각해야 젊음을 느끼고, 누릴 수 있습니다. 어제의 젊음은 갔지만, 오늘의 젊음이 또 새롭게 다가와 있습니다.

God is Love

Miracle
328

걱정은 더 큰 걱정을 낳는다.
Worry gives rise to greater worry.

이루고 싶은 오늘의 **비전** *(Vision)*

오늘을 살면서 누군가 또는 세상에 베푼 **사랑** *(Love)*

오늘을 돌아보며 부족했던 점에 대한 **반성** *(Reflection)*

오늘 나에게 행복이 되어 준 **감사** *(Thanks)*

년   월   일

God is Love

걱정은 더 큰 걱정을 낳습니다. 걱정은 더 많은 걱정의 요소들을 지속적으로 끌어들입니다. 걱정하면 근심과 염려가 사라지는 것이 아니라, 오히려 걱정할수록 더 많이 불안하고 더 많이 애가 탑니다. 걱정하면 고민을 해결해 주는 대로가 열리는 것이 아니라, 오히려 더 복잡한 고민의 미로로 빠져들게 됩니다.

걱정은 생산적이지 않아서 걱정하면 할수록 손해를 보게 됩니다. 걱정은 빠져나오기 힘든 수렁 같아서 한 번 걱정의 늪에 빠져들면 헤어 나오기가 어렵습니다. 걱정은 모든 물체를 빨아들이는 블랙홀처럼 모든 정신과 관심을 빨아들여, 지금 해야 할 일에 집중할 수 없도록 방해합니다.

걱정으로 인해서 필연적으로 발생하는 불안감과 초조함은 가만히 있으면 더 커집니다. 걱정이 생각을 지배할 때 생산적인 무언가를 해야 합니다. 해야 할 일을 하면서 틈틈이 고민 해결의 아이디어를 찾아보는 것이 더 효과적입니다. 걱정이 마음을 혼란스럽게 할 때 의도적으로 흥미로운 무언가를 찾아서 해봐야 합니다. 정신적으로 새롭고 건강하게 리셋된 상태가 되면 걱정을 해결할 방법들이 더 잘 떠오를 수 있습니다.

걱정이 많은 사람은 모든 일에 습관적으로 걱정을 합니다. 걱정이 많은 사람은 심지어 좋은 일에도 걱정을 합니다. 좋아도 걱정, 좋지 않아도 걱정입니다. 걱정이 자기의 세포가 되어 버린 겁니다.

걱정은 상당히 부정적인 에너지입니다. 그래서 자꾸 안 되는 쪽을 바라보게 합니다. 걱정이 희망과 행복을 가립니다. 걱정과 이별하고 싶다면 지금이라도 잘라내면 됩니다. 위험에 처한 도마뱀이 꼬리를 자르고 살아남는 것처럼, 걱정을 끊으면 더 잘 살아갈 수 있습니다.

God is Love

Miracle
329

실패를 두려워하는 사람이 가장 못난 겁쟁이다.
He who is afraid of failure is the worst coward.

<u>이루고 싶은 오늘의 **비전** *(Vision)*</u>

<u>오늘을 살면서 누군가 또는 세상에 베푼 **사랑** *(Love)*</u>

<u>오늘을 돌아보며 부족했던 점에 대한 **반성** *(Reflection)*</u>

<u>오늘 나에게 행복이 되어 준 **감사** *(Thanks)*</u>

년   월   일

God is Love

실패를 두려워하는 사람이 가장 못난 겁쟁이입니다. 어떤 실패도 두려워하지 않고 도전하는 사람은 성취와 성장과 성공을 얻을 수 있습니다. 겁을 내지 않고 실패를 두려워하지 않는 사람은 새로운 도전에 더욱 열정적으로 임하며, 실패를 통해 배우고 성장합니다.

겁쟁이는 도전이라는 단어 자체를 두려워합니다. 겁쟁이는 실수나 실패에 대한 두려움으로 인하여 새로운 도전에 나서기를 꺼리거나 회피합니다. 실패에 대한 두려움으로 도전하지 않는 사람은 자신의 성장과 성공을 크게 제한한다는 것을 알아야 합니다. 실패에 대한 두려움을 물리치고 도전함으로써 배우고 성장하여 원하는 목표를 성취할 기회가 온다는 것을 반드시 깨닫고 기억해야 합니다.

실패는 삶의 여정에서 걸어갈 수많은 걸음 중 한 걸음일 뿐입니다. 불과 몇 걸음 잘못 걷는다고 해서 인생이 끝나지 않습니다. 실패는 긴 인생의 일부일 뿐입니다. 실패는 성장하고 성숙해 가는 과정에서 필연적으로 겪어야만 하는 오히려 값진 경험입니다. 실패는 새로운 방향과 새로운 길을 제시하고, 좀 더 나은 선택과 전략을 개발하게 하는 기회를 선물해 줍니다.

도전에 앞서 두려움이 밀려올 때 실패를 생각하기브다는 성공을 떠올려야 합니다. 성공을 상상하는 것만으로도 자신감과 동기부여를 줄 수 있습니다. 성공을 상상하면 자신의 능력과 잠재력을 강하게 믿는 힘이 생기고, 실패에 대한 두려움은 스스로 물러납니다.

실패를 두려워하지 않으면 도전의 욕구가 계속 생깁니다. 도전은 나의 한계를 넘어서게 해주는 도약의 발판입니다. 도전은 걸어가던 사람을 뛰게 합니다. 뛰어가던 사람을 날 수 있게 해줍니다. 실패에 대한 두려움을 물리치면 우리는 누구라도 하늘을 날 수 있습니다.

God is Love

Miracle
330

노력 없이 쌓은 부는 도둑질과 다름없다.
Wealth accumulated without effort is nothing short of theft.

이루고 싶은 오늘의 **비전** *(Vision)*

오늘을 살면서 누군가 또는 세상에 베푼 **사랑** *(Love)*

오늘을 돌아보며 부족했던 점에 대한 **반성** *(Reflection)*

오늘 나에게 행복이 되어 준 **감사** *(Thanks)*

년   월   일

God is Love

노력 없이 쌓은 부는 도둑질과 다름없습니다. 노력 없이 얻은 부는 반작용으로 노력한 사람의 결실을 빼앗고 낚아채는 결과를 낳을 수 있습니다. 힘든 노력과 수고함이 없이 취한 것이기 때문에 노력하며 살아가는 사람에게 허탈과 실망을 줄 수 있습니다. 열심히 노력하며 살아가려는 사람들의 사기와 의지도 꺾을 수 있습니다.

땀과 노력으로 쌓은 부는 그 가치와 의미가 큽니다. 노력과 시간을 투자하고 어려움을 극복하며 성취해낸 재물은 자신의 노력에 대한 보상이기 때문에 보람이 클 수밖에 없습니다. 이렇게 얻고 쌓아가는 부는 자신에게도, 남들에게도 당당하게 자랑할 수 있습니다.

뜨거운 태양 아래에서 힘없이 녹는 눈처럼 노력 없이 얻은 부는 허망하게 사라집니다. 노력 없이 얻은 부는 그 존재의 귀중함을 잘 모르기 때문에 귀하게 보관되거나 관리되지 않습니다. 땀을 흘리지 않고 얻은 부는 기대하지 않았던 운이나 일시적인 기회를 통해서 찾아왔기 때문에 사라질 때도 예고 없이 사라집니다.

부는 노력의 밭에서 땀 흘려 수확되어야 합니다. 재물은 한순간의 운이나 두 번 다시 경험하기 힘든 우연에 의해 얻어지면 안 됩니다. 부는 노력과 수고를 통해 수확되는 결과물이어야 합니다. 그래야 그 재물과 부를 소중하게 여기고 관리합니다. 그래야만 그 재물과 부를 사회와 세상에 가치 있게 사용할 수 있습니다.

재물과 부를 노력 없이 공짜로 얻으려는 생각은 절대로 하지 않는 것이 좋습니다. 그런 허황된 생각은 현재를 충실히 그리고 열심히 살아가려는 마음을 흐트러뜨립니다. 그런 어리석은 생각은 현재와 오늘과 지금에 에너지를 집중해서 쏟아붓는 것을 방해합니다. 삶의 순간순간에 써야 할 자신의 에너지를 집중한다면 부도 따라옵니다.

God is Love

Miracle
331

집념이 있는 사람은 무엇이든 해낼 수 있다.
A man of tenacity can do anything.

이루고 싶은 오늘의 **비전** *(Vision)*

오늘을 살면서 누군가 또는 세상에 베푼 **사랑** *(Love)*

오늘을 돌아보며 부족했던 점에 대한 **반성** *(Reflection)*

오늘 나에게 행복이 되어 준 **감사** *(Thanks)*

년   월   일

God is Love

집념은 강한 신념입니다. 집념은 자신만의 목표와 자신의 의지를 믿는 신념입니다. 집념은 잡념의 유혹에 넘어가지 않는 용기입니다. 집념은 잡념의 어지러움에도 흔들리지 않는 의연함입니다. 집념은 목표를 향한 열정입니다. 집념은 이루려는 한 가지 일에 몰두하고 끈질기게 매달리는 간절한 마음입니다. 집념은 나의 목표를 이루기 위해 강한 의지와 끈기로 전력투구하는 희망찬 노력입니다.

집념은 어려움과 장애물을 극복하고 자신의 목표에 도달하기 위해 끊임없이 노력하게 하는 힘을 갖게 해줍니다. 집념은 어떤 어려운 상황에서도 포기하지 않고 최선을 다하게 하는 원동력이 되어 줍니다. 집념을 가진 사람은 고난을 단순한 고난으로 여기지 않고 고난을 꿈의 길로 안내해 주는 하나하나의 관문으로 받아들입니다.

집념이 있는 사람은 무엇이든 해낼 수 있습니다. 집념이 가득하게 충전된 사람은 목표와 꿈을 위해 필요한 잠재 능력을 키워갑니다. 가야 할 목적지에 집념으로 시선을 고정하는 사람은 목표를 향한 지식 습득과 자기계발 그리고 필요한 경험에 큰 힘을 기울입니다. 집념의 사람은 스스로 동기부여하고, 쓰라린 실패에도 굴하지 않고, 능력과 가능성을 최대한 발휘하여 성취를 이루어 냅니다.

하지만 집념만으로 모든 것을 해낼 수는 없습니다. 각자의 능력과 한계가 있으며, 환경적인 제약이나 외부 요인들도 고려해야 합니다. 집념만 믿고 자신의 능력을 과대평가하거나 외부적인 세상 변화에 무관심하면 절대 안 됩니다. 그럼에도 불구하고 집념이라는 의지와 열정의 정신이 중요한 이유는 집념이 있는 사람은 고난을 극복하고 목표에 도달하기 위해 최선을 다하는 자세를 갖고 있기에, 수많은 목표들을 성취할 수 있는 가능성을 높일 수 있습니다. 집념이 있는 사람은 목표를 이룰 때까지 한눈을 팔지도 않습니다.

God is Love

Miracle
332

돈보다 말로 망하는 사람이 더 많다.
There are more people who fail with words than with money.

이루고 싶은 오늘의 **비전** *(Vision)*

오늘을 살면서 누군가 또는 세상에 베푼 **사랑** *(Love)*

오늘을 돌아보며 부족했던 점에 대한 **반성** *(Reflection)*

오늘 나에게 행복이 되어 준 **감사** *(Thanks)*

년   월   일

God is Love

돈보다 말로 망하는 사람이 더 많습니다. 돈으로 망하는 사람들은 경제 분야에 한정되지만, 말로 망하는 사람들은 정치, 경제, 사회, 문화, 교육, 종교, 체육... 등 세상 모든 분야에서 예외가 없습니다. 돈으로 망하는 사람은 부를 잃지만, 말로 망하는 사람들은 명예와 인격까지 잃어버립니다.

 말로 망하는 경우 망하는 속도가 빠릅니다. 말은 순간적으로 세상에 전달되고 확산됩니다. 상대방뿐만 아니라 세상의 다수에게 급속하게 퍼져나갑니다. 사람들은 누군가의 입에서 나온 좋은 말보다 실수한 말에 더 많은 관심을 갖습니다. 사람들은 누군가에게 들은 좋은 말을 전파할 때보다 실수한 말을 전파할 때 더 많은 힘을 쏟아붓습니다.

 말로 망한 사람은 명예와 신뢰를 회복하기가 참 어렵습니다. 한순간 한 마디의 부적절한 발언으로 인해 세상 사람들로부터 이해와 용서를 받기까지 참으로 오랜 시간이 걸릴 수 있습니다. 순간의 격한 감정을 다스리지 못해 내뱉은 말은 기나긴 시간 고통이 됩니다.

 말로 망하지 않기 위해서 한마디 한마디를 말할 때마다 삼사일언을 습관화하여 조심하고 또 조심해야만 합니다. 비방, 욕설, 모욕의 언어들을 삼가해야 합니다. 가짜 소문과 허위 정보를 퍼뜨려서는 안 됩니다. 타인의 비밀을 누설하거나 개인정보를 유출해도 안 됩니다. 예의 없는 발언이나 무례한 언행을 최대한 멀리해야 합니다.

 말로 흥하는 사람보다 말로 망하는 사람이 많습니다. 말로 상처를 치유하는 사람보다 상처를 주는 사람이 더 많습니다. 말로 인기를 얻기는 어려우나 인기를 잃는 것은 한순간입니다. 말로 흥할 것인지 망할 것인지는 감정을 이기는 이성적 생각, 상대를 이해하는 포용의 가슴, 그리고 쇠처럼 무거운 혀끝에 달려있습니다.

God is Love

Miracle
333

때로는 엄살이 큰 병을 막는다.
Sometimes an exaggeration of pain prevents serious illness.

이루고 싶은 오늘의 **비전** *(Vision)*

오늘을 살면서 누군가 또는 세상에 베푼 **사랑** *(Love)*

오늘을 돌아보며 부족했던 점에 대한 **반성** *(Reflection)*

오늘 나에게 행복이 되어 준 **감사** *(Thanks)*

년   월   일

God is Love

때로는 엄살이 큰 병을 막습니다. 나약한 모습처럼 보이는 엄살이 때로는 큰 병을 예방할 수 있습니다. 참을성이 없는 사람처럼 보일 수도 있지만, 때로는 엄살이 심각한 건강의 위기를 막기도 합니다.

아픈 것을 내색하지 않다가 병을 키울 수 있습니다. 쉽게 고칠 수 있었던 병을 악화시킬 수 있습니다. 아픈 것을 참다가 오히려 더 큰 병을 얻을 수 있습니다. 전조증상을 무시하다가 크나큰 화를 당할 수 있습니다.

아픈 것을 말하는 것은 나약함도 아니고 비겁함도 아닙니다. 아픈 것을 참는 것은 참을성도 아니고 용기도 아닙니다. 조금이라도 아플 때 아픈 곳을 돌아봐야 합니다. 조금 아플 때 치료하지 않으면 큰 병원에 가는 것을 막기 어렵습니다. 사소한 질병을 가볍게 여기다가 상황이 나빠지면 나중에는 치료가 어려워질 수 있습니다. 조금 아플 때 병원에 가는 사람은 큰 병에 쓰러지는 위험을 줄일 수 있습니다.

마음의 병도 마찬가지입니다. 아프면 아프다고 표현해야 합니다. 상처를 받았으면 상처받았다고 어떤 방식으로든 표현해야 합니다. 마음의 병을 숨길 수는 있습니다. 하지만, 완전히 사라지게 할 수 없습니다. 스스로 치료할 수도 없습니다. 작은 마음의 병일지라도 대수롭지 않게 여기고 방치하면 안 됩니다. 그러다가 감당하지 못할 큰 병을 얻을 수 있습니다.

엄살은 아픈 척하거나 병이 심한 것처럼 말하는 것입니다. 엄살은 어려운 상황을 과장되게 표현하는 것입니다. 엄살은 자신의 의도를 부각하기 위해 과도하게 반응하는 것입니다. 이렇듯 엄살은 상황을 왜곡시키고 타인에게 걱정을 줄 수 있습니다. 하지만 때로는 엄살이 병과 화를 막는 긴요한 도구라는 것도 기억하며 살아가야 합니다.

God is Love

Miracle
334

기다림은 멈추는 시간이 아니라, 나아가는 시간이다.
Waiting is not a time to stop, but a time to move on.

이루고 싶은 오늘의 **비전** *(Vision)*

오늘을 살면서 누군가 또는 세상에 베푼 **사랑** *(Love)*

오늘을 돌아보며 부족했던 점에 대한 **반성** *(Reflection)*

오늘 나에게 행복이 되어 준 **감사** *(Thanks)*

년   월   일

God is Love

기다림은 멈추는 시간이 아니라, 나아가는 시간입니다. 기다림은 멈추기 위한 시간이 아니라, 나아가기 위한 시간입니다. 기다림을 멈추는 시간으로 오해해서는 안 됩니다. 기다림은 미래를 대비하고 준비하라는 시간이기 때문에 기다림을 멈추는 시간으로 착각하고 방치해서는 안 됩니다. 기다림의 시간을 내 삶이 앞으로 나아가게 하기 위한 치열한 몸부림의 시간으로 만들어야 합니다.

기다림은 답답한 시간이지만 가슴을 활짝 열고 오늘을 가꾸어야 합니다. 기다림은 초조한 시간이지만 담대한 마음으로 내게 주어진 하루를 일궈야 합니다. 기다림은 우울한 시간일 수 있지만 설렘의 희망을 떠올리며 한 걸음 한 걸음 걸어가야 합니다.

무언가를 기다릴 때 멍하니 기다리는 것은 좋지 않습니다. 감나무 밑에서 감이 떨어지기를 기다리기만 하는 사람은 앞으로 나아가지 못합니다. 볍씨를 뿌린 후에 추수할 때까지 농부는 그냥 기다리고만 있지 않습니다. 이른 새벽부터 일하고 준비하며 추수를 기다립니다. 먹이를 사냥하는 동물의 기다림도 멍한 기다림이 아닙니다. 사냥을 위한 준비 자세와 행동을 갖추며 기다립니다. 좋은 인연을 만나기 위해 기다리기만 하는 것은 지혜롭지 못합니다. 스스로 할 수 있는 것들을 준비하면서 기다려야 좋은 인연을 만날 수 있습니다.

애가 타는 기다림을 좋아할 사람은 없지만, 세상을 살아가는 동안 기다림의 시간은 필연적으로 만나게 됩니다. 가슴 졸이는 기다림의 시간을 환영하는 사람은 없겠지만, 피할 수 없는 기다림을 즐기는 사람은 있습니다. 필연적으로 만나게 되는 기다림을 즐기는 사람은 준비하는 사람입니다. 준비하며 기다리는 사람입니다. 좋은 소식을 기대하면서 기다리는 사람입니다. 행여 기다리던 소식이 아닐지라도 다음을 준비하며, 기대하며, 즐기면서 기다릴 사람입니다.

God is Love

Miracle
335

책은 저자보다 독자에게 더 큰 수혜를 준다.
Books benefit readers more than authors.

이루고 싶은 오늘의 **비전** *(Vision)*

오늘을 살면서 누군가 또는 세상에 베푼 **사랑** *(Love)*

오늘을 돌아보며 부족했던 점에 대한 **반성** *(Reflection)*

오늘 나에게 행복이 되어 준 **감사** *(Thanks)*

년   월   일

God is Love

책은 저자보다 독자에게 더 큰 수혜를 줍니다. 언뜻 보기엔 인세의 수입과 명성을 얻는 저자가 가장 큰 수혜자처럼 느껴집니다. 하지만 그 인세와 명성은 독자들의 호응이 없으면 가능하지 않은 일입니다. 독자의 호응은 책으로부터 얻은 긍정적인 영향에 대한 대가입니다. 저자가 얻는 수혜는 수많은 독자의 수가 합해진 수치의 결과임을 감안할 때 독자들이 얻은 수혜의 크기는 저자의 수혜보다 큽니다.

책의 진정한 주인공이자 주인은 저자가 아니라 독자입니다. 저자는 책에 담을 내용을 구상하고 집필하지만, 독자들은 그 저자의 책을 구매하고 소유하여 읽게 됩니다. 독자는 책 속의 내용과 이야기를 경험하면서 지식과 정보를 쌓고, 저자의 의도와 감정까지 공유할 수 있습니다. 새로운 세상으로 나아가는 영감을 얻을 수도 있습니다. 책은 저자가 집필하지만, 책의 내용을 잘 요리하고 소화하는 사람은 독자입니다. 독자는 그 책의 참 주인이자 주인공입니다.

책은 단순히 읽기 위해 읽는 것이 아니라, 활용하기 위해서 읽는 것입니다. 책이라는 마음의 양식을 잘 소화해서 어딘가에 활용하기 위해서 읽어야 합니다. 책을 통해 얻은 지식과 정보를 경쟁력으로 활용해야 합니다. 책을 읽고 '좋다', '대단하다', '유익하다'... 라고 감상만으로 끝내는 것이 아니라, 실제의 삶에 적용해야 합니다.

독서는 세상의 어떤 투자보다도 수익률이 높은 투자입니다. 만일 1만 원짜리 책을 구매했다면, 그 책을 통해 독자는 최소 2만 원의 성장은 얻어낼 수 있습니다. 그건 최소한의 효과일 뿐입니다. 어떤 이는 1만 원의 책으로 10만 원, 100만 원, 1,000만 원의 효과까지 얻을 수도 있습니다. 독서는 어떤 투자보다도 수익률이 높습니다. 앞서간 사람들이 수없이 증명했습니다. 책을 읽지 않는 시대일수록 책을 더 읽어야 합니다. 독서는 경쟁력 있는 블루오션의 길입니다.

God is Love

Miracle
336

숨은 인재는 때가 되면 무대에 오른다.
Hidden talent comes on stage in due course.

이루고 싶은 오늘의 **비전** *(Vision)*

오늘을 살면서 누군가 또는 세상에 베푼 **사랑** *(Love)*

오늘을 돌아보며 부족했던 점에 대한 **반성** *(Reflection)*

오늘 나에게 행복이 되어 준 **감사** *(Thanks)*

년   월   일

God is Love

숨은 인재는 때가 되면 무대에 오릅니다. 숨은 인재는 깊은 산속의 산삼처럼 오랜 세월을 땅에 묻혀 있어도 그 귀함을 잃지 않습니다. 숨은 인재는 자신의 능력과 재능을 인정받기까지 때를 기다릴 줄 알아야 합니다. 능력이 있는 인재라고 할지라도 바로 멋진 무대에 오르는 경우는 드뭅니다. 어려운 시기를 견디고 이겨내야 합니다. 무명의 시기를 견디다 보면 어느새 빛나는 무대에 서 있게 됩니다.

꽃봉오리의 시기를 거치지 않고 꽃을 피울 수는 없습니다. 아무리 뛰어난 실력자라도 인정받기까지는 시간이 필요합니다. 세상과 주변 사람들이 그 재능을 인식하고 인정하기까지는 많은 시간과 세월이 필요합니다. 이는 자신의 능력을 지속적으로 발전시키고, 기회가 올 때까지 참을성을 가지고 기다려야 함을 의미합니다.

때로는 자신의 업적과 성과를 적극적으로 어필하고 알리는 것도 필요할 수 있습니다. 이를 통해 사람들에게 자신의 능력을 알리고 주목받을 수 있습니다. 그러나 더욱 중요한 것은 능력을 유지하고 개발하는 것에 초점을 맞추는 일입니다. 사람들이 인정해 줄 때까지 기다리는 동안에도 자신의 능력을 지속적으로 발전시키는 노력을 절대로 게을리해서는 안 됩니다.

진정한 인재는 때를 기다리지도 않습니다. 인재가 때를 기다리는 것이 아니라 오히려 때가 인재를 기다립니다. 때가 되면 그에 맞는 인재가 필요해집니다. 어느 때, 어느 시대이든 실력과 내공을 갖춘 인재는 때가 알아봅니다. 그리고 때가 인재를 정중히 모셔갑니다.

인재는 어둠 속에 빛나는 빛과 같아서 그 빛을 발할 때가 옵니다. 인재는 주머니 속의 송곳과 같아서 밖으로 드러날 수밖에 없습니다. 인재는 자신의 실력을 쌓고 쌓으면서 묵묵히 정진하면 됩니다.

God is Love

Miracle
337

동기부여는 평범한 사람도 뛰어난 사람으로 만든다.
Motivation makes even an ordinary person a great person.

이루고 싶은 오늘의 **비전** *(Vision)*

오늘을 살면서 누군가 또는 세상에 베푼 **사랑** *(Love)*

오늘을 돌아보며 부족했던 점에 대한 **반성** *(Reflection)*

오늘 나에게 행복이 되어 준 **감사** *(Thanks)*

년   월   일

God is Love

동기부여는 평범한 사람도 뛰어난 사람으로 만듭니다. 동기부여는 보유한 능력을 신나게 발휘하도록 돕는 활력소입니다. 더 나아가서 동기부여는 가진 능력을 초월해서 발휘할 수 있게도 하는 마법의 마음 응원 도구입니다.

훌륭한 리더는 동기부여에 능한 사람입니다. 훌륭한 부모는 자녀를 양육하고 훈육하면서 상황에 맞는 동기부여를 잘해주는 리더여야 합니다. 훌륭한 교사는 학생들을 가르치고 지도하면서 시기적절한 동기부여를 잘하는 리더여야 합니다. 훌륭한 사장님은 경영하면서 직원들에게 힘과 열정을 불어넣어 줄 수 있는 동기부여를 잘하는 리더여야 합니다. 아무리 뛰어난 능력을 보유했다고 하더라도 때와 상황에 맞는 동기부여가 되지 않으면 의욕을 잃게 됩니다.

동기부여는 잠자고 있는 내면의 잠재력을 깨워줍니다. 누구에게나 무언가를 잘해 낼 수 있는 잠재력은 있습니다. 다만, 아직 모르고 있을 뿐입니다. 아직 모르고 있는 잠재력을 동기부여가 깨워줄 수 있습니다. 동기부여가 잠자고 있거나 가만히 누워만 있는 잠재력을 흔들어 깨우거나, 역동적으로 움직이게 할 수 있습니다. 동기부여를 통해 겨울잠을 자던 잠재력이 희망의 봄을 맞이할 수 있습니다.

동기부여는 잠재력을 성장시킵니다. 동기부여는 잠재력의 영양분이 되어 능력의 성장을 돕습니다. 동기부여는 잠재력의 퇴화를 막기도 합니다. 동기부여는 권태와 게으름을 막아주고, 인내의 힘을 북돋아 잠재된 능력이 퇴화하지 않도록 도와줍니다.

동기부여는 평범한 사람도 하늘을 날 수 있도록 돕는 날개입니다. 동기부여는 뛰어난 사람의 능력을 더 높이 그리고 더 멀리 날 수 있도록 돕는 로켓엔진입니다.

God is Love

Miracle
338

천천히 가더라도 꾸준히 가야 한다.
Even if you go slowly, you have to go steadily.

이루고 싶은 오늘의 **비전** *(Vision)*

오늘을 살면서 누군가 또는 세상에 베푼 **사랑** *(Love)*

오늘을 돌아보며 부족했던 점에 대한 **반성** *(Reflection)*

오늘 나에게 행복이 되어 준 **감사** *(Thanks)*

년   월   일

God is Love

천천히 가더라도 꾸준히 가야 합니다. 속도토다 방향이 중요하듯 속도보다 지속이 더 중요합니다. 초반에 빠른 속도로 치고 나갔다고 하더라도 최종 목표 지점까지 완주하지 않으면 승리할 수 없습니다. 처음엔 느리게 가더라도! 전반적으로 빠르지 않게 가더라도! 끝까지 포기하지 않는 지속이 중요합니다. 속도를 이기는 것은 지속입니다. 속도보다 지속적인 열정과 지속적인 노력이 더 중요합니다.

속도는 욕심입니다. 속도는 빠른 결과와 더 많은 성취를 얻으려는 욕심입니다. 속도를 우선시하다 보면 실수가 잦아지고, 예기치 않은 부작용이 발생할 수 있습니다. 속도에만 집중하다 보면 주변 상황을 살피지 못하고, 더 큰 것을 잃을 수도 있습니다.

속도는 깊이 있는 생각과 신중한 일 처리를 방해할 수 있습니다. 속도는 빠르기는 하지만 정확성을 떨어뜨릴 수도 있습니다. 속도는 서두름으로 인해 점검해야 할 것들을 빠뜨리게 할 수도 있습니다. 속도는 내실보다 보이는 성과에만 정신을 팔리게 할 수 있습니다. 속도는 겸손이 아닌 자만을 부추길 수 있습니다.

지속은 보이지 않는 힘입니다. 지속은 인내의 기반을 다지게 하는 힘이 되어 주고, 불가능의 영역을 가능의 영역으로 탈바꿈시켜 주는 강력한 동력이 되어 주기도 합니다. 지속적인 노력과 꾸준한 열정을 투여했음에도 불구하고, 기대했던 결과가 즉각적으로 나타나지 않을 수도 있습니다. 하지만 보이지 않는 지속의 힘은 인내와 의지력을 키워주며, 목표를 향한 갈망의 등불을 끝까지 지켜줍니다.

지속은 미약한 눈송이로 창대한 눈사람을 만들어 가는 과정입니다. 무엇이든 중간에 포기하지 않고 지속하는 사람은 믿을 수 있습니다. 끝까지 지속하는 사람은 무엇이든지 해낼 수 있는 사람입니다.

God is Love

Miracle
339

진정한 봉사는 요란하지 않다.
The real service is not noisy.

이루고 싶은 오늘의 **비전** *(Vision)*

오늘을 살면서 누군가 또는 세상에 베푼 **사랑** *(Love)*

오늘을 돌아보며 부족했던 점에 대한 **반성** *(Reflection)*

오늘 나에게 행복이 되어 준 **감사** *(Thanks)*

년   월   일

God is Love

진정한 봉사는 요란하지 않습니다. 진정한 마음으로 누군가를 돕고 봉사하려는 사람들은 남들에게 보여주기 위해 봉사하지 않습니다. 사람들에게 인정받기 위해 봉사하지 않습니다. 진정한 봉사자들은 숨바꼭질할 때 머리카락이 보일까 조마조마하듯 오히려 사람들이 '눈치채지 못하도록', '알지 못하도록' 감추려 애쓰며 봉사합니다.

 봉사의 목적은 돕는 것이지, 알리는 것이 아닙니다. 봉사의 목적이 알리는 것이라면 시작부터 오염된 마음가짐이요 훼손된 정신입니다. 진정한 봉사는 양과 크기가 중요하지 않듯, 진정한 봉사는 알림이 중요하지 않습니다. 봉사의 꽃은 돕는 사람과 도움을 받는 사람의 마음속에서 피는 것이지 세상 속에서 떠들썩하게 피지 않습니다.

 봉사하는 사람 중에는 자신의 자랑스러운 봉사 활동을 사람들에게 보여주고자 애쓰는 사람이 있습니다. 이들은 봉사를 통해 주변이나 세상에서 인정받기를 원합니다. 이들은 자신의 봉사를 통해 상이나 다양한 혜택을 얻고자 머리를 굴립니다. 이러한 보여주기식 봉사는 봉사의 고귀하고도 아름다운 가치를 퇴색시킵니다.

 봉사하는 사람들은 봉사의 힘을 알고 있습니다. 봉사하는 사람들은 봉사의 매력과 보람을 아주 잘 알고 있습니다. 봉사를 삶의 일부로 여기는 봉사의 달인들은 작은 봉사의 순간들이 모여 크나큰 감동과 변화를 이루어 낸다는 것을 참으로 잘 알고 있습니다.

 진정한 봉사자는 겸손합니다. 진심으로 봉사하는 사람들은 봉사를 대단한 일이라고 으스대지 않고 작은 일로 여깁니다. 참 봉사자는 봉사의 일을 자랑스러워하기보다 당연히 해야 할 일로 생각합니다. 봉사는 차가운 세상을 따뜻하게 하는 난로입니다. 진정한 봉사자는 소리 없이 따뜻합니다. 봉사는 알리지 않아도 위대하고 따뜻합니다.

God is Love

Miracle
340

습관적으로 의지하면 홀로서기 어렵다.
It's hard to stand alone if you rely on it habitually.

이루고 싶은 오늘의 **비전** *(Vision)*

오늘을 살면서 누군가 또는 세상에 베푼 **사랑** *(Love)*

오늘을 돌아보며 부족했던 점에 대한 **반성** *(Reflection)*

오늘 나에게 행복이 되어 준 **감사** *(Thanks)*

년   월   일

God is Love

습관적으로 의지하면 홀로서기 어렵습니다. 남을 의지하는 습관은 다른 사람들에게 자신의 해야 할 일이나 문제해결, 그리고 판단과 결정을 맡기려는 나약하고도 의존적인 마음에서 기인합니다. 남에게 의지하는 습관의 싹은 자신감과 자존감이 부족한 때에도 생깁니다. 남에게 의지하는 습관은 자신이 감당해야 할 사소한 일들에 대해 스스로 해결하기를 귀찮아하면서 시작될 수 있습니다.

과도하게 타인을 의지하는 습관은 심각한 질병과 같은 부작용을 낳을 수 있습니다. 스스로 처리해야 할 대부분의 일을 타인들에게 맡기려는 생각이나 행동은 개인의 잠재력과 성장에 제한을 가할 수 있습니다. 이러한 패턴이 지속되면 독립심은 약화 되고, 혼자서는 어떤 일도 해낼 수 없는 심각한 환자의 상태가 될 수도 있습니다.

어려서부터 의지하지 않는 습관을 길러주려는 노력이 필요합니다. 사소한 거라도 스스로 할 수 있도록 유도해야 합니다. 스스로 밥을 스스로 먹는 것, 양치질을 하는 것, 양말을 신는 것, 옷을 입는 것, 숙제하는 것... 등등 사소하지만 스스로 하도록 유도해야 합니다.

어려서부터 독립적인 활동을 응원해 주고, 자율적인 활동을 지원해 줄 필요가 있습니다. 자신의 관심사를 스스로 발견하게 하고, 그에 대해 독립적으로 활동할 수 있는 기회들을 제공해 주면 좋습니다. 어려운 상황이나 문제가 발생했을 때, 스스로 해결하도록 격려하는 것도 도움이 됩니다. 어려움을 스스로 극복해 내고 성취를 경험하는 과정과 칭찬받는 과정에서 독립심과 자신감을 키울 수 있습니다.

자신의 삶은 자신이 개척해 나가는 것입니다. 때때로 의지하거나 도움을 받을 수는 있지만, 습관이 되어서는 안 됩니다. 비바람에도 듬직하게 서 있는 나무처럼 웬만한 일은 스스로 해결해야 합니다.

God is Love

Miracle
341

좋은 친구는 함께 울고 함께 기뻐한다.
A good friend cries together and rejoices together.

이루고 싶은 오늘의 **비전** *(Vision)*

오늘을 살면서 누군가 또는 세상에 베푼 **사랑** *(Love)*

오늘을 돌아보며 부족했던 점에 대한 **반성** *(Reflection)*

오늘 나에게 행복이 되어 준 **감사** *(Thanks)*

년   월   일

God is Love

좋은 친구는 함께 울고 함께 기뻐합니다. 좋은 친구는 이심전심의 마음이 자연스럽게 만들어져 친구의 슬픔과 기쁨을 자신의 일처럼 느끼며 공감합니다. 좋은 친구는 친구의 성취와 영광을 마치 자신의 기쁨과 행복인 것처럼 기뻐합니다. 좋은 친구는 친구에게 불어닥친 슬픔을 자신에게 닥친 슬픔처럼 슬퍼합니다.

논어에 '有朋(유붕)이 自遠方來(자원방래)면 不亦樂乎(불역락호)아'라는 표현이 있습니다. '벗이 있어서 먼 곳으로부터 찾아오니 또한 즐겁지 아니한가!'라는 뜻입니다. 멀리에서 나를 찾아오는 친구의 모습이라! 상상만으로도 반갑고 즐거운 일이 아닐 수 없습니다.

이 세상에 태어나 죽기까지 세 명만이라도 진정한 친구가 있다면 성공한 삶이라고 말들 합니다. 진정한 친구! 진실한 친구! 글자로는 쉽게 쓸 수 있지만, 실제의 인생에서는 웬만해서 만들기 어려운 것 같습니다. 지금까지 살면서 인연이 된 많은 친구를 떠올려 볼까요? 그리고 지금 이 순간, 세 손가락에 꼽을 만한 진정한 친구가 있는지 돌아볼 때 자신 있게 말할 수 있는 사람이 몇 명이나 될까요?

왜 이리 우정에 깊이가 없고, 왜 이리 친구라는 글자에 따뜻함이 사라져가는 걸까요? 왜 이리 친구라는 소리에 반가움이 멀어져가고 있는 걸까요? 혹여 친구를 마음의 벗이 아닌 수단으로 삼고 있기 때문은 아닐까요? 혹여 우정을 이득과 손해로 구분하고 있어서는 아닐까요? 혹여 받기에만 익숙해진 나의 이기심 때문은 아닐까요?

진정한 친구는 가슴으로 소통하기 때문에 늘 따뜻합니다. 진정한 친구는 마음으로 보기 때문에 늘 가깝습니다. 그래서 힘이 됩니다. 그런 힘이 되는 친구 내가 되어 주고, 그런 힘이 되는 친구 서로가 되어 주면, 세상에는 진정한 친구들로 넘쳐날 것입니다.

God is Love

Miracle
342

말이 많은 사람은 경청하기 어렵다.
It is difficult for a talkative person to listen.

이루고 싶은 오늘의 **비전** *(Vision)*

오늘을 살면서 누군가 또는 세상에 베푼 **사랑** *(Love)*

오늘을 돌아보며 부족했던 점에 대한 **반성** *(Reflection)*

오늘 나에게 행복이 되어 준 **감사** *(Thanks)*

년   월   일

God is Love

말이 많은 사람은 경청하기 어렵습니다. 말이 많은 사람은 자신의 의견이나 이야기를 쏟아내고 싶어서 많은 양의 말을 하게 됩니다. 그러다 보면 자신은 상대방의 이야기를 집중해서 듣고 경청하는 데 소홀해집니다. 경청을 통해서 얻게 되는 다양한 정보와 지식 그리고 유용한 간접경험의 기회들이 줄어들거나 사라집니다.

경청은 존중의 표현입니다. 경청은 말하고 있는 상대방을 존중하는 마음가짐이자 자세입니다. 경청함으로써 상대의 이야기에 집중하고, 그의 의견이나 감정을 공감하려고 노력하는 것은 상대를 존중하는 훌륭한 자세입니다. 경청은 상대를 존중하는 습관도 만들어 줍니다.

경청하기 위해 몇 가지 방법을 시도해 볼 수 있습니다. 첫 번째로, 상대의 이야기에 집중하고 적극적으로 들어보려고 노력해야 합니다. 두 번째로, 상대의 의견이나 중요한 내용을 요약하거나 질문을 통해 확인해 보면 좋습니다. 세 번째로, 상대방이 이야기할 때 비판적인 태도보다는 이해와 수용의 자세로 듣게 되면 경청에 효과적입니다. 네 번째로, 무조건 듣기만 할 것이 아니라 적절한 타이밍에 자신의 의견도 제시하면 서로의 경청 분위기를 만들 수 있습니다.

대화할 때 사람들은 대부분 듣기보다 말을 많이 하고 싶어 합니다. 하지만 대화는 상대방과의 상호작용이기 때문에 상대방의 의견을 경청함으로써 존중하는 것이 필요하고 중요합니다. 상호 간 이해와 존중이 바탕에 깔려 있을 때, 상대방의 의견에 귀를 기울일 준비가 되어 있을 때, 비로소 진정한 대화가 시작된다고 할 수 있습니다.

대화할 때 말을 줄이는 것만으로도 경청에 가까워질 수 있습니다. 입을 닫으면 귀가 열립니다. 입술을 여는 시간을 줄이면 귀로 듣는 시간이 많아집니다. 경청으로 존중해 주면 서로가 유익합니다.

God is Love

Miracle
343

미소는 닫힌 마음을 연다.
A smile opens a closed mind.

이루고 싶은 오늘의 **비전** *(Vision)*

오늘을 살면서 누군가 또는 세상에 베푼 **사랑** *(Love)*

오늘을 돌아보며 부족했던 점에 대한 **반성** *(Reflection)*

오늘 나에게 행복이 되어 준 **감사** *(Thanks)*

년   월   일

God is Love

미소는 닫힌 마음을 엽니다. 미소는 얼어 있던 마음을 녹여줍니다. 누군가의 마음이 닫혀있을 때 미소는 그 마음을 열게 하는 신비한 능력을 발휘하곤 합니다. 미소는 사람에게 온기와 편안함을 전하며, 호감의 매력을 느끼게 하는 묘한 힘을 보유하고 있습니다.

마음의 문이 닫혀있을 때 그것을 연다는 것은 보통 어려운 일이 아닙니다. 닫힌 마음의 원인은 과거의 상처와 다툼, 불안과 불신, 오해와 실패, 그리고 이 외에도 수많은 원인이 있을 수 있습니다. 이런 상황에서 마음을 연다는 것은 분명히 시간과 인내가 필요하며, 때로는 전문가의 도움이 필요할 수도 있습니다.

마음의 문을 열기 위한 다양한 노력을 해야 할 때 미소는 약방의 감초와 같은 역할을 해낼 수 있습니다. 미소는 조용한 존재감으로 기특한 힘을 발휘합니다. 미소는 외유내강의 유형으로써 겉으로는 부드러운 모습을 하고 있지만, 내면을 움직이는 강력한 힘을 가지고 있습니다. 미소는 굳게 닫힌 빡빡한 마음에 기름을 칠하는 윤활유 역할을 톡톡히 해낼 수 있습니다.

미소는 보이지 않는 힘이 있습니다. 미소는 사람의 기분과 감정, 그리고 태도를 바꾸는 힘이 있습니다. 미소는 말로 표현하기 어려운 감정과 긍정의 에너지를 전달합니다. 미소는 글과 언어라는 소통의 도구를 사용하지 않아도 성과를 낼 수 있는 의사소통의 기술입니다. 미소는 비언어적인 방법으로 사람에게 호감의 의사를 전해줍니다.

미소는 생각보다 가치가 높습니다. 미소는 우리가 생각하는 것보다 효과가 큽니다. 미소는 투입한 시간과 에너지에 비해 얻을 수 있는 것들이 많아 효율도 좋습니다. 미소를 머금은 사람에게는 사람들이 마음을 잘 엽니다. 미소 짓는 사람에게는 사람들이 끌려옵니다.

God is Love

Miracle
344

게으름은 치료하기 힘든 질병이다.
Laziness is a difficult disease to cure.

이루고 싶은 오늘의 **비전** *(Vision)*

오늘을 살면서 누군가 또는 세상에 베푼 **사랑** *(Love)*

오늘을 돌아보며 부족했던 점에 대한 **반성** *(Reflection)*

오늘 나에게 행복이 되어 준 **감사** *(Thanks)*

년   월   일

God is Love

가난은 부끄러움이 아닙니다. 하지만 그 가난이 게으름 때문이라면 그것은 최고의 부끄러움입니다. 병약한 것은 부끄러움이 아닙니다. 하지만 그 병약함이 게으름 때문이라면 치료하기 힘든 질병입니다. 배우지 못함은 부끄러움이 아닙니다. 하지만 게으름 때문에 배우지 못한 것이라면 그것은 모두에게 멸시당할 부끄러움입니다. 실패는 무너짐이 아닙니다. 하지만 그 실패가 게으름 때문이라면 그것은 두 번 다시 일어서기 힘든 실패입니다.

게으름은 마음가짐의 문제가 아니라 질병입니다. 게으름의 병에는 세상의 어떤 약도 효험이 없습니다. 게으름의 병은 최고의 의사라도 고치기 힘듭니다. 게으름은 늪입니다. 게으름의 늪에 빠진 초기에는 빠져나올 수 있지만 시간이 흘러갈수록 빠져나오려 발버둥 쳐봐도 빠져나오기 어렵습니다. 오히려 점점 더 깊이 빠져듭니다.

게으름은 인생을 좀먹는 곰팡이입니다. 게으르지 않았다면 찬란할 내 인생을! 게으르지 않았다면 눈부실 내 인생을! 귀퉁이에서부터 조금씩 조금씩 갉아먹기 때문입니다. 게으름은 열정마저 훔쳐 가는 도둑입니다. 활력이 넘쳐야 할 인생에서 열정을 훔쳐 가 무기력하게 만들기 때문입니다. 게으름은 무서운 바이러스입니다. 자신뿐만이 아니라 주변의 사람들에게까지 독을 퍼뜨리기 때문입니다. 게으름은 사탄의 유혹입니다. 게으름은 잠시의 기쁨과 편안함을 주는 대가로 기나긴 시간 동안 불행과 고통을 가져다줍니다. 오늘의 짧은 기쁨과 내일의 긴 행복을 교환하는 게으름은 바보스러운 거래입니다.

게으른 사람은 꿈과 희망을 부지런히 찾지 않습니다. 게으른 자는 말로만 구하고 행동으로 찾지 않습니다. 게으른 사람은 희망의 문을 열심히 두드리지 않습니다. 문이 닫혀있을 때 몇 번은 두드리다가 포기하고 맙니다. 게으름을 택한 대가는 부끄러움과 수치입니다.

God is Love

Miracle
345

자랑을 많이 하면 사람들이 떠난다.
If you brag a lot, people leave.

이루고 싶은 오늘의 **비전** *(Vision)*

오늘을 살면서 누군가 또는 세상에 베푼 **사랑** *(Love)*

오늘을 돌아보며 부족했던 점에 대한 **반성** *(Reflection)*

오늘 나에게 행복이 되어 준 **감사** *(Thanks)*

년   월   일

God is Love

자랑을 많이 하면 사람들이 떠납니다. 자랑을 많이 하면 보유하고 있던 매력도 잃게 합니다. 자랑을 많이 하는 사람은 내면의 향기를 전하는 게 아니라 입안의 지독한 냄새만 풍기는 사람입니다.

자랑은 커뮤니케이션의 상황에서 상대를 배려하기보다 자신에게만 초점을 맞추는 경우가 많습니다. 지나친 자랑은 자신을 향한 과도한 초점으로 인해 상대방의 관심사나 입장은 안중에 없는 자기중심적 태도입니다. 지나친 자랑은 상대방과의 균형이 잡힌 대화라기보다 일방적인 대화일 가능성이 매우 높습니다. 남의 자랑을 일방적으로 듣는 것은 매우 불편하고 지루한 시간입니다. 다시는 함께 만나거나 대화하고 싶지 않은 원인이 됩니다.

능력과 성취에 대한 지나친 자랑은 자존감은 높일지 몰라도 듣는 사람의 자존감은 떨어뜨리는 결과를 낳을 수 있습니다. 도가 넘는 자랑은 자신의 강점은 인정받고 싶어 하면서 남의 강점을 인정하는 것은 싫어한다는 느낌을 줄 수가 있습니다. 눈살을 찌푸릴 정도의 자랑은 자신의 우월성은 드러내어 타인에게 과시하고 싶어 하면서 상대가 과시하는 것은 못 봐주는 사람으로 보이게 합니다. 지나친 자랑은 겸손의 부족과 자신의 과대평가로 여겨져 신뢰를 떨어뜨릴 수 있습니다. 지나친 자랑은 상대에게 질투를 유발하여 관계 악화로 이어질 수 있습니다.

자랑하고 싶은 것은 사람의 당연한 심리입니다. 자랑하고 싶다면 상대방의 기분을 맞춰 가면서 지혜롭게 자랑해야 합니다. 자랑하고 싶다면 듣는 사람의 반응을 살피면서 자랑하되 멈출 때를 알아야 합니다. 자랑하고 싶다면 상대방에게도 자랑할 시간을 할애하면서 조화롭게 자랑해야 합니다. 지나치게 자랑하지 않는 습관은 타인을 배려하고 존중하는 마음의 힘이자 몸짓입니다.

God is Love

Miracle
346

비겁한 승리는 부끄러운 역사가 된다.
A cowardly victory becomes a shameful history.

이루고 싶은 오늘의 **비전** *(Vision)*

오늘을 살면서 누군가 또는 세상에 베푼 **사랑** *(Love)*

오늘을 돌아보며 부족했던 점에 대한 **반성** *(Reflection)*

오늘 나에게 행복이 되어 준 **감사** *(Thanks)*

년   월   일

God is Love

비겁한 승리는 부끄러운 역사가 됩니다. 비겁한 수단으로 승리를 쟁취하게 되면, 그 승리는 진정한 가치를 상실하고 오히려 부끄러운 역사로 남게 됩니다. 진정한 승리는 공정하고 올바른 수단을 통해 이루어져야 합니다. 법과 질서 그리고 규칙 안에서 당당하게 일구어낸 승리일 때 승리는 가치가 있습니다.

비겁한 승리로 얻은 전리품의 봄에는 봄이어도 꽃이 피지 않습니다. 비겁한 승리로 쟁취한 오늘의 봄이라면 역사에는 봄으로 기록되지 않습니다. 부끄럽고 짧은 그날의 봄은 역사에서는 쓸쓸하고 차가운 겨울로 기록됩니다. 그날에 핀 봄꽃이 역사의 뒤안길어서는 초라한 낙화의 발자국으로 오랫동안 기억됩니다.

비겁한 승자보다 당당한 패자가 낫습니다. 비겁한 승자로 살아가기보다 당당한 패자로 살아가는 삶이 훨씬 훌륭한 삶입니다. 당당한 패자는 패배의 쓴잔을 마시는 대신, 밖에서는 뜨거운 박수를 받고 안에서는 패배의 돌아봄과 승리를 향한 의지와 열정을 키워갑니다. 당당한 패자는 패배를 통해 자신의 한계를 인식하고 한층 성장한 모습을 보이기 위해 지속적인 노력의 자세를 유지할 수 있습니다.

비겁한 승리의 수혜자는 극히 적습니다. 비겁한 수단과 방법으로 승리를 얻게 된다면 반대급부로 피해자는 많아질 수밖에 없습니다. 그 승리는 사회적으로나 역사적으로 크나큰 상처를 남기게 됩니다. 비겁한 승리는 소수의 수혜자를 낳고 다수의 피해자를 남깁니다.

승리는 좋은 성과이지만, 비겁한 승리는 나쁜 결과입니다. 승리는 보람을 가져다주지만, 비겁한 승리는 치욕을 가져다줍니다. 비겁한 승리는 누군가에게 환희를 선물하지만, 많고 많은 사람에게 슬픔을 줍니다. 비겁한 승리는 짧은 기쁨의 대가로 긴 아픔을 남깁니다.

God is Love

Miracle
347

속이는 사람은 밝은 얼굴과 어두운 마음을 가지고 있다.
He who cheats has a bright face and a dark heart.

이루고 싶은 오늘의 **비전** *(Vision)*

오늘을 살면서 누군가 또는 세상에 베푼 **사랑** *(Love)*

오늘을 돌아보며 부족했던 점에 대한 **반성** *(Reflection)*

오늘 나에게 행복이 되어 준 **감사** *(Thanks)*

년   월   일

God is Love

속이는 사람은 밝은 얼굴과 어두운 마음을 가지고 있습니다. 속는 사람이 주로 겉을 보고 판단한다는 점을 속이는 사람은 잘 압니다. 속는 사람은 대체로 멋진 겉모습, 유창한 말솜씨, 꾸며진 아름다운 행동과 같은 표면적인 것들에 많은 영향을 받습니다. 그래서 속이는 사람은 그런 점을 교묘하게 이용합니다.

속이는 사람은 진실함으로 위장한 겉모습 뒤에 교활함을 숨깁니다. 속이는 사람은 밝은 미소 너머에 음흉한 계획들을 품고 있습니다. 속이는 사람은 사실이 아닌 이야기를 사실처럼 꾸며냅니다. 속이는 사람은 상대방의 감정을 읽고 대처하는 능력이 뛰어납니다. 속이는 사람은 대부분 유창한 언어 능력으로 사람들의 심리를 자유자재로 요리하고, 굳게 먹은 마음도 이리저리 흔들어놓습니다.

속임수는 대체로 욕심이라는 인간의 본능적인 감정을 이용합니다. 속이는 사람들은 누군가의 욕심에서 비롯된 약점을 깊이 파악하여 자신의 이익으로 바꾸는 욕심 활용 전문가입니다. 속이는 사람들은 내면의 욕심을 자극하여 판단력을 흔들거나 흐리게 합니다. 그리고 교묘한 타이밍에 매력적인 약속이나 유리한 조건을 제시하여 결국 자신의 전략대로 상대를 유인해냅니다.

속임수에 넘어가지 않으려면 가장 먼저 욕심을 내려놓아야 합니다. 욕심은 죄와 악의 씨앗이며, 속임수의 텃밭입니다. 욕심은 속임수가 판치는 운동장에 자신을 노출시키는 것과 같습니다. 욕심내지 않는 사람은 어떤 상황에도 성실함을 앞세웁니다. 성실한 사람은 땀 흘린 노력으로 성장하고 성취하려 합니다. 성실한 사람은 속이는 교묘한 말들에 귀를 기울이지 않습니다. 성실한 사람은 졸부나 일확천금을 부러워하지 않으며, 속임수의 상황에도 좀처럼 노출되지 않습니다. 속이는 사람은 욕심보다 성실함을 택한 사람을 이기기 어렵습니다.

God is Love

Miracle
348

미래는 현재가 낳는다.
The future is born in the present.

이루고 싶은 오늘의 **비전** *(Vision)*

오늘을 살면서 누군가 또는 세상에 베푼 **사랑** *(Love)*

오늘을 돌아보며 부족했던 점에 대한 **반성** *(Reflection)*

오늘 나에게 행복이 되어 준 **감사** *(Thanks)*

년   월   일

God is Love

미래는 현재가 낳습니다. 미래의 희망과 성공은 혼재의 땀방울과 노력이 생산합니다. 현재의 땀방울은 설렘 가득한 미래를 잉태하고 출산하는 어머니 같습니다. 현재의 분투는 설레고 희망찬 미래의 향기를 수확하도록 씨를 뿌리는 아버지입니다.

미래는 현재를 기반으로 성장합니다. 현재의 선택과 행동이 미래의 결과를 결정하는 중요한 요소입니다. 현재의 노력과 준비는 미래의 성취와 수확을 위해 필수적입니다. 현재의 학습과 개발은 미래에 더 나은 기회를 만들어 냅니다. 현재를 일구는 투자는 미래의 성장과 발전을 이끌어내는 원동력입니다.

현재를 소홀히 하면서 희망을 꿈꾸는 사람이 있습니다. 현재의 할 일이나 책임을 무시하고 미래의 희망만 바라보는 사람이 있습니다. 직면한 현실을 외면한 채 장밋빛 미래만을 상상하는 것은 허황된 꿈이요, 철없는 공상에 불과합니다. 미래에 대한 희망을 품었다면 현재를 가꾸고 미래를 만들어 갈 계획을 하나하나 실행해야 합니다.

나의 미래를 예측하는 가장 좋은 방법은 현재를 열심히 살아가는 겁니다. 자신의 미래 모습을 미리 엿볼 수 있는 비법이 있다면 그건 현재를 충실히 사는 것입니다. 현재의 삶을 보람차게 살면 희망찬 자신의 미래를 예측할 수 있습니다.

현재를 일구면 미래가 밝고, 현재를 방치하면 미래는 어둡습니다. 현재를 일구는 일은 힘차게 노를 저으며 강물을 거슬러 올라가는 것과 같습니다. 물살이 센 강물을 거슬러 올라가는 일은 무척 힘이 듭니다. 포기하고 싶을 정도로 버겁기도 합니다. 하지만 멈추어서는 안 됩니다. 현재를 방치하고 포기하면 배는 하류로 떠내려갑니다. 배는 상류사회로 진입하지 못하고 하류 인생을 떠돌게 됩니다.

God is Love

Miracle
349

포기하고 싶을 때, 결실은 가까이에 있다.
When you want to give up, the fruit is nearby.

이루고 싶은 오늘의 **비전** *(Vision)*

오늘을 살면서 누군가 또는 세상에 베푼 **사랑** *(Love)*

오늘을 돌아보며 부족했던 점에 대한 **반성** *(Reflection)*

오늘 나에게 행복이 되어 준 **감사** *(Thanks)*

년   월   일

God is Love

포기하고 싶을 때, 결실은 가까이에 있습니다. 포기하고 싶다는 건 목표를 향해 이미 상당히 달려왔다는 의미입니다. 뭔가를 시작하자마자 포기하는 사람은 거의 없습니다. 포기하고 싶은 마음이 든다는 것은 나름대로 열심히 노력했다는 증거입니다. 포기하고 싶다는 건 꿈꾸던 목적지에 거의 다 왔다는 반증이기도 합니다.

결실은 대체로 포기하려는 마음 곁에 있습니다. 포기하는 사람은 대부분 결실을 코앞에 두고 넘어집니다. 포기하는 사람들은 자신이 쏟아부었던 애정과 열정들을 헛된 일로 만들어 버립니다. 포기하는 사람들은 자신이 희생했던 시간과 기회들을 물거품처럼 사라지게 만듭니다. 포기하는 사람은 손만 뻗으면 닿을 수 있는 목표의 골인 지점에서 멈추거나 뒤돌아서는 안타깝고 어리석은 사람입니다.

포기하고 싶을 때는 시작했을 때의 마음가짐을 떠올리면 좋습니다. 지쳐서 포기하고 싶을 때는 시작했을 때의 설렘과 열정의 마음을 떠올리면 좋습니다. 시작의 마음을 회상하는 명상은 포기하고 싶은 마음을 다시 일으켜 세워 끝까지 달려갈 힘을 충전해줍니다. 그 회상은 열정과 인내의 기운을 다시 불어넣어 줍니다.

승리자는 포기의 유혹을 넘어선 사람들입니다. 승리자는 포기라는 유혹과 싸워서 이김으로써 자신의 열정과 꿈을 끝까지 지켜냅니다. 승리자는 어려운 가운데에도 비전의 끈을 놓지 않습니다. 승리자는 비전에 대한 확신으로 인내의 힘을 유지합니다. 승리자는 포기하고 싶을 때 확신의 비전을 꺼내 봄으로써 스스로를 동기부여합니다.

목표에 다가갈수록 포기의 유혹은 강해집니다. 꿈에 가까워질수록 포기의 유혹은 거세집니다. 포기의 유혹이 활개칠수록 가슴 설레는 비전을 생생하게 떠올리며 끝까지 포기의 유혹을 이겨내야 합니다.

God is Love

Miracle
350

위기는 기회의 친구다.
Crisis is a friend of opportunity.

이루고 싶은 오늘의 **비전** *(Vision)*

오늘을 살면서 누군가 또는 세상에 베푼 **사랑** *(Love)*

오늘을 돌아보며 부족했던 점에 대한 **반성** *(Reflection)*

오늘 나에게 행복이 되어 준 **감사** *(Thanks)*

년   월   일

God is Love

위기는 기회의 친구입니다. 위기는 기회라는 친구와 함께 옵니다. 위기를 부족함과 불행의 결과라는 시선으로만 바라보면서 자책하고 좌절하면 위기와 함께 존재하는 기회의 친구는 만날 수 없습니다. 위기를 피해야 할 괴물 같은 것으로만 생각하고 무서워하면 기회의 멋진 친구는 만나기 어렵습니다. 위기는 현재에는 반가운 친구가 아니지만, 미래를 준비하도록 돕는 유익한 친구입니다.

위기는 기회의 연인입니다. 위기는 기회라는 연인과 손을 꼭 잡고 붙어 다닙니다. 위기의 때에 슬픔의 눈물만 흘리고 기쁨의 웃음을 다시 찾으려고 노력하지 않으면 기회의 연인을 몰라볼 수 있습니다. 위기의 때에 위기가 왜 찾아왔는지 깊은 속마음을 몰라주면 기회의 연인도 헤어지자고 말하며 떠나갈 수 있습니다.

위기는 기회의 교사입니다. 오늘의 위기는 내일의 기회를 가르치는 교사입니다. 위기를 통해 기회를 발견하는 사람은 좋은 학생입니다. 위기의 위험과 어둠 속에서 반짝거리는 기회를 찾아내려고 애쓰는 사람은 위기가 전하려는 가르침을 제대로 배운 훌륭한 학생입니다. 위기의 가르침을 배우지 않는 학생은 기회를 잡기 어렵습니다.

위기는 기회를 낳는 어머니입니다. 위기라는 이름을 가진 어머니의 뱃속에서 기회라는 소중한 아기가 탄생합니다. 위기 속에서 태어날 기회의 아기를 볼 수 있어야 합니다. 임신 기간의 고통만 생각하지 말고 출산과 함께 누리는 생명의 기쁨을 생각하며 희망을 가져야 합니다.

위기를 반길 수는 없지만 지혜롭게 대처할 수는 있습니다. 위기를 환영할 수는 없겠지만 잘 보내줄 수는 있습니다. 도둑처럼 무섭게 찾아온 위기를 손님처럼 기쁘게 보내드릴 수 있어야 합니다.

God is Love

Miracle
351

해야 할 일을 즐기지 못하면 그것의 노예가 된다.
If you don't enjoy what you have to do, you become its slave.

이루고 싶은 오늘의 **비전** *(Vision)*

오늘을 살면서 누군가 또는 세상에 베푼 **사랑** *(Love)*

오늘을 돌아보며 부족했던 점에 대한 **반성** *(Reflection)*

오늘 나에게 행복이 되어 준 **감사** *(Thanks)*

년   월   일

God is Love

해야 할 일을 즐기지 못하면 그것의 노예가 됩니다. 해야 할 일을 즐기지 못하면 그것에 질질 끌려다니며 살게 됩니다. 즐기지 못하는 사람은 노예의 근성에 사로잡힌 사람입니다. 즐기지 못하는 사람은 어떤 상황에서도 주인공으로 인정받기 어렵습니다. 주인공으로 사는 사람은 무슨 일을 만나든 즐거운 에너지를 뿜어냅니다.

해야 하는 일을 즐기지 못하는 사람에게 시간은 고통일 뿐입니다. 하지만 할 일을 즐기는 사람에게는 고된 시간이라도 뿌듯한 보람이 됩니다. 즐거운 마음으로 할 일에 임하면 성과도 잘 나옵니다. 해야 할 일을 즐기는 사람에게 지루하고 따분한 시간은 없습니다. 시간도 잘 갑니다. 그런 사람은 시간을 허투루 보내지도 않습니다.

주어진 시간을 즐기면 행복의 시간이 그만큼 길어집니다. 주어진 시간 속에서 즐거운 요소를 찾아내는 사람은 행복의 날들을 그만큼 많이 누리게 됩니다. 다가오는 순간순간의 시간을 즐기기 위해서는 내게 온 시간에 감사하고, 반갑게 맞이하면 됩니다. 시간을 즐기는 사람은 시간의 주인이 되고, 시간을 즐기지 못하는 사람은 시간의 노예로 살아갑니다.

우리가 살아있는 한 시간은 날마다 주어집니다. 숨 쉬고 살아가는 한 해야 할 일은 때마다 주어집니다. 우리가 숨 쉬고 살아가는 동안 시간과 해야 할 일들을 모른 체할 수는 없습니다. 그것들과 떨어져 살 수 없고, 운명처럼 더불어 살아가야 합니다.

어떤 사람들은 주어진 시간과 해야 할 일을 싫어하고 외면합니다. 어떤 사람들은 금쪽같은 시간과 성장으로 이끄는 일들을 환영하고 즐깁니다. 주어진 시간과 할 일을 고통으로 보는 사람과 즐거움으로 누리는 사람은 인생길이 다를 수밖에 없습니다.

God is Love

Miracle
352

운이 좋다고 생각해야 운이 온다.
You have to think you're lucky to get lucky.

이루고 싶은 오늘의 **비전** *(Vision)*

오늘을 살면서 누군가 또는 세상에 베푼 **사랑** *(Love)*

오늘을 돌아보며 부족했던 점에 대한 **반성** *(Reflection)*

오늘 나에게 행복이 되어 준 **감사** *(Thanks)*

년   월   일

God is Love

운이 좋다고 생각해야 운이 옵니다. '나는 참 운이 좋은 사람이야.'라고 생각하고 말하고 행동해야 행운이 올 확률이 높아집니다. 운은 우리가 조금도 개입할 수 없는 영역이며, 자연과 우주 그리고 신만의 영역인 것처럼 보이지만 실제로는 그렇지 않습니다. 한 번 탄생한 생각과 말과 행동은 공허하게 흩어지거나 힘없이 사라지지 않고 또렷이 그리고 끈질기게 존재합니다. 그 생각과 말과 행동들은 긍정적으로든 부정적으로든 분명히 어딘가에 영향을 주게 됩니다.

행복이라는 반가운 손님도 행복하다고 생각하는 사람에게 기꺼이 다가갑니다. '나는 행복한 사람이야.'라고 생각하는 사람은 행복하게 살아갈 확률이 높아집니다. 행복하다고 생각하는 사람은 사소함에도 행복을 느끼며, 불행의 순간에서조차도 다행을 떠올리면서 행복을 불행으로부터 방어합니다. 이런 사람에게는 행복이 어쩌다 오시는 손님이 아니라, 매일의 삶 속에서 함께 하는 가족처럼 느껴집니다.

성공의 경우에도 마찬가지입니다. '나는 반드시 성공할 사람이야.'라고 생각하고 말하고 행동하면 성공의 확률이 높아집니다. 생각과 마음이 성공을 예감하고 있다는 것은 성공에 대한 자신감과 열정이 가득하다는 의미입니다. 성공에 대한 확신은 성공을 위해서 필요한 노력과 경험 등을 열심히 준비하도록 동기부여합니다. 또한 도전을 두려워하지 않는 용기를 주며, 실패를 극복하는 힘을 공급합니다.

운이 없다고 생각하면서 불평하는 사람에게는 운이 오다가도 다시 멀리 도망갑니다. 행복하지 않다고 생각하면서 살아가는 사람에게는 이미 가지고 있는 행복보다 없거나 잃어버린 불행이 크게 보입니다. 성공을 비관적으로 바라보는 사람은 성공의 동력을 스스로 없애는 어리석은 사람입니다. 운도, 행복도, 성공도 내 것이라고 생각해야 내 것이 됩니다. 운과 행복과 성공은 나 하기에 달려있습니다.

God is Love

Miracle
353

변명은 자신의 잘못을 감추려는 비겁한 언어 기술이다.
An excuse is a cowardly language skill that tries to hide one's mistakes.

이루고 싶은 오늘의 **비전 (Vision)**

오늘을 살면서 누군가 또는 세상에 베푼 **사랑 (Love)**

오늘을 돌아보며 부족했던 점에 대한 **반성 (Reflection)**

오늘 나에게 행복이 되어 준 **감사 (Thanks)**

년   월   일

God is Love

변명은 자신의 잘못을 감추려는 비겁한 언어 기술입니다. 변명은 일단 현재의 위기를 벗어나고 보자는 얄팍한 꼼수입니다. 변명하는 대신에 뒤돌아봐야 합니다. 변명할 시간에 잘못이나 실패, 실수의 원인에 대해 생각해보고, 다시는 반복하지 않도록 대책을 마련해야 합니다.

변명은 잘못이나 책임을 회피하려는 의도와 시도입니다. 변명하는 습관은 신뢰를 쌓기 어려워 인간관계에도 부정적인 영향을 미칠 수 있습니다. 반복적이고 솔직하지 못한 변명은 사람들로부터 비난을 받기 쉽습니다. 변명을 자주 하는 사람은 무책임하고 성숙하지 못한 사람으로 평가받을 확률이 높습니다. 구차한 변명을 늘어놓게 되면 추가적인 갈등과 스트레스를 초래해 상황을 더 복잡하게 만듭니다. 문제를 해결하기보다 상황을 악화시킵니다.

변명하지 않으면 성장의 기회를 잡을 수 있습니다. 변명은 문제를 회피하고 떠넘기려 하지만, 자신의 잘못과 실수를 인정하고 개선할 기회로 삼는다면 지금보다 더 성장할 수 있습니다. 변명하는 대신 자신의 실패와 오류를 교훈과 학습의 기회로 삼는다면 오히려 더 성장할 수 있습니다.

실수는 누구라도 할 수 있습니다. 하지만 실수를 인정하는 사람은 많지 않습니다. 살면서 크고 작은 잘못을 저지르거나 악한 유혹에 빠지는 사람은 많습니다. 하지만 자신의 잘못된 발걸음을 솔직하게 인정하는 사람은 많지 않습니다.

실수와 잘못을 인정하는 마음은 성장하는 미래로 나아가기 위한 의지이자 용기입니다. 자신의 과오를 인정하면서 사과하는 행동은 더 큰 자신을 만들게 하는 영양분이 됩니다.

God is Love

Miracle
354

결혼은 인생에서 가장 가치 있는 여행이다.
Marriage is the most valuable journey in life.

<u>이루고 싶은 오늘의 **비전** (Vision)</u>

<u>오늘을 살면서 누군가 또는 세상에 베푼 **사랑** (Love)</u>

<u>오늘을 돌아보며 부족했던 점에 대한 **반성** (Reflection)</u>

<u>오늘 나에게 행복이 되어 준 **감사** (Thanks)</u>

년   월   일

God is Love

결혼은 인생에서 가장 가치 있는 여행입니다. 여행과 마찬가지로 결혼은 새로운 세상을 만나고 경험함으로써 많은 행복과 깨달음을 선사하며, 무언가 결핍된 인생을 채워주고 풍요롭게 합니다. 여행의 가치는 여행해 본 사람만 알 수 있듯이, 결혼이라는 여행의 가치도 결혼해 본 사람만이 제대로 알고 느낄 수 있습니다.

어떤 여행에도 가치는 있지만 어떤 여행보다도 결혼이라는 여행의 가치는 더 큽니다. 결혼이라는 여행은 단순한 여행의 의미를 넘어 생로병사라는 기나긴 삶의 여정과 함께하기 때문입니다. 결혼이라는 여행은 서로 다른 두 사람이 만나 같은 방향의 목적지를 한맘으로 개척해 나가야 하기 때문입니다. 결혼의 여행은 시작하기로 마음을 먹었으면 웬만해서는 도중에 그만두지 않아야 하는 어른으로서의 책임감이 막중하기 때문입니다. 결혼의 여행은 불확실성의 위험을 그 어떤 여행보다 더 많이 견디고 이겨내야 하기 때문입니다.

결혼과 여행은 많이 닮아있습니다. 여행을 떠나기 전 여행 코스를 계획하고 여행 가방을 준비하는 과정들이 힘들어도 마냥 설렙니다. 결혼 전 결혼 준비가 힘들어도 마음은 설렘으로 가득합니다. 여행 중에 즐거움만 있지 않듯이 결혼 생활 중에도 다툼과 상처가 적지 않습니다. 여행에서 돌아와 '집이 제일 좋아.'라고 말을 하듯, 결혼 생활에서도 바깥보다 가족이 더 소중하다는 것을 알게 됩니다.

여행에서 가장 중요한 것은 여행의 목적지가 아니라 함께 떠나는 동반자라고 말들 합니다. 여행처럼 결혼에도 동반자가 중요합니다. 아무리 멋진 여행지를 가게 되더라도 불편한 사람과 함께 한다면 여행의 만족도는 좋을 수 없습니다. 아무리 좋은 조건의 배우자와 결혼하더라도 상대방을 이해하고 배려하지 못한다면 행복한 결혼 생활은 어렵습니다. 결혼의 가치는 사랑의 힘으로 키워갑니다.

God is Love

Miracle
355

자존감은 성장의 전제 조건이다.
Self-esteem is a prerequisite for growth.

이루고 싶은 오늘의 **비전** *(Vision)*

오늘을 살면서 누군가 또는 세상에 베푼 **사랑** *(Love)*

오늘을 돌아보며 부족했던 점에 대한 **반성** *(Reflection)*

오늘 나에게 행복이 되어 준 **감사** *(Thanks)*

년   월   일

God is Love

자존감은 성장의 전제 조건입니다. 성장과 발전이라는 하나하나의 계단을 올라가기 위해서는 자존감이라고 불리는 마음의 에너지가 필요합니다. 자존감이 높으면 새로운 시도와 도전을 향한 자신감이 충만합니다. 자존감이 높을수록 실패를 만났을 때 쉽사리 좌절하지 않고, 긍정적이고 적극적으로 대처합니다.

자존감은 자기 자신의 내면과 외면을 호감의 시각으로 바라볼 수 있는 눈을 통해 만들어집니다. 자존감은 자신의 생각과 정신에 대해 긍정적으로 평가하고 판단하는 머리와, 아낌없는 박수를 보내주려는 가슴을 통해 생겨납니다. 자존감은 자신의 삶과 발자취에서 향기를 맡을 수 있는 코와, 사람들로부터 들려오는 칭찬과 격려의 소리를 들을 수 있는 귀를 통해 지속적으로 충전됩니다.

자존감이 낮은 사람은 성장하기 쉽지 않습니다. 자기 자신을 '별 볼 일 없는 사람', '하찮은 사람', '그저 그런 사람'이라고 생각하는 사람이 어떤 멋진 꿈을 꿀 수 있을까요? 자존감이 낮은 사람들은 자신의 능력에 대한 불신과 자신의 현재에 대한 비판적인 시각으로 새로운 도전을 향한 자신감이 매우 부족합니다. 실패에 직면했을 때 대처하는 능력도 기대하기 어렵습니다.

자존감을 키우기 위해서는 자신을 과소평가해왔던 습관을 버려야 합니다. 자존감을 키우려면 있는 그대로의 자기 모습을 받아들이고 사랑하는 마음을 가져야 합니다. 자존감을 향상시키기 위해 자신의 잘난 점을 찾고 바라보려고 노력해야 합니다. 이왕이면 자랑스러운 나! 잘나고 멋진 나!를 찾고 바라봐야 합니다. 이왕이면 내 안에서 향기 가득한 선물 같은 존재들을 찾아내고 바라봄으로써 자존감을 상승시켜야 합니다. 자신에게서 찾아낸 보물 같은 존재들은 멋지고 위풍당당한 자존감이 되어 풍성한 성장과 행복을 생산해 냅니다.

God is Love

Miracle
356

밤이 깊을수록 별은 빛난다.
The deeper the night, the brighter the stars shine.

이루고 싶은 오늘의 **비전** *(Vision)*

오늘을 살면서 누군가 또는 세상에 베푼 **사랑** *(Love)*

오늘을 돌아보며 부족했던 점에 대한 **반성** *(Reflection)*

오늘 나에게 행복이 되어 준 **감사** *(Thanks)*

년   월   일

God is Love

밤이 깊을수록 별은 빛납니다. 밤이 깊어지면 지구의 대기에 있는 먼지와 오염물질이 줄어들고 사라져서 대기의 투명도가 높아집니다. 결과적으로 별들의 빛이 더 잘 통과되어 더욱 선명하게 보입니다. 또한, 밤이 깊어질수록 어둠을 밝히던 조명들이 줄어들게 됩니다. 도시의 불빛이나 가로등 등의 인공조명이 줄어들면서 주변 환경이 어둡게 되면, 별들의 빛은 더욱 돋보이게 됩니다.

우리가 사는 세상에도 빛과 같은 사람이 있습니다. 어둡고 불의한 사람들이 많은 상황과 시대에서는 밝고 정의로운 사람들이 더더욱 빛나게 됩니다. 어둡고 불의한 사람이 많아진 세상은 거짓과 속임, 부정과 부패가 가득해진 세상을 의미합니다. 하지만 의로운 사람은 어떤 상황에서도 정의로운 행동과 원칙들을 지켜나가기에 더욱더 돋보입니다. 의로운 사람은 어려운 상황에서도 진실과 정의의 빛을 지켜내기에 어두운 상황일수록 더 밝게 빛을 발합니다.

빛은 가려질지라도 사라지지 않습니다. 빛은 잠시 가려지는 것일 뿐 영원히 사라지지 않습니다. 빛은 어둠의 유혹과 음흉한 계략에 잠시 가려질 수는 있어도 어둠이 부서지고 사라지는 날까지 영원히 사라지지 않습니다. 의로움의 빛은 꺼질지언정 흔들리지 않습니다. 의로운 빛은 어두운 불의에 저항하다 산산이 부서지고 깨질지라도 그들의 유혹에 흔들리지 않습니다.

빛의 사람은 눈의 맑음이 아침 햇살을 받은 이슬처럼 영롱합니다. 빛의 사람은 보이지 않아도 꽃과 나무를 흔드는 바람처럼 마음을 춤추게 합니다. 빛의 사람은 밤하늘의 구석구석까지 비추는 별처럼 고요하고 은은하게 반짝입니다. 빛의 사람은 어두운 밤중에 마중을 나온 달처럼 언제 봐도 반갑고 듬직합니다. 빛의 사람은 깊은 바다 미지의 세상에서 솟아난 해처럼 벅찬 설렘과 희망을 줍니다.

God is Love

Miracle
357

유머는 인생을 살맛 나게 하는 양념이다.
Humor is a life-pleasing seasoning.

이루고 싶은 오늘의 **비전** *(Vision)*

오늘을 살면서 누군가 또는 세상에 베푼 **사랑** *(Love)*

오늘을 돌아보며 부족했던 점에 대한 **반성** *(Reflection)*

오늘 나에게 행복이 되어 준 **감사** *(Thanks)*

년   월   일

God is Love

유머는 인생을 살맛 나게 하는 양념입니다. 요리할 때 양념이 맛을 내듯이 유머는 가정, 학교, 사회에서 인간관계와 대화의 맛을 내는 아주 긴요한 양념입니다. 유머는 삶에 지치고 고달파하는 사람에게 비타민처럼 활력을 불어넣어 줍니다. 또한, 유머는 대화의 분위기가 삭막해지면서 대화의 불씨가 꺼져갈 때 이야기의 불씨를 마볕처럼 그리고 가볍게 살려내는 불쏘시개의 역할을 거뜬히 해냅니다.

유머는 일상생활 자체를 유쾌하고 재미있게 만들어 주기도 합니다. 무겁고 어려운 상황 속에서도 유머는 가볍게 털고 일어설 수 있는 분위기 전환의 기운을 줍니다. 유머는 시시때때로 웃음과 즐거움을 제공하여 스트레스를 해소해 주고, 신선한 새 힘을 얻게 합니다.

유머는 딱딱하고 사무적인 상황을 부드러운 분위기로 바꿔줍니다. 유머는 낯설고 어려운 상황 속에서의 긴장감을 풀어주기도 합니다. 웃음을 공유하는 경험은 사람들과의 연결고리를 만들어 친밀감과 유대감을 생각보다 쉽게 형성하게 합니다. 유머는 서로 잘 어울리지 못해서 어색한 분위기를 만드는 위화감을 허무는 역할도 잘합니다.

유머는 우산과 같습니다. 마음속의 날씨가 흐리고 궂은 날, 유머의 우산을 쓰면 근심과 아픔의 비를 피할 수 있습니다. 유머는 자동차 윈도 브러시 같습니다. 비와 눈 그리고 다른 오염물들이 차 유리를 흐리게 해도 윈도 브러시가 깨끗하게 닦아주듯이, 마음을 오염시킨 감정들을 유머는 깨끗하게 닦고 청소해 줍니다.

유머 감각은 타고 나겠지만 유머의 기술은 만들어질 수 있습니다. 유머 감각이 없는 사람이라도 재미있는 이야기와 멘트를 준비하고 노력하면 양념 같은 유머를 만들어 낼 수 있습니다. 유머의 기술을 갖고자 하는 의지만 있다면 누구든 유머 기술자가 될 수 있습니다.

God is Love

Miracle
358

고수는 여유롭고, 하수는 분주하다.
Superior is relaxed and inferior is busy.

이루고 싶은 오늘의 **비전** *(Vision)*

오늘을 살면서 누군가 또는 세상에 베푼 **사랑** *(Love)*

오늘을 돌아보며 부족했던 점에 대한 **반성** *(Reflection)*

오늘 나에게 행복이 되어 준 **감사** *(Thanks)*

년   월   일

God is Love

고수는 여유롭고, 하수는 분주합니다. 뜨거운 여름날 추운 겨울을 대비하는 개미처럼 고수는 준비된 사람이기에 여유가 넘쳐납니다. 고수는 물 위를 우아하게 떠다니는 백조처럼 보이지 않는 물밑에서 누구보다 열심히 노력합니다. 고수는 전문지식과 오랜 경험을 통한 노하우를 바탕으로 자신만의 특화된 경쟁력을 갖추고 있기 때문에 고수에게서는 안정감과 편안함이 느껴집니다. 고수는 높은 곳에서 내려보기 때문에 전체를 통찰할 수 있고, 멀리까지 바라보기 때문에 당장의 하나하나에 조급해하지 않습니다.

하수는 주로 새내기 시절의 과정이기 때문에 맡은 일에 능숙하지 않습니다. 미숙함에다 긴장감까지 더해져서 일 처리는 오래 걸리니, 시간에 쫓겨서 필연적으로 분주해집니다. 하수는 경험의 부족으로 응급상황과 예상치 못한 상황에 대응능력과 순발력도 떨어집니다. 게다가 하수 시절에는 여기저기서 많은 지시가 쏟아져 계획적으로 일하기도 어렵습니다. 하수는 전문적인 일을 질적으로 한다기보다 주로 허드렛일이나 단순한 일을 양적으로 많이 하게 됩니다. 하수 시절에는 한 분야의 뛰어난 스페셜리스트의 삶이 아니라, 이것저것 조금씩 해내야 하는 멀티플레이어의 삶을 살기에 무척 분주합니다.

처음부터 고수는 없습니다. 지금의 고수들도 여전에 하수의 시절을 겪었습니다. 하늘을 나는 고수에게 땅을 기어다니는 하수의 시절이 있었습니다. 하수라는 단어는 언젠가 고수가 될 수 있다는 희망의 단어이기도 합니다. 단, 새내기 시절의 하수라면 아량으로 봐줄 수 있지만, 세월이 지나도 하수로 남는 건 무능임을 명심해야 합니다.

하수는 고수의 꿈을 꿔야 합니다. 고수가 되기 위해 하수 시절에 열심히 갈고닦아야 합니다. 전문지식과 경험들을 즐거이 쌓아가야 합니다. 고수를 향한 하수의 꿈에는 응원하는 사람들이 많습니다.

God is Love

Miracle
359

큰사람은 안팎으로 향기가 난다.
Great men are fragrant inside and out.

이루고 싶은 오늘의 **비전** *(Vision)*

오늘을 살면서 누군가 또는 세상에 베푼 **사랑** *(Love)*

오늘을 돌아보며 부족했던 점에 대한 **반성** *(Reflection)*

오늘 나에게 행복이 되어 준 **감사** *(Thanks)*

년   월   일

God is Love

큰사람은 안팎으로 향기가 납니다. 큰사람은 짧은 만남에서도 만난 사람에게 몸과 마음의 향기를 가득 전합니다. 큰사람의 눈빛은 맑고 선하기 때문에 끌림의 에너지를 전합니다. 큰사람은 찡그리지 않고, 밝고 온화한 표정을 짓습니다. 큰사람은 앉고 서는 자세가 바르며, 걸음걸이에서도 기대와 희망의 매력이 느껴집니다. 큰사람은 행동 하나하나에 품격이 느껴집니다.

큰사람은 좀처럼 화를 내지 않습니다. 자주 화를 내는 사람은 못난 사람의 증거입니다. 큰사람은 마음의 깊고도 넓어 웬만해서는 화를 선택하지 않습니다. 큰사람은 아량과 배려의 큰마음으로 이해하고 공감하기 때문에 오해와 갈등을 최소화합니다. 큰사람은 호통보다는 설명과 설득의 도구를 사용하며, 불가피하게 화를 낼 때도 상대방의 감정을 건드리지 않도록 노력합니다.

큰사람은 교만한 강자에게 강하고, 힘없는 약자에게는 약합니다. 큰사람은 강자를 대변하기보다는 약자의 아픔과 고통을 들어주고, 약자를 변호하며, 힘겨운 그들에게 위로의 말을 전합니다. 큰사람은 높은 자리에 있을 때도 낮은 자의 말에 귀를 기울입니다. 큰사람의 목소리는 투명하여 신뢰가 느껴지고, 말하는 속도에 여유가 있으며, 큰사람은 많은 말을 하지 않아도 메시지가 또렷하게 전달됩니다.

큰사람은 가치 있는 희생을 두려워하지 않습니다. 나라와 임금이 위기에 처한 시대에는 충신과 장수와 백성들이 삶과 몸의 희생을 아끼지 않았습니다. 나라를 일본에 빼앗긴 시대에는 독립투사들이 목숨을 아끼지 않으며 항거했습니다. 군사독재 시절에는 민주화를 위해 학생과 시민이 희생을 두려워하지 않고 맞섰습니다. 큰사람은 공익보다 사익을 앞세우지 않습니다. 사익의 큰 기회가 있을지라도 공익에 반한다면 절대로 그 기회를 쫓지 않고 희생시킵니다.

God is Love

Miracle
360

눈송이는 약하나 눈덩이는 강하다.
Snow flakes are weak but snowballs are strong.

이루고 싶은 오늘의 **비전** *(Vision)*

오늘을 살면서 누군가 또는 세상에 베푼 **사랑** *(Love)*

오늘을 돌아보며 부족했던 점에 대한 **반성** *(Reflection)*

오늘 나에게 행복이 되어 준 **감사** *(Thanks)*

년   월   일

God is Love

눈송이는 약하나 눈덩이는 강합니다. 눈송이는 여리고 작은 입자로 바삭한 낙엽처럼 약하고 부서지기 쉽지만, 하나하나의 눈송이들이 모여 눈덩이를 만들면 돌덩이처럼 강해져 놀라운 힘을 발휘합니다. 눈송이는 손에 닿기만 해도 녹아서 사라져버리는 나약한 존재지만 한 덩어리로 뭉쳐진 눈덩이는 당당한 존재로 재탄생합니다.

한 사람은 약하나 여럿이 힘을 합치면 강해집니다. 한 사람으로는 해낼 수 없는 일도 여럿이 하나를 향해 협력하면 거뜬히 해낼 수도 있습니다. 여러 사람이 함께 노력하면 아이디어와 능력이 시너지를 만들어 내고, 문제해결과 목표 달성이 한층 수월해집니다. 협력과 협업은 강한 팀워크로 각자의 장점을 극대화합니다.

동물들도 협력의 힘을 알고, 이용할 줄 압니다. 미천한 동물들도 팀워크 지혜로 성과를 얻어냅니다. 기러기의 희생과 협력의 상징인 'V자 대형의 비행'은 무질서하게 날아갈 때보다 무려 70% 이상의 에너지를 절약한다고 합니다. 극한의 추위에서 살아가는 펭귄들도 희생과 협력의 힘과 지혜로 추위를 견디고 이겨냅니다. 콘크리트는 탄탄한 구조물과 건축물을 만들어 냅니다. 모래, 시멘트, 물 등이 각자 따로따로 존재할 때보다 하나로 뭉쳐져 콘크리트가 되었을 때 훨씬 더 강한 존재감을 발휘합니다.

백지장도 맞들면 낫습니다. 액자를 걸 때 한 사람이 거는 것보다 망치질하는 사람과 삐뚤어졌는지 말해주는 사람이 있으면 훨씬 더 수월합니다. 벽지를 바를 때에도 혼자는 힘들지만 둘이면 훨씬 더 순조롭습니다. 아무리 어려운 일도 여럿이 하면 더 쉽게, 더 빠르게 그리고 더 효과적으로 일을 해낼 수 있습니다. 한 사람의 힘으로는 버겁고 외롭습니다. 여러 사람의 힘이 합쳐지면 불가능할 것 같던 일도 해낼 수 있습니다. '함께'라는 단어에는 강한 힘이 있습니다.

God is Love

Miracle
361

질문은 강한 열정의 증거다.
Questions are proof of strong enthusiasm.

이루고 싶은 오늘의 **비전** *(Vision)*

오늘을 살면서 누군가 또는 세상에 베푼 **사랑** *(Love)*

오늘을 돌아보며 부족했던 점에 대한 **반성** *(Reflection)*

오늘 나에게 행복이 되어 준 **감사** *(Thanks)*

년   월   일

God is Love

질문은 강한 열정의 증거입니다. 질문은 성장에 대한 열망입니다. 끊임없이 새로운 지식을 탐구하고, 당면한 문제를 해결하고자 하며, 자기계발에 힘쓰는 사람은 질문을 주저하지 않습니다. 오히려 질문을 좋아합니다. 만남과 대화 그리고 학습과 회의의 과정에서 질문하는 사람은 모르는 것을 부끄러워하기보다 새로 알게 됨을 즐거워하고 자랑스러워합니다. 질문은 도전정신을 자극하고, 처한 상황과 일에 자발적이고 적극적으로 임하는 자세를 갖게 합니다.

질문을 주저하면 성장이 느려질 확률이 높습니다. 질문을 싫어하면 성장을 위한 기회가 줄어들거나 사라질 수 있습니다. 질문을 꺼리고 회피하려는 사람은 새로운 정보와 지식에 대한 이해를 확인하거나 확신하기가 어렵습니다. 질문을 두려워하는 사람은 부족한 부분을 채워가기 어렵고, 새로운 아이디어를 얻을 기회도 줄어들게 됩니다. 질문은 유익한 용기이며, 그 용기는 성장을 이끌어 줍니다. 질문은 성장을 위한 영양제이며 보약입니다.

질문은 경청의 증거이기도 합니다. 질문을 통해 누군가의 이야기를 경청했음이 증명됩니다. 강연이나 회의 또는 의사소통의 공간에서 듣던 사람이 질문하는 것은 말하는 사람의 기분을 좋게 만듭니다. 경청을 통한 질문은 말을 전하는 사람에게 관심과 집중의 에너지를 쏟았다는 것을 의미하기 때문입니다. 경청을 통한 질문은 상호 간의 마음을 따뜻하고 흐뭇하게 합니다.

질문할 때는 예를 갖추어야 합니다. 상대를 난처하게 하는 질문은 좋은 질문이 아닙니다. 상대를 공격하려는 의도를 가진 질문이라면 하지 않는 것이 좋습니다. 상대가 대답하기 어려운 질문이나 민감한 주제에 대해서는 더욱 신중하게 질문해야 합니다. 질문은 이해와 소통을 돕고, 상생을 이끄는 도구로 사용되어야 합니다.

God is Love

Miracle
362

생명의 가치는 호흡이 아니라 활동에 있다.
The value of life lies not in breathing but in activities.

이루고 싶은 오늘의 **비전** *(Vision)*

오늘을 살면서 누군가 또는 세상에 베푼 **사랑** *(Love)*

오늘을 돌아보며 부족했던 점에 대한 **반성** *(Reflection)*

오늘 나에게 행복이 되어 준 **감사** *(Thanks)*

년   월   일

God is Love

생명의 가치는 호흡이 아니라 활동에 있습니다. 진정한 의미에서 생명의 가치는 하루하루 숨만 쉬면서 무의미하게 살아가는 데 있지 않습니다. 몸을 부지런히 움직임으로써 노력하고 활동하며 살아가는 데 생명의 가치가 있습니다. 물론 호흡은 생명을 유지하는 필수적인 조건이지만, 호흡하는 것만으로 사람답게 살아가고 있다고 할 수는 없습니다. 사람이 호흡만으로 산다는 것은 인간의 존엄성과 특권을 스스로 박탈하여, 식물의 삶으로 추락하는 것과 다를 바 없습니다.

인간의 삶은 다양한 활동을 통해 삶에 의미와 가치를 부여할 수 있습니다. 사람들은 사회적, 경제적, 문화적, 교육적으로 활발하게 참여하고, 자신의 재능과 역량을 발휘하여, 목표를 향해 노력하고 달려가는 모습을 보이면서 진정한 생명의 가치를 실현해 나갑니다. 활동을 통해 성취와 만족감을 느끼며, 자아실현의 경지에 오를 수 있습니다. 그러므로 단순한 숨쉬기인 호흡의 단계에서 멈추지 말고 열정으로 움직임으로써 삶의 가치와 풍요로움을 누려야 합니다.

자신의 존재감도 호흡을 넘은 활동을 통해 스스로 만들어 냅니다. 존재감을 높이고 삶을 의미 있고 풍요롭게 만들기 위해서는 왕성한 활동이 필수적입니다. 자신의 재능과 역량을 발휘하여 사회적으로 기여함으로써 존재감을 발휘할 수 있습니다. 또한, 새로운 도전과 성취를 이루는 것도 존재감을 높이는 좋은 방법이 됩니다. 이처럼 존재감도 가치 있는 다양한 활동들을 통해 높일 수 있습니다.

생명의 가치는 정적인 상태에서보다 동적인 상태에서 더 커집니다. 생명은 가만히 숨만 쉬고 있어도 가치가 있다고 할 수는 있겠지만, 역동적으로 활동할 때 그 가치는 증폭되고 강화됩니다. 살아있음의 가치는 멈춤이 아닌 움직임에 더 가깝습니다. 생명의 고귀한 가치는 심장의 박동을 넘어 열정이 뛰어야 합니다.

God is Love

Miracle
363

꽃이 피는 겨울은 봄이다.
The winter when flowers bloom is spring.

이루고 싶은 오늘의 **비전** *(Vision)*

오늘을 살면서 누군가 또는 세상에 베푼 **사랑** *(Love)*

오늘을 돌아보며 부족했던 점에 대한 **반성** *(Reflection)*

오늘 나에게 행복이 되어 준 **감사** *(Thanks)*

년   월   일

God is Love

꽃이 피는 겨울은 봄입니다. 꽃이 피는 겨울은 봄기운을 전합니다. 꽃들이 피어난 겨울에서는 따스한 봄 햇살이 느껴집니다. 여기저기 꽃들이 만발한 겨울에서는 살랑살랑 봄바람마저 느껴집니다. 겨울의 어느 날에 꽃이 피면 마음의 정원에 벌과 나비들이 날아다닙니다. 겨울의 어디선가 꽃이 피면 마음의 언덕길에 쑥과 냉이의 향기가 가득합니다.

 추운 겨울에도 따뜻한 날이 있듯이, 고난의 시기에도 마음 따뜻한 날이 있습니다. 그날은 겨울을 이긴 봄날입니다. 폭우가 내리다가도 해가 뜰 때가 있듯이, 혹독한 시련의 인생길에도 해가 쨍하고 뜨는 날들이 있습니다. 그런 날은 겨울을 물리친 봄날입니다.

 눈물만 계속되는 인생은 없습니다. 눈물의 인성 가운데에도 웃음은 존재하기 마련입니다. 눈물만 흘리다가 슬픈 인생의 숲으로 스스로 들어가기보다는 눈물의 숲에서 빠져나올 기쁨과 웃음의 요소들을 스스로 찾아내야 합니다. 절망만 반복되는 삶은 없습니다. 고통의 삶 가운데에도 희망은 다가오기 마련입니다. 비관하고 자책하다가 절망의 수렁으로 스스로 빠지기보다는 절망의 수렁에서 빠져나올 용기와 희망의 재료들을 스스로 발견해내야 합니다.

 따스한 봄날에 예쁘고 사랑스러운 꽃을 즐기지 못하는 사람들이 있습니다. 그런 사람들은 따스한 봄을 반기기 어렵습니다. 온전한 봄을 만나기 어렵습니다. 매섭게 추운 겨울날에 동토를 뚫고 올라온 한 송이 꽃을 즐기는 사람들이 있습니다. 그런 사람들은 겨울날에도 봄을 누리는 사람들입니다. 고통의 날에도 봄을 느낄 수 있습니다. 지금 어려운 시기를 살아가고 있더라도 마음의 봄을 찾아야 합니다. 오늘 지치고 힘든 인생길을 걸어가고 있더라도 희망의 봄을 느끼고 누리며 씩씩하게 걸어가야 합니다.

God is Love

Miracle
364

먼저 걸어간 발자국은 누군가의 길이 된다.
The footprints you walked first become someone's path.

이루고 싶은 오늘의 **비전** *(Vision)*

오늘을 살면서 누군가 또는 세상에 베푼 **사랑** *(Love)*

오늘을 돌아보며 부족했던 점에 대한 **반성** *(Reflection)*

오늘 나에게 행복이 되어 준 **감사** *(Thanks)*

년   월   일

God is Love

먼저 걸어간 발자국은 누군가의 길이 됩니다. 먼저 걸은 발자국은 누군가에게 길을 열어줍니다. 지나간 누군가의 첫걸음이 있었기에 현재로 오는 첫길을 만나고 기억할 수가 있습니다. 꿈과 희망으로 가득 찬 누군가의 새롭고 창의적인 첫걸음들이 있어야 미래도 가는 새길을 계속해서 만들어 갈 수가 있습니다.

아무런 발자국이 없는 땅에는 불안과 두려움이 곳곳에 존재합니다. 하지만 누군가는 발자국이 없는 그 땅에 처음의 발자국을 냅니다. 아무도 걸어가지 않은 험한 땅에는 위험과 공포가 가시를 감추고 여기저기 숨어있습니다. 하지만 누군가는 그 험한 땅에서 처음으로 걸어가는 길을 창조해 냅니다.

개척자는 누구도 밟지 않은 땅을 기대와 희망의 설렘으로 담대히 걸어가는 사람입니다. 개척자는 아무도 걷지 않은 땅에 미래의 길을 내는 사람입니다. 개척자의 정신은 미지의 길 앞에서 두려움이 아닌 도전의 의지로 가득합니다. 개척자의 심장은 새날에 붉게 떠오르는 태양처럼 이글거리는 열정으로 두근거립니다.

지금 우리가 살아가고 있는 세상은 처음 걸어간 사람들이 만들어 준 용기와 도전의 선물입니다. 지금 우리가 누리며 살아가는 세상은 두려움을 물리치고 첫길을 만들어 낸 사람들이 주는 고귀한 희생과 창조의 선물입니다.

처음이 없는 끝은 없습니다. 시작이 없는 완성도 없습니다. 열매를 얻기 위해 씨를 뿌려야 하듯이 처음의 걸음은 미래의 새길을 내는 씨앗이 됩니다. 아무도 가지 않은 첫걸음은 이전에는 알지 못하던 첫길을 열고 새길의 대로를 걸어가게 합니다. 누군가 처음을 열어야 한다면 그 누군가가 내가 되기를 바라고 기대하며 도전해야 합니다.

God is Love

Miracle
365

끝은 새로운 시작이다.
The end is a new beginning.

이루고 싶은 오늘의 **비전** *(Vision)*

오늘을 살면서 누군가 또는 세상에 베푼 **사랑** *(Love)*

오늘을 돌아보며 부족했던 점에 대한 **반성** *(Reflection)*

오늘 나에게 행복이 되어 준 **감사** *(Thanks)*

년   월   일

God is Love

끝은 새로운 시작입니다. 한 해가 끝나면 새로운 해가 시작됩니다. 묵은 한 해를 마무리하는 겨울이 지나면 새싹이 돋아나고 꽃 피는 봄이 새로운 한 해를 반갑게 맞이합니다. 학교를 졸업하면 상급의 학교에 입학하여 새로운 공부를 시작하고, 학생 신분이 끝나게 되면 사회인으로 힘찬 첫걸음을 내딛습니다. 만남 뒤에는 이별이 따르게 마련이며, 아픔과 슬픔의 이별 뒤에는 설렘과 기쁨의 만남이 다시 이어집니다.

끝이라는 문이 '쾅'하고 닫히면, 시작이라는 문이 '삐거덕'하면서 열립니다. 끝은 인생의 새로운 무대로 들어가게 하는 출입문입니다. 끝이라는 문이 닫히면 새롭게 열리는 시작의 문을 바라봐야 합니다. 끝이라는 종점에는 새로운 길이 시작되는 출발점도 함께 있습니다. 끝이라는 종점에 도착했을 때 새로운 도전과 성장을 향한 출발점을 찾아야 합니다.

죽음에 이르지 않는 한 끝은 없습니다. 생명이 유지되는 한 다양한 시작의 문이 활짝 열려 있습니다. '끝 = 새로운 시작'과 동의어라는 걸 기억해야 합니다. 끝을 아쉬워하기보다 새로운 시작을 준비하는 사람이 지혜롭습니다. 끝을 후회하기보다 새로운 시작에 집중하는 사람이 현명합니다.

마무리를 잘하는 사람이 새로운 시작도 잘합니다. 마무리를 잘하는 사람은 계획하고 진행한 일에서 좋았던 것은 기억하고 되새깁니다. 마무리를 잘하는 사람은 부족했던 부분을 돌아보면서 반성합니다. 마무리하는 능력은 새로운 시작을 더 잘 준비할 수 있도록 기반을 만들어 줍니다. 한 해의 문을 잘 닫아야 새로운 해의 문을 힘차게 열 수 있습니다. 한 해의 마무리를 제대로 하면 새롭게 맞이할 해는 시작부터 설렘과 희망이 가득하게 됩니다.

God is Love

소감
Impressions

『미라클 스토리』의 완주를 축하드립니다.
여러분이 경험한 변화와 성장의 기적에 대해
그 동안의 기록을 회상하며 적어 보세요.

에필로그
Epilogue

**누구나 동경할 만한
멋진 인생을 꿈꾸시나요?**

그럼, 오늘
벽돌 한 장을 쌓아야 합니다.
하루하루 매일의 벽돌이 쌓여
마침내 내가 바라던
멋진 인생의 건축물이 완성됩니다.

달과 별에 설렘으로 달아 놓은 비전은
'언제 이룰까?' 멀게만 느껴지지만
매일의 비전을 벽돌처럼 쌓아가다 보면
어느새 달과 별에 달린 큰 비전에 다다르게 됩니다.

매일의 작은 비전들을 성취하고 기록해 가면서
미래의 멋진 비전들과 생생하게 연결해 보세요.
날마다 사람과 세상을 향해 전한 사랑을 적어가면서
가족과 이웃, 나라와 인류를 향해 선과 덕을 쌓아보세요.
하루하루 자신을 돌아보고 개선하는 노력을 써가면서
날로 날로 성장하는 뿌듯한 성숙을 마음껏 느껴보세요.
기쁨에도, 슬픔에도 감사하는 은혜의 삶을 기록하면서
감사가 끌어당기는 축복의 삶을 경험해 보세요.

여러분은 멋진 기적의 주인공이 되어갈 것입니다.

감사의 글
Thanks

♧ 먼저, 하나님께 감사를 드립니다. 부족한 능력을 샘솟는 지혜로 채워주시고, 시작과 인내의 고난 길에서 처음부터 끝까지 인도하신 주님께 모든 영광을 올려드립니다.

♧ 존경하고 사랑하는 어머니, 막내아들의 가는 길을 변찮는 사랑과 조건 없는 배려로 응원해주시고 기대하는 마음으로 바라봐주시니 감사합니다.

♧ 사랑하는 아내 장승연, 부모를 흐뭇하게 하는 모범생 아들 허겸, 존재만으로도 아빠를 웃음 짓게 하는 딸 허본에게 사랑과 고마움을 전합니다.

♧ 출판의 어려운 환경 속에서도 늘 웃음으로 대화를 나누어주시고 출판의 동역자가 되어 주신 서정환 대표님과 신아출판사에 감사를 드립니다.

♧ 365개의 격언과 스토리를 쓰는데 도움을 준 하늘과 바다와 바람 그리고 나무와 꽃들과 물고기들에게도 감사의 마음을 전합니다.

2024년 겨울이 깊어가는 날에

미라클
스토리

인쇄 2024년 12월 02일
발행 2024년 12월 10일

지은이 허대중
발행인 서정환
발행처 신아출판사
주　소 서울시 종로구 삼일대로 32길 36(운현신화타워 빌딩) 305호
전　화 (02) 3675-3885, (063) 275-4000
팩　스 (063) 274-3131
이메일 sina321@hanmail.net
출판등록 제465-1984-000004호
인쇄·제본 신아문예사

저작권자 ⓒ 2024, 허대중
이 책의 저작권은 저자에게 있습니다. 서면에 의한 저자의 허락없이 내용의 일부를
인용하거나 발췌하는 것을 금합니다.

잘못된 책은 바꿔 드립니다.

ISBN 979-11-94198-88-8 04190
ISBN 979-11-94198-86-4 04190(세트)

값 18,000원

Printed in KOREA

미라클
스토리